GOMERA

Heiko Zeutschner
Thomas Burghold
Sonja Igel

Recherchen	Thomas Burghold, Sonja Igel, Heiko Zeutschner
Text	Heiko Zeutschner
Lektorat	Peter Ritter
Redaktion und Layout	Stefanie Eber
Fotos	siehe Fotonachweis Seite 5
Titelfotos	Uschi Delang, Stefan Gubitz
Cover	Judit Ladik
Karten	Judit Ladik

Vielen Dank an alle, die uns während der Recherche mit Rat und Tat unterstützt haben, von den freundlichen Taxifahrern über kundige Traveller bis zu den kooperativen Appartement- und Barbesitzern. Bei der Aktualisierung des Kapitels *Anreise* hat uns das Nürnberger **Reisebüro Südwind** sehr geholfen.

Ein herzliches Dankeschön richtet sich an **Uschi Delang** und **Stefan Gubitz** und das gesamte **Team von Gomera Trekking Tours** in Nürnberg für die großartige Unterstützung bei der Überarbeitung dieser Auflage. Insbesondere stammen von den versierten Gomera-Kennern die vielen neuen Wandertips und Routenbeschreibungen.

Überwältigt hat uns die riesige Zahl an Leserbriefen – das viele Lob, die hilfreiche Kritik und die unglaublich ausführlichen und detaillierten Tips von Urlaubern, die mit diesem Buch unterwegs waren. An dieser Stelle deshalb **unser herzlicher Dank an alle Leser**, die mitgeholfen haben, dieses Buch zu verbessern. Wir haben uns über jeden einzelnen Brief sehr gefreut.

ISBN 3-923278-09-8

 Alfa Druck Göttingen.

4., vollständig überarbeitete Auflage 1996

Liebe Leserinnen und Leser,

La Gomera, das ist zerklüfteter, steil aufragender Fels und immergrüner Nebelwald, lebensfrohe Frömmigkeit und uralte heidnische Mythen, üppige Vegetation und Steinwüsten, schwarze Vulkanstrände und endlose Bananenplantagen. Eine Insel der Gegensätze. Eine Insel der Eigentümlichkeiten: El Silbo, Gofio und Chacaras. Das einstige Aussteigerparadies blieb bislang vom Massentourismus weitgehend verschont, blieb ein Traum ohne Bettenburgen und Betonschluchten. Ein Traum von freundlichen Menschen und "Landschaft pur", wo Vergangenheit und Zukunft ineinanderfließen, wo nur noch das Jetzt zählt.

Mit diesem Buch halten Sie eine umfangreiche Sammlung von praktischen Tips für Ihre Gomera-Reise in Händen. Unser Ziel war es, die wichtigsten Reiseinformationen so detailliert wie möglich und nötig zusammenzustellen. Meist in Hektik, doch nie ohne Spaß sind wir dafür mehrere Male auf eine Insel gereist, wo wir uns wohlfühlen, und haben gründlich vor Ort überprüft und ergänzt, was wir schon bei früheren Besuchen festgehalten hatten.

Leider veralten praktische Informationen sehr schnell: Öffnungszeiten ändern sich, Pächter wechseln, Telefonnummern stimmen nicht mehr, und neue Lokale öffnen ihre Pforten. Damit dieses Buch aktuell bleibt, muß es also regelmäßig überarbeitet werden. Nicht nur deswegen ist unsere nächste Gomera-Reise jetzt schon geplant.
Wenn Sie in der Zwischenzeit ein stilvolles Restaurant, eine familiäre Pension oder einen reizvollen Wanderweg entdecken, möchten wir Sie bitten, uns das zu schreiben. Abgedruckte Lesertips werden wir mit Ihrem Namen kennzeichnen. Bitte schreiben Sie uns auch Ihre Erfahrungen mit diesem Buch. Natürlich freuen wir uns über Lob mehr als über Kritik. Was wir aber verdienen, entscheiden Sie.

Zum Schluß möchten wir Ihnen noch viel Spaß, Erholung und angenehme Erlebnisse für Ihren Gomera-Urlaub wünschen – und vielleicht treffen wir uns dort.

Erlangen, im Januar 1996

Schreiben Sie an:

Verlag Michael Müller
- Gomera -
Postfach 2609
91014 Erlangen

Inhalt

Fotonachweis

Tom Burghold: 61, 63, 133, 135, 146, 166, 182, 207, 221,

Uschi Delang/Stefan Gubitz: 9, 40, 49, 58, 72, 75, 87, 89, 97, 105, 107, 109, 117, 120, 122, 123, 128, 131, 151, 154, 156, 165, 174, 180, 184, 185, 195, 199, 213, 223, 225, 230, 231, 233, 239, 251, 253, 259.

Sonja Igel: 27 oben, 29, 47, 80, 92, 98, 153, 159, 215, 222, 199, 218.

Heiko Zeutschner: 17, 18, 23, 27 unten, 33, 45, 52, 55, 56, 67, 68, 79, 95, 101, 102, 119, 126, 139, 169, 171, 191, 208, 211, 227, 245, 249.

Ausflüge/Wanderungen

Kartenverzeichnis

Zeichenerklärung

Reisebüro
Bank
Post
Telephon
Ärztliche Versorgung
Apotheke
Tankstelle
Autovermietung
Taxi
Bus
Unterkunft
Essen und Trinken
Einkaufen
Kapelle
Kirche
Treppe
Sand
Strand
Bananenplantage

Anreise

Gomera liegt über 3000 Kilometer Luftlinie entfernt vor der nordwestafrikanischen Küste. Schon der großen Entfernung wegen ist das Flugzeug die von den meisten Urlaubern bevorzugte Anreisevariante. Nur etwa fünf Stunden dauert der Flug vom naßkalten Mitteleuropa zu den stets sommerlichen Kanarischen Inseln. Schnell, preiswert und bequem - das sind die Hauptvorteile des Fliegens. Natürlich kann man auch mit dem Schiff hierher kommen, nachdem man sich zuvor per Bus, Bahn, Anhalter oder mit dem eigenen Fahrzeug zur südspanischen Hafenstadt Cadiz durchgeschlagen hat. Doch all diese anderen Möglichkeiten haben schwere Nachteile: Sie kosten eine Unmenge Zeit, erfordern sorgfältige Planung und sind nicht zuletzt meist auch teurer als ein Flug. Nur wer sich für längere Zeit auf den Kanaren aufhalten und dabei nicht auf sein eigenes Fahrzeug verzichten möchte oder wer die Anreise selbst mit allen Fährnissen schon als Urlaub begreift und keinen Zeitbeschränkungen unterliegt, der kann unterhalb der dichtbeflogenen Luftstraßen noch ein abenteuerliches, langsames Annähern an das immergrüne und schluchtenreiche Gomera erleben.

Mit dem Flugzeug

Noch gibt es auf Gomera keinen internationalen Flughafen, deshalb führen alle Luftverbindungen bislang über eine der benachbarten Inseln mit internationalem Airport (zum geplanten Flugha-

Der Anfang ist gemacht – die Rollbahn in Santiago auf Gomera

fenbau siehe aber "Playa de Santiago/Der Vogel ist gelandet"). Teneriffas Flughafen-Süd, *Reina Sofia,* ist dabei die bei weitem günstigste Lösung. Von hier aus hat man nur eine kurze Taxifahrt zur Fähre in Los Cristianos vor sich. Alle übrigen Zielflughäfen auf den Kanaren machen einen eher umständlichen, zeitraubenden und kostenintensiven Transfer mit Flugzeug, Schiff, Bus und Taxi nötig. Die noch am wenigsten komplizierte Alternative zu Teneriffa-Süd ist der Flughafen *Gando* bei Las Palmas auf Gran Canaria; gleichwohl ist auch diese Variante nur sehr bedingt zu empfehlen.

Hauptabflughäfen zu den Kanarischen Inseln sind Frankfurt/M., Wien, Zürich, Amsterdam, Brüssel und Luxemburg. Die Flugdauer beträgt bei einem Direktflug rund 4 Std., bei einem Flug mit Zwischenlandung (meist in Madrid oder Barcelona) auch schon einmal mehr als 6 Std.

Linienflüge

Sicher die teuerste Variante, aber mit dem Vorteil, daß man erst recht spät buchen kann. Besonders interessant auch für Reisende, die sich mehr als sechs Monate auf den Kanarischen Inseln aufhalten möchten. Das Flugticket ist nämlich bis zu einem Jahr gültig und innerhalb dieses Jahres offen, d.h. der Rückflugtermin kann beliebig festgesetzt werden. Die Linienmaschinen nach Teneriffa starten ganzjährig jeden Samstag und Sonntag ab **Frankfurt/Main**, es bestehen jedoch Zubringermöglichkeiten von den wichtigsten deutschen Flughäfen (dann natürlich mit Preisaufschlägen rechnen).

Preis für den Hin- und Rückflug ab Frankfurt inkl. Flughafentaxe ca. 3100 DM.

Ermäßigungen auf Linienflüge

flieg & spar-Tarif

Um Linienflüge für Urlauber attraktiver zu machen, bieten einige Gesellschaften Flüge zum flieg & spar-Tarif an. Diese sind im Vergleich zum normalen Linienflug erheblich billiger. Der Nachteil ist, daß sich der Reisende mehreren Einschränkungen unterwerfen muß. So kann er frühestens nach dem Sonntag nach Reiseantritt seinen zuvor fest gebuchten Rückflug antreten. Außerdem ist seine Aufenthaltsdauer auf 6 Monate begrenzt. Bei Absage vor Reiseantritt (Krankheitsfall) kann der Flug zwar problemlos umgebucht werden, in diesem Fall entstehen aber 150 DM Gebühren.

Preise: flieg & spar nach Teneriffa ab Frankfurt inkl. Flughafentaxe (je nach Saison) zwischen 950 und1250 DM.

Super-flieg & spar-Tarif

Hierbei handelt es sich um Linienflüge, deren Preis gegenüber den Flügen zum flieg & spar-Tarif nochmals reduziert ist. Die Buchungsauflagen verschärfen sich dementsprechend. So muß der Flug spätestens 7 Tage vor Reiseantritt gebucht und bezahlt sein. Auch hier kann man wie beim flieg & spar-Tarif erst nach dem ersten Sonntag nach Reiseantritt wieder zurückfliegen. Hin- und Rückflug müssen fest gebucht werden, eine Umbuchung des Rückflugs ist nach Reiseantritt nicht mehr möglich. Maximale Aufenthaltsdauer: 3 Monate. Flugverbindungen nach Gran Canaria und Teneriffa-Süd bestehen ab Frankfurt/M. zweimal wöchentlich.

Preise: Super-flieg & spar nach Teneriffa ab Frankfurt inkl. Flughafentaxe (je nach Saison) zwischen 750 und 950 DM.

Jugendtarif

Europa-Urlauber zwischen 2 und 24 Jahren erhalten bundesweit 25 Prozent Ermäßigung auf alle Linienflüge, einschließlich flieg & spar- und Super-flieg & spar-Tarif. Es gelten die Buchungs- und

Reisebedingungen der jeweiligen Tickets. Das Sitzplatzangebot ist allerdings limitiert.

Rail & Fly

Ein besonderer und nützlicher Service der Deutschen Bahn: Wer am Fahrkartenschalter ein Flugticket vorweisen kann, zahlt für eine Bahn-Rückfahrkarte zu bestimmten bundesdeutschen Flughäfen (Berlin-Schönefeld, Berlin-Tegel, Bremen, Dresden, Düsseldorf, Frankfurt/M., Hamburg, Hannover, Köln/Bonn, Leipzig/Halle, München, Münster/Osnabrück, Nürnberg und Stuttgart) einen verbilligten Spezialtarif. Das betrifft Einzelreisende oder Gruppen von bis zu 5 gemeinsam reisenden Personen.

Rail & Fly-Preise für Hin- und Rückfahrt (Frühjahr '96) inkl. EC-/IC-Zuschlag

	2. Klasse	1. Klasse
1. Person bis 300 km ab 301 km	 110 DM 159 DM	 165 DM 239 DM
2. - 5. Person (entfernungsunabhängig)	69 DM	99 DM
mitgenommene Kinder* (entfernungsunabhängig)	20 DM	30 DM

*Kinder im Alter von 4 bis 11, die ohne Erwachsene reisen, zahlen nicht den Tarif für mitgenommene Kinder. Hier gilt: Ein bis zwei Kinder zahlen den Ticketpreis eines Erwachsenen, drei oder vier Kinder den zweier Erwachsener usw.

Sonderzuschläge gelten für den ICE (jeweils für Hin- und Rückfahrt)

	2. Klasse	1. Klasse
1. Person	20 DM	30 DM
2. - 5. Person	20 DM	30 DM
Kinder	10 DM	15 DM

Das Rail & Fly-Ticket gibt es nur in Verbindung mit dem Flugschein (unbedingt bis zum Ende der Rückfahrt aufbewahren!). Es gilt bis zu zwei Monaten: für die Hinfahrt am Tag vor dem Abflugtermin und am Abflugtag selbst sowie für die Rückfahrt am Rückflugtag und einen Tag darauf.

Bei Anreisen über 300 km ist es u. U. preiswerter, wenn Sie stolzer Besitzer eines *Lufthansa*-Flugtickets sind und das spezielle Rail & Fly-Angebot dieser Fluggesellschaft nutzen. In diesem Fall zahlen Sie in der 2. Klasse 120 DM. Nähere Auskünfte über dieses Angebot sowie das Ticket selbst erhalten Sie in jedem Reibüro mit Lufthansa-Vertretung.

Charter- und Campingflüge

Auf die Kanarischen Inseln werden sie von einer Vielzahl von Gesellschaften im In- und Ausland angeboten, unter anderem von LTU, Hapag Lloyd und Condor, um nur einige zu erwähnen. Campingflüge sind preiswerte Charter- bzw. Pauschalflüge, die per Verordnung eine oder mehrere weitere Leistungen über den Flug hinaus beinhalten müssen, z.B. einen Hotelaufenthalt mit Verpflegung und Transfer. Diese Leistungen werden aber in der Praxis nur pro forma mitgebucht, um die Auflagen des Gesetzgebers zu erfüllen.

Das Angebot der Charterfluggesellschaften ist nicht leicht zu überblicken, da sich viele Anbieter am Markt etabliert haben. Je nach Saison kann es zum Teil zu erheblichen Preisschwankungen kommen.

Aber gerade dieser Preiskampf auf dem Charterflugmarkt kann dem Urlauber einen unverhofft günstigen Flug bescheren - vorausgesetzt, man informiert sich rechtzeitig (viele Maschinen sind vor allem in der Saison oft Wochen im voraus ausgebucht) und nach Möglichkeit in mehreren Reisebüros, denn häufig existieren Exklusivverträge mit bestimmten Charterfluggesellschaften oder Händlern, deren Tickets verbilligt aufgekauft wurden. Und die sind natürlich schnell vergeben. So gilt für die Hochsaisonzeiten wie Weihnachten, Ostern und (Schul)Ferientermine generell: frühzeitig um die Plätze kümmern - auf besondere Schnäppchen kann man ohmehin nur (wenn überhaupt) in der Nebensaison hoffen (siehe aber "Restplatzbörsen/Billigflüge").

Erfahrungsgemäß werden die Flüge aus den Beneluxländern mit zu den günstigsten Tarifen angeboten. Bis zu 40 Prozent billigere Tickets als bei der deutschen Konkurrenz sind keine Seltenheit. Oft ist aber der Service (Beinfreiheit, Mahlzeiten usw.) dem relativ niedrigen Preisniveau angeglichen; hinzu kommen noch die verlängerten Anfahrtswege. Wer dann nicht per Anhalter oder mit einer mehrköpfigen Fahrgemeinschaft im Privatwagen unterwegs ist, muß natürlich die zusätzlichen Kosten für Bahn, Bus oder Taxi addieren. Oft erweist sich am Ende einer solchen Kalkulation, daß man zum selben Preis mit viel weniger Aufwand auch von einem näheren Flughafen hätte starten können.

Allgemeine Bedingung, die an einen Charter- bzw. Campingflug geknüpft wird, ist: Hin- und Rückflug müssen im voraus fest gebucht werden. Der Rückflugtermin kann jedoch vor Ort in Absprache mit der Reiseleitung meist noch geändert werden. Die Preise für Flüge nach Teneriffa oder Gran Canaria bewegen sich von Abflughäfen wie Hamburg, Düsseldorf, Frankfurt/M., München oder Amsterdam etwa zwischen 700 und 900 DM.

Restplatzbörsen/Billigflüge

"Mir steht die Arbeit bis zum Hals, ich muß raus - und zwar schnell und billig!" Wer so denkt, sollte sein Glück auf dem Restplatzmarkt versuchen. Dieser Tummelplatz für Schnäppchenjäger ist für die, die zu einem bestimmten Termin an ein bestimmtes Ziel fliegen wollen, nicht zu empfehlen. Gleichwohl bekommt man hier mit etwas Glück Charterflüge, die gegenüber den oben angegebenen Preisen noch einmal stark verbilligt sind. Die meisten Reisebüros haben Restplatzlisten bestimmter Veranstalter vorliegen.

Die Nachteile: Solche Angebote ergeben sich oft erst sehr kurz (meist 2 bis 3 Tage) vor dem Abflug. Wer sich schon auf ein bestimmtes Reiseziel festgelegt hat, für den beginnt dann ein anstrengender Nervenpoker. Gerade wenn man zeitlich nicht flexibel ist, ist es vor allem im Hochsommer, in den Weihnachts- und Osterferien wahrscheinlich, daß man trotz unzähliger Telefonate am Abflugtag noch immer mit leeren Händen dasteht. Schließlich nimmt man in allerletzter Minute doch den viel zu teuren Linienflug, um überhaupt noch wegzukommen . . .

Einige lohnenswerte Telefonnummern:

- *Augsbug*: **Fernweh**, Tel. 0821/155035.
- *Baden-Baden*: **L'Tour**, Tel. 07221/19701.
- *Bielefeld*: **Kleine Fluchten**, Tel. 0521/175858.
- *Bremen*: **Paco-Reisen/Club für Unentschlossene**, Tel. 0421/444146.
- *Dortmund*: **Extra-Tours**, Tel. 0231/828208 oder 820033.
- *Düsseldorf*: **L'Tour**, Tel. 0221/19706, **Last Minute Service**, Tel. 0221/ 4216431,
- *Ettlingen*: **Reisebüro Beraten und Reisen**, Tel. 07243/13065.
- *Frankfurt*: **Airport-Joker** (im Flughafen), Tel. 069/6906211.
- *Hamburg*: **Last Minute Tours**, Tel. 040/5081140 oder 523648. **Paco-Reisen**, Tel. 040/341371.

• *Köln*: **Last Minute Tours**, Tel. 0221/ 505075.
• *Mannheim*: **Extra-Tour-Service**, Tel. 0621/25773.
• *Marburg:* **Reiseladen**, Tel. 06421/ 22055.
• *München*: **Last Minute Tours GmbH**, Tel. 089/596107 oder 553103 oder 553084, **Individual Tours**, Tel. 089/288329, **Travel Overland**, Tel. 089/280850, **abr-Flughafenbüro**, Tel. 089/- 97599377.
• *Nürnberg*: **Last Minute**, Flughafen-Büro, Tel. 0911/5336469, **Flugkontor R & S**, Tel. 0911/243255, **Südwind**, Tel. 0911/363027.

Reiseveranstalter/Pauschalurlaub

Pauschalflüge mit Unterkunft auf die Kanarischen Inseln und speziell nach Gomera gibt es z.B. bei TUI, Kreutzer, Airtours, Airconti, Tjaereborg, Jahn-Reisen, Trans-Air und Neckermann. Auskunft erhalten Sie in jedem Reisebüro.

Mit einem Highlight wartet der Nürnberger Reiseveranstalter Gomera Trekking Tours auf. Unter der Überschrift "Trekking & Enjoy" kann man im Paket eine 7-tägige Inseldurchwanderung und eine Woche Badeurlaub mit Flug, allen Übernachtungen, Transfers und geführter Trekkingtour buchen (siehe auch "Wissenswertes von A-Z/Trekking"). Darüber hinaus haben die Gomera-Trekker noch altkanarische Landhäuser mit Flug und Transfers im Programm. Reine Wanderurlaube mit Tagesausflügen bieten Neckermann und Studiosus Reisen an.

Anreise über Gran Canaria, Lanzarote oder Fuerteventura

Wem es nicht gelingt, mit einem Flug via Teneriffa nach Gomera zu kommen, der wird Umwege in Kauf nehmen müssen. Im Prinzip geht nämlich alles, die Anreise über Gran Canaria, Lanzarote und Fuerteventura eingeschlossen. Auf die Probleme mit dem ziemlich umständlichen, zeitraubenden und kostenintensiven Transfer per Flugzeug, Schiff, Bus und Taxi haben wir eingangs schon hingewiesen. Erschwerend kommt noch hinzu, daß ein nahtloser Anschluß fast unmöglich ist - Zusatzkosten durch Zwischenübernachtung sind meist unvermeidbar.

Von allen Schwierigkeiten, die sich auf diesen Flugrouten ergeben, sind die Anschlußflüge mit den kleinen zweimotorigen Passagiermaschinen der Iberia die größten. Nicht selten sind sie im interinsularen Verkehr schon auf Wochen hin ausgebucht. Vor Ort ist es oft sehr schwierig, überhaupt noch ein Ticket zu bekommen, geschweige denn an einem der nächsten Tage. Dann bleiben als unbequeme und langsame Alternativen nur die inselverbindenden Fähren der Trasmediterranea (siehe "Mit dem Schiff"). Wer also über eine andere Insel als Teneriffa nach Gomera anreisen möchte oder muß, der sollte den Anschlußflug unbedingt langfristig vorher buchen. Gebührenfreie Information der Iberia in Deutschland unter Tel. 069/717201.

Zusätzlich ist zu beachten, daß die Inlandsflüge oft auf dem Flughafen Teneriffa-Nord (Los Rodeos) landen. Der Fährhafen Los Cristianos, der die Verbindung nach Gomera herstellt, ist jedoch im Süden Teneriffas.
Entsprechend umständlich gestaltet sich der Transfer: mit dem Bus vom Airport (Haltestelle direkt am Flughafenausgang) zum Busterminal von **Santa Cruz** (12 km). Von hier aus geht es weiter mit dem Bus Nr. 111 über Playa las Americas nach **Los Cristianos** (ca. 24mal täglich zwischen 6.30 und 20.30 Uhr, an Sonn- und Feiertagen etwa stündlich), Dauer der Fahrt gut eine Stunde. Andere Möglichkeit: Ein Taxi vom Nordflughafen nach Los Cristianos zur Ferry Gomera nehmen; das allerdings kostet mindestens 6000 Pts.

Auf dem **Rückweg** ist es einfacher: Das Reisebüro *Viajes de Rosal* in San Sebastián verkauft für rund 3000 Pts ein Ticket, das sowohl die Ferry Gomera (San Sebastián - Los Cristianos), als auch das Busticket nach Santa Cruz einschließt. Besonders vor und nach Sonn- und Feiertagen sollte man es rechtzeitig kaufen, denn die Anzahl der Plätze ist beschränkt! Der *Gomera-Bus* (Ticket im Reisebüro *Viajes de Rosal* in San Sebastián) hält in Los Cristianos direkt an der Ferry bei der Gepäckausgabe und braucht rund eine Stunde zum Busterminal von Santa Cruz. Von hier aus geht es weiter mit dem Linienbus 102 zum Aeropuerto del Norte.

Inlandsflüge nach Teneriffa (Hin- und Rückflug) kosten ab:

Madrid - Teneriffa-Süd	ab 460 DM
Barcelona - Teneriffa-Süd	ab 580 DM
Lanzarote - Teneriffa-Nord	ab 210 DM
Fuerteventura - Teneriffa-Nord	ab 200 DM
Gran Canaria - Teneriffa-Süd	ab 110 DM

Die Überfahrt nach Gomera

So wird die Anreise der überwiegenden Zahl aller Gomera-Urlauber aussehen: Landung auf dem *Aeropuerto del Sur* (Teneriffas Süd-Flughafen), dann eine etwa 15minütige Taxifahrt zur *Muelle de Los Cristianos,* dem 20 km entfernten Fährhafen von Los Cristianos, und schließlich die Überfahrt mit den Linien *Ferry Gomera* oder *Trasmediterránea.* Gewiefte Sparer vermindern übrigens die Taxikosten von etwa 2000 Pts drastisch, indem sie sich bereits am Flughafen mit anderen Gomera-Urlaubern zusammentun.

▸**Ferry Gomera**: Mit einer Länge von fast 100 m ist die rund 20 Jahre alte *Benchijigua* ein größeres Passagierschiff. Es gibt ein Sonnendeck, eine Bar und ein Autodeck. Der Fahrkartenschalter (Tel. 790556) direkt an der Anlegestelle in Los Cristianos öffnet jeweils rund 90 Min. vor Abfahrt der nächsten Fähre. Abfahrt nach San Sebastián täglich um 9, 12.30, 16, und 20 Uhr. Heiligabend und Sylvester fällt die Abendfähre in beide Richtungen komplett aus, am ersten Weihnachtsfeiertag und zu Neujahr verkehrt die Morgenfähre nicht. Tickets erhält man direkt am Fahrkartenschalter (Tel. 790556). Vorausbuchung ist möglich, was besonders um Ostern und Weihnachten, an Wochenenden sowie an Feiertagen zu empfehlen ist. Dauer der Fahrt gut achteinhalb Stunden. Rückfahrt siehe "San Sebastián/Verbindungen".

▸**Trasmediterránea**: Neben der *Benchijigua* gibt es noch eine zweite ebenso große Fähre, die *Villa de Agaete* der staatlichen Linie *Trasmediterránea.* Sie fährt zweimal am Tag um 9.30 und 14.45 Uhr. Daß zwei Fähren zur Verfügung stehen, ist eigentlich völlig unsinnig, weil beide nur zu etwa 20 Prozent ausgelastet sind. Aber Konkurrenz belebt das Geschäft, und so gibt es oft Spezialangebote der beiden Fährgesellschaften. Die Preise im einzelnen siehe "San Sebastián/Fähre".

▸**Schnellboot Barracuda**: Die flottere, aber auch teurere Alternative liegt sowohl in Los Cristianos als auch in San Sebastián direkt neben der Ferry Gomera: das Tragflügelboot der Trasmediterránea. Die *Barracuda*, die allerdings nur bis Windstärke 5 fährt, schafft die Strecke nach Gomera in beeindruckenden 35 Min. Aber Geschwindigkeit hat ihren Preis: 2500 Pts kostet die einfache Fahrt normalerweise (gegenüber etwa 1800 Pts mit den langsameren Fährschiffen). Abfahrt von Los Cristianos: täglich 8, 10, 15

Am allerschnellsten – das Schnellboot

und 17 Uhr (zurück 9, 11, 16 und 18 Uhr). Heiligabend und am ersten Weihnachtsfeiertag fallen die beiden Vormittagsfähren aus. Der Fahrkartenschalter (Tel. 796178) direkt an der Mole von Los Cristianos ist Mo - Sa täglich von 7 - 17 Uhr geöffnet. An Sonn- und Feiertagen öffnet er jeweils eine Stunde vor Abfahrt der nächsten Fähre. Rückfahrt siehe "San Sebastián/Verbindungen".

Mit dem Schiff

Die Anreise mit der Schiff ist die einzige Alternative zum Flugzeug, allerdings nur in wenigen Fällen eine empfehlenswerte. Sie ist teurer, kompiizierter und dauert wesentlich länger als der kurze und bequeme Flug mit dem Jet.

Das Monopol für diese Variante der Anreise hat Trasmediterránea. Der bis Dezember 95 gültige Fahrplan sah die Verbindung Cadiz - Teneriffa und zurück jeweils einmal pro Woche vor (Hinfahrt: Sa 18 Uhr ab Cadiz, Ankunft: Mo 9 Uhr auf Teneriffa. Rückfahrt: Di 23.45 Uhr ab Teneriffa, Ankunft in Cadiz Fr 8 Uhr). Rückfahrt über Gran Canaria (Las Palmas).

Die Preise für eine einfache Fahrt pro Person bewegen sich zwischen 337 DM (Vierbettkabine mit Dusche/WC) und 671 DM (Einzelunterbringung in Doppelkabine mit Dusche/WC). Deckpassagen sind nicht möglich. Rechnet man Hin- und Rückfahrt, ist die billigste Fahrkarte also mit rund 675 DM beinahe so teuer wie mancher Flug. Dazu kommen noch die (je nach Abfahrtsort) bis zu knapp dreitausend Straßenkilometer zur südspanischen Hafenstadt Cadiz, die man ja auch in die Rechnung einbeziehen muß. Und nicht zu vergessen der Preis für den Fährtransport der Autos selbst, für die man je nach Größe zwischen 279 und 575 DM berappen muß; dabei kommt jeder Campingbus schon leicht auf 560 DM. Motorräder kosten einheitlich 108 DM.

Auskünfte und Buchungen bei der Generalagentur der Trasmediterránea: Deutsches Reisebüro GmbH, DER-TRAFFIC Schiffservice, Emil-von-Behring-Straße 6, 60439 Frankfurt/M., Tel. 069/9588-1717, Fax 069/9588-1769.

Innerkanarische Verbindungen auf dem Seeweg: Auch hier hat die Trasmediterránea beinahe ein Monopol. Die Fahrpläne und Preise sind starken Schwankungen unterworfen. Aktuelle Fahrpläne und Preislisten können kostenlos beim *Deutschen Reisebüro* (s. o.) angefordert werden.

Wir sind schon da

LA GOMERA – *auf einem Blick*

• *Lage*: Gomera liegt auf dem 28. Breitengrad (d.h. sogar noch ein wenig südlicher als Kairo) rund 300 km vor der nordwestafrikanischen Küste inmitten eines Dreiecks, das von den Nachbarinseln Teneriffa, La Palma und El Hierro gebildet wird.

• *Größe*: Mit 378 qkm ist Gomera die zweitkleinste bewohnte Kanareninsel. Das fast kreisförmige Eiland hat einen Durchmesser von Ost-West 25 km und von Nord-Süd 22 km.

• *Landesnatur*: Die Erosion formte die heutige Gestalt der Insel. Höchste Erhebung ist mit 1487 m der Garajonay. Vom dichtbewaldeten Inselzentrum strahlenförmig ausgehend, zerteilen tiefe Canyons das vulkanische Gestein. Nur die Ausläufer dieser Schluchten weiten sich gelegentlich zu flachen Buchten, die die Steilküste unterbrechen.

• *Bevölkerung*: Auf ganz Gomera leben heute nur noch rund 16.000 Menschen, davon allein 5600 in der Inselhauptstadt San Sebastián. Die Einwohner gelten als Nachfahren der "Guanchen", der kanarischen Urbevölkerung, die sich nach der spanischen Eroberung im 15. Jahrhundert mit den Besetzern vermischten. Einige Bräuche blieben erhalten, so z.B. "El Silbo", die eigentümliche Pfeifsprache, mit der sich noch heute einige ältere Gomeros verständigen können.

• *Verwaltung*: Gomera ist Teil der autonomen Region "Kanarische Inseln", die wiederum in zwei spanische Provinzen unterteilt ist: Gran Canaria und Teneriffa. Gomera gehört zu letzterer; ihr Verwaltungszentrum ist Santa Cruz de Tenerife. Auf Gomera selbst ist das "Cabildo Insular", die Inselregierung, die höchste Instanz. Sie hat die Aufsicht über die "Ayuntamientos", das sind die Bürgermeisterämter der einzelnen Gemeinden.

• *Verkehr*: Gomera ist derzeit noch die einzige bewohnte Kanareninsel, die noch nicht über einen offiziellen Flugplatz verfügt. Als regelmäßige Verbindung mit der Außenwelt gibt es nur Fähren und das Schnellboot auf der Strecke San Sebastián - Los Cristianos (Teneriffa). Auf Gomera selbst kann man jedes größere Dorf mit dem Linienbus erreichen, außerdem gibt es Taxis und Mietwagen.

• *Klima*: Durch die besondere Gestalt und Lage der Insel sind die klimatischen Gegebenheiten höchst unterschiedlich. Der Norden ist niederschlagsreicher und kühler als der Süden. Während sich in den Hochlagen des Lorbeerwaldes oft Nebelkondensation bildet, ist es in Meeresnähe dagegen meist sommerlich warm und trocken. Die klimatischen Unterschiede zwischen Sommer und Winter sind im übrigen bei weitem nicht so groß wie in Mitteleuropa; das ganze Jahr über sind die Temperaturen in der Regel frühlings- oder sommerhaft.

• *Wirtschaft*: Die Wirtschaftsgeschichte Gomeras ist eine Geschichte von Monokulturen. Derzeit sieht es ganz so aus, als würde gerade die Monokultur Bananenanbau durch die "Monokultur" Tourismusindustrie ersetzt.

• *Tourismus*: Österreichern, Schweizern und Deutschen genügt der Personalausweis. Für das eigene Fahrzeug braucht man die grüne Versicherungskarte und die Zulassungspapiere. Vor allem in den Weihnachts- und Osterferien ist wegen der beschränkten Zahl an Unterkünften eine Bettenreservierung dringend zu empfehlen.

Wissenswertes von A – Z

Ärztliche Versorgung

Durch das Sozialversicherungsabkommen zwischen Spanien und der Bundesrepublik Deutschland sind alle bei gesetzlichen Krankenkassen und Ersatzkassen versicherten Urlauber grundsätzlich geschützt. Die Leistungen schließen allerdings nicht jeden Fall ein. Deshalb ist es notwendig, sich vor einer Reise genau zu informieren. Die meisten Kassen halten ein **Merkblatt** für Spanien-Reisende bereit. Mit einem **Auslandskrankenschein** sind die Leistungen in Krankenhäusern und bei Kassenärzten kostenlos. Private Ärzte müssen in jedem Fall zunächst bar bezahlt werden, die ausführliche Rechnung wird dann zu Hause der Kasse vorgelegt, die die entstandenen Kosten ersetzt, soweit sie nicht die entsprechenden deutschen Sätze übersteigen.
Außerdem ist es unbedingt ratsam, eigens eine **Reisekrankenversicherung** abzuschließen (z.B. beim ADAC oder im Reisebüro). Sie kostet für vier Wochen je nach Anbieter nur knapp 20 DM und sollte auch den kostenlosen Krankenrücktransport mit dem Flugzeug einschließen.

Die ärztliche Betreuung auf Gomera ist aufgrund der geringen Einwohnerzahl nur unvollkommen. Bei ernsteren Erkrankungen bleibt dann häufig nur der Weg nach Teneriffa; das Niveau der dortigen Kliniken in Santa Cruz gilt als hervorragend. Bei kleineren Problemen wie Insektenstichen, Durchfall oder Sonnenbrand kann man sich getrost auch an die nächste Apotheke wenden. Bei Problemen mit den Beißerchen stehen bislang ausschließlich der Zahnarzt im Centro de Salud (Gesundheitsamt) von San Sebastián und die beiden anderen Dentisten im selben Ort zur Verfügung. Wer sich andernorts den Luxus von Zahnschmerzen leistet, dem bleibt also nur der Weg zurück in die Inselhauptstadt.

Bei größeren Unfällen raten wir, nach Möglichkeit gleich mit dem Taxi nach San Sebastián zu fahren und von dort aus mit dem Hubschrauber nach Teneriffa zu fliegen. Knochenbrüche und ähnliches kann man dagegen direkt im Krankenhaus von San Sebastián behandeln lassen.

Apotheken

Apotheken *(Farmacia)* gibt es in allen größeren Ortschaften. Außerhalb der normalen Öffnungszeiten steht eine Notklingel zur Verfügung. Die Kosten für ärztlich verschriebene Medikamente können mit einer detaillierten Rechnung von den gesetzlichen Krankenkassen und Ersatzkassen zurückgefordert werden. Rezeptfreie Medikamente kann man jederzeit gegen Barzahlung kaufen.

Bevölkerung

Auf ganz Gomera leben heute nur noch rund 16.000 Menschen, davon allein 5600 in der Inselhauptstadt San Sebastián. Selbst am Anfang dieses Jahrhunderts lag die Gesamtbevölkerung der Insel nur unwesentlich darunter.
Der Grund dafür sind die zahlreichen Auswanderungswellen, von denen Gomera immer wieder betroffen war. So waren seit der spanischen Eroberung die überseeischen Kolonien der Krone ein bedeutendes Ziel. Um die letzte Jahrhundertwende war es vor allem Kuba, das ein Leben in größerem Wohlstand versprach.

Die umfangreichsten Auswanderungsschübe aber fallen in die Mitte dieses Jahrhunderts. Ausgelöst wurden sie durch den Spanischen Bürgerkrieg mit all seinen politischen Wirren und auch durch die folgende Wirtschaftskrise, die sich besonders hier auf den Inseln als dauerhaft erwies. Bevorzugtes Ziel seit den 30ern bis in die 70er Jahre hinein war die prosperierende südamerikanische Republik Venezuela. Reiche Erdölfunde und ein ertragreicher Bergbau (Eisen- und Manganerz, Gold, Diamanten und Kohle) sorgten dafür, daß sich die ehemalige spanische Kolonie zu einem Wirtschaftswunder-Traumland für viele Gomeros entwikkelte. Die entsprechenden sozialen Folgen blieben nicht aus: Die Abwanderung der jungen, innovationsfreudigen Arbeitskräfte schwächte Gomera wirtschaftlich, viele kleinere Dörfer wurden verlassen und verödeten, die Bevölkerung begann zu überaltern, und das Phänomen der zurückgelassenen Familien ("Venezuela-Witwen") warf große Probleme auf.

Hatten in den 50er und 60er Jahren immerhin noch fast 30.000 Menschen auf Gomera gelebt, so sank deren Zahl bald darauf dramatisch ab. 1970 war die 20.000er-Grenze schon unterschritten. Auch danach ging es vorerst weiterhin stetig bergab.

In der jüngeren Vergangenheit lagen die Auswanderungsziele sehr viel näher. Der Boom der Tourismusbranche auf den Nachbarinseln nährte damals die Hoffnung der Gomeros auf einen raschen wirtschaftlichen Aufstieg. Am Anfang der 80er Jahre lebten schließlich allein auf Teneriffa mindestens genauso viele Gomeros wie auf Gomera selbst.

Ein vorläufiges Ende des Bevölkerungsschwunds deutete sich erst ab der Mitte der 80er Jahre an; seither werden wieder leichte Zuwachsraten verzeichnet. Mit Sicherheit ist dies auch eine Folge des heftig expandierenden Tourismusgewerbes auf Gomera selbst. Eine Vielzahl eifrig gebauter Appartements, Restaurants, Bars und Dienstleistungsunternehmen sorgt für eine neue Art attraktiver Arbeitsplätze im eigenen Umfeld.

Noch ein Wort zur konfessionellen Gebundenheit der Gomeros: Fast die gesamte Bevölkerung bekennt sich zur römisch-katholischen Kirche.

Diplomatische Vertretungen

Sie sind oft der letzte Notanker, wenn Papiere und Geld abhanden gekommen sind. Auf Gomera selbst gibt es allerdings keine diplomatischen Vertretungen. Einziger Ansprechpartner neben den

Fast die ganze Bevölkerung bekennt sich zur römisch-katholischen Konfession

NTRA. SRA. DEL CARMEN

folgenden Konsulatsadressen auf den Nachbarinseln ist der Vertrauensmann des deutschen Konsulats, Herr W. Reinhold, in La Playa (Valle Gran Rey). Seine Möglichkeiten sind jedoch sehr beschränkt.

Konsulat der Bundesrepublik Deutschland: Santa Cruz de Tenerife, Avenida Anaga 43, Tel. 284816 oder 284812 (Mo - Fr 9 - 12 Uhr).

Österreichisches Konsulat: Santa Cruz de Tenerife, Calle San Francisco 17, Tel. 243799 (Mo - Fr 10.30 - 14.30 Uhr).

Schweizerisches Konsulat: Las Palmas de Gran Canaria, Calle El Cid 38, Tel. 274544 (Mo - Fr 9 - 12 Uhr).

Essen und Trinken

Vorab: *Restaurant* wird im praktischen Teil dieses Buchs entsprechend den spanischen Gepflogenheiten häufig mit **Rte.** abgekürzt.

Tapa lautet das Zauberwort, das allen spanienerfahrenen Urlaubern das Wasser im Munde zusammenlaufen läßt. Man kann es wohl am besten mit "Appetithäppchen" übersetzten, obwohl es ursprünglich nichts weiter als "Deckel" bedeutete. Die Umdeutung ins Kulinarisch-Köstliche ist leicht erklärt: Sie ergab sich aus dem Brauch, den wertvollen Inhalt eines Weinglases mit einem kleinen Tellerchen vor lästigen Fliegen zu schützen. Da lag natürlich die Idee nahe, den "Deckel" mit kleinen Leckereien zu füllen, was auch heute noch gerne getan wird - vor dem Essen, nach dem Essen, statt eines Essens . . .

Die gomerische Küche ist besser als ihr Ruf. Zwar sind die Glanzlichter am gastronomischen Horizont immer noch sehr spärlich gesät, aber die überwiegende Mehrzahl der Restaurants hat mittlerweile ein erfreuliches Niveau mit überraschender Vielfalt erreicht. Dabei haben sich die traditionellen Ernährungsgewohnheiten auf Gomera zwar verändert, einige sagen auch verwässert, aber für den verwöhnten mitteleuropäischen Geschmack bedeutet das wohl eher eine Erweiterung und Verfeinerung.

Durch die Insellage war von alters her Fisch und nicht Fleisch der vorrangige Lieferant von tierischen Proteinen. Insbesondere die ärmere Bevölkerung ernährte sich früher vor allem vegetarisch, die relativ preiswerten Makrelen und Sardinen waren für viele die einzige Alternative. Nur in wohlhabenderen Familien werteten hin und wieder frischgeschlachtetes Geflügel, Kaninchen-, Ziegen-, Schweine- oder Schaffleisch den Speisezettel auf.

Heute ist die Viehhaltung auf Gomera fast bedeutungslos. Der weitaus überwiegende Teil des Fleisches, das für die Zubereitung gomerischer Gaumenfreuden verwendet wird, stammt aus dem Import (siehe "Wirtschaft") und damit aus der Tiefkühltruhe. Viel besser sieht es dagegen beim Fisch aus. Zwar ist auch der Fischfang spätestens seit der Schließung der letzten Fischfabrik Gomeras (in La Rajita, Südküste) kein wichtiger Wirtschaftsfaktor mehr, doch für den Eigenbedarf werden immer noch die Netze ausgeworfen. Davon profitiert letztlich auch der hungrige Urlauber: Eine Vielzahl der angebotenen Grillfische hat noch keine Bekanntschaft mit dem Eisfach gemacht. Eine wichtige Ausnahme bilden Meeresfrüchte; z.B. werden *Langostinos* fast ausschließlich gefroren angeliefert, was sie relativ teuer macht und in aller Regel den Geschmackssinn beleidigt.

Zu den beliebtesten Speisefischen zählen neben Sardinen (sardinas) und Makrelen (caballas) auch Thunfisch (atún), Seehecht (merluza) und Muräne (murena). Als besondere Delikatesse gilt der vieja, ein Papageienfisch. Außerdem gibt es viele Tintenfischgerichte (choco, pulpo und calamares).

Wer auf Gomera den Urlaub verbringt, muß sich nicht unbedingt von Rindersteak mit Pommes frites oder Spaghetti ernähren, er kann es heute aber. Denn die typischen Gerichte der "internationalen Küche" haben auch hier auf den meisten Speisekarten Einzug gehalten. Das kann man bedauern, aber sicherlich nicht wieder rückgängig machen. Dennoch haben sich auf Gomera viele Eigenarten bewahrt, übrigens keineswegs ausschließlich in den Familien, sondern durchaus auch auf den Speiseplänen vieler Restaurantbetriebe. Im folgenden sollen deshalb einige einheimische **Spezialitäten** vorgestellt werden.

▸**Gofio**: Wenn es eine Art "Nationalgericht" auf Gomera gibt, dann ist es Gofio. Es wird vermutet, daß dieses "Allzweck-Lebensmittel" schon den Guanchen als Hauptnahrungsmittel gedient hat. Hergestellt wird Gofio aus selbstangebautem Mais, der über einer offenen Flamme geröstet und schließlich gut zermahlen wird. Das feine, helle Mehl ist dann eine kalorien- und nährstoffreiche Kraftnahrung, die zugleich billig ist. Es wird hauptsächlich zum Andicken von Suppen gebraucht, findet aber auch in vielen anderen Gerichten Verwendung. Mit Zucker vermengt, werden sogar Kuchen daraus gebacken. Einige trinken es gar in ihrem Kaffee . . .

In vielen Restaurants wird ein Schälchen Gofio zu Suppen gereicht, z.B. zur *Potaje de berros*, der kanarentypischen Brunnenkressesuppe, die auf Gomera üblicherweise mit Karotten und Kartoffeln zubereitet wird. Kinder, die hier besonders gern mit Gofio vollgestopft werden, erkennt man deutlich an ihren rundlichen Formen.

▸**Mojo** ist eine scharfe, ölige Soße, die zu fast allen Gerichten paßt. Sie besteht im wesentlichen aus Olivenöl und viel Knoblauch. *Mojo verde* (grüne Mojo), die hauptsächlich zu Fischgerichten serviert wird, enthält darüber hinaus Petersilie und Koriander. *Mojo rojo* (rote Mojo) wird dagegen mit Chilli gewürzt und vornehmlich zu Fleischspeisen gereicht. Schließlich hat fast jeder Koch sein ureigenes Geheimrezept, um seine Mojo noch zu verfeinern.

▸**Miél de Palma** ist mittlerweile zum begehrten Gomera-Souvenir avanciert. Die Nachfrage hat auch das Angebot wieder belebt, nachdem es einige Zeit lang schwierig geworden war, den begehrten Palmhonig zu ergattern.

Ernte und Zubereitung von Miél de Palma sind gleichermaßen aufwendig und langwierig. Zuerst wird die Palmkrone von störenden Blättern befreit, dann die Mitte aufgehackt und ein Eimer angebracht, in den der farblose Palmsaft hineinfließt. Dieser wird ohne Zusätze unter ständigem Rühren eingekocht, bis er braun und zähflüssig ist. Jede Palme kann auf diese Weise nur alle sieben Jahre angezapft werden. Man erkennt die Bäume, die zur Gewinnung von Miél de Palma dienen, an den breiten Metallreifen, die um den Stamm geschlungen sind. Sie sollen Ratten und Mäuse daran hindern, die Baumkronen zu erreichen, weil sie den nährstoffreichen Honig auch gerne mögen.
Die beim Ernten abgehackten Blätter dienen übrigens oft als Kaninchenfutter; die Palmen selbst erholen sich in aller Regel aus eigener Kraft.
Miél de Palma findet in einer Vielzahl einheimischer Gerichte Verwendung, vor allem bei Kuchen und Gebäck, aber auch bei Dessertspeisen (z.B. zum Vanillepudding (flan) oder mit Käsestückchen oder frischen Erdbeeren) und nicht zu vergessen als sättigende, kalorienreiche Beigabe zur Babynahrung.
Die auf Gomera beliebteste Arten, Miél de Palma zu sich zu nehmen, sind jedoch *Gomerón* und *Mistela*. Beim Gomerón werden Miél de Palma und weißer Rum zu gleichen Anteilen in einem Cognacschwenker unvermischt serviert - umrühren und fertig. Mistela,

Wer gern Fisch ißt, kommt in Gomera voll auf seine Kosten

Frischgepreßte Säfte und Eisbecher mit exotischen Früchten – für viele Urlauber ein täglicher Luxus

eine lieblich schmeckende, bernsteinfarbene Mischung aus Miél de Palma und Parra Gomera (einheimischer Branntwein) ist eine Spezialität aus Vallehermoso.

- **Papas arrugadas** ("Runzelkartoffeln") sind immer noch nicht vollständig von Pommes frites verdrängt worden. Wo immer sie angeboten werden, sollte man zugreifen. Papas arrugadas sind in Meer- oder Salzwasser gekochte Kartoffeln, die, fertig gegart, im Topf noch ein wenig ohne Wasser schmoren, bis sie einschrumpeln und mit einer dünnen Salzkruste überzogen sind. Wo es Papas arrugadas gibt, da ist übrigens auch die leckere Tunke zum Einstippen, die Mojo, nicht fern.
  Vorsicht, Pellverbot: Wer Papas arrugadas nicht mit ihrer Schale ißt, ist als Banause entlarvt.
- **Wein** wird vor allem im Norden angebaut. Der Weißwein sieht ein bißchen aus wie Sherry und schmeckt auch ähnlich. Landwein heißt auch auf Gomera *Vino del País.*
- **Literaturtip** für alle, die gern selber kochen. José Luis Concepción: Typische Kanarische Küche. Die besten Original-Rezepte. Für rund 10 DM an Kiosken und in einigen Andenkenläden erhältlich.

Fauna

Die beste Nachricht zuerst: Es gibt auf Gomera weder Schlangen, Reptilien noch Insekten, die giftig sind. Nur wenige Landtierarten schafften den Sprung vom Kontinent auf die relativ isolierte Inselgruppe. Besonders auffällig sind die vielen *Eidechsen* und *Geckos,* denen man hier begegnet. Letztere sieht man manchmal auch in menschlichen Behausungen, wo sich die nützlichen, flinken Tierchen als Insektenfresser beliebt machen.
Eine weitere bemerkenswerte Tierart ist die bis zu 8 cm lange *Gottesanbeterin,* die wegen ihres grünen Tarnkleides in ihrer natürlichen Umgebung zwar kaum auffällt, aber hin und wieder auch an Mauerwerk auf Insekten lauert.
Teilweise noch größer sind die einheimischen *Heuschreckenarten.* Im Gegensatz zur Afrikanischen Heuschrecke, die den Archipel alle paar Jahrzehnte mal überfällt, sind diese jedoch für die Landwirtschaft ungefährlich, weil relativ gering an Zahl.
Neben einigen *Libellenarten,* deren bunt schillernde Körper vor allem in der Nähe von Tümpeln und Staubecken scheinbar schwe-

Haben Sie auch so viele Ziegenfotos auf Gomera gemacht?

relos in der Luft schweben, gibt es auch viele farbenprächtige *Schmetterlinge.*

Vögel haben auf Gomera nahezu optimale Bedingungen gefunden: unzugängliche Brutreviere, reiche Nahrungsvorräte und fast keine räuberischen Feinde. Hobby-Ornithologen haben sicherlich ihre helle Freude an der Artenvielfalt, darunter auch einige sehr seltene Tiere, die nur auf den Kanaren vorkommen. Die 7 wildlebenden *Kanarienvögel* unterscheiden sich jedoch von ihren in Gefangenschaft gezüchteten Namensvettern beträchtlich: Sie haben ein unauffälliges Federkleid und singen auch bei weitem nicht so schön.

Erst die Menschen brachten *Mäuse, Ratten* und *Wildkaninchen* nach Gomera. Alle drei Tierarten vermehrten sich überdurchschnittlich, weil ihnen hier die natürlichen Feinde fehlten. Die Bauern haben alle Hände voll zu tun, ihre Zahl in Maßen zu halten.

Die spektakulärsten Meeresbewohner sind *Delphine,* die in Gruppen gerne Schiffe begleiten. Die verspielten Säugetiere schwimmen dann oft unter dem Bug der Boote und versüßen mit ihren Kapriolen auch die schlimmste Seekrankheit. Natürlich gibt es in den hiesigen Gewässern auch zahlreiche *Haiarten.* Überfälle auf Menschen sind bislang aber noch nicht bekannt geworden.

Feiertage

Im Jahr 1989 wurden durch ein königliches Dekret die *Fiestas laborales* (arbeitsfreie Tage) in ganz Spanien neu festgelegt. Dabei hat man besonders den regionalen Gepflogenheiten und Traditionen Rechnung getragen. Allein auf den Kanarischen Inseln gibt es drei Feiertage, an denen im gesamten übrigen Spanien gearbeitet wird.

Año Nuevo - Neujahr	1. Januar
Epifanía del Señor - Dreikönigstag	6. Januar
San José - St.-Josephs-Tag	19. März
Viernes Santo - Karfreitag	beweglich
Fiesta del Trabajo - Tag der Arbeit	1. Mai
Día de Canarias - Regionalfeiertag	30. Mai
Asunción de la Virgen - Maria Himmelfahrt	15. August
Fiesta Nacional de España - Nationalfeiertag	12. Oktober
Todos los Santos - Allerheiligen	1. November
Día de la Constitución - Verfassungstag	6. Dezember
Inmaculada Concepción - Maria Empfängnis	8. Dezember
Natividad del Señor - Weihnachten	25. Dezember

Bitte beachten Sie, daß es neben diesen offiziellen Feiertagen für alle Kanarischen Inseln noch eine ganze Reihe örtlicher Fiestas gibt, während derer oft alle Geschäfte der betroffenen Dörfer geschlossen sind.

Fiestas

Die Gomeros sind ein feierfreudiges Völkchen. Meist sind es kirchliche Feste, die zum Anlaß genommen werden, eine oft mehrtägige *Fiesta* zu feiern. Dabei vergeht nicht ein Monat des Jahres, wo nicht in irgendeinem Dorf der Insel zumindest eine Fiesta steigt.

Normalerweise beginnen sie mit einem Gottesdienst oder einer Prozession, dann werden die traditionellen Instrumente zum Trommeltanz ausgepackt, oder eine Folkloregruppe spielt Evergreens. Tanz, Essen und alkoholische Getränke, gelegentlich auch sportliche oder Geschicklichkeitswettbewerbe sind die Höhepunkte jeder Fiesta. Urlauber sind in aller Regel willkommene Gäste; bei manchen Veranstaltungen sind sie sogar schon in der Mehrzahl.

Wie die kirchlichen Feste verschieben sich die meisten Fiestas von Jahr zu Jahr, einige finden sogar nur alle Jubeljahre statt. Die wichtigsten sind im praktischen Teil dieses Buches beschrieben, es gibt aber noch eine ganze Reihe mehr. Wenn Sie eine Fiesta besuchen wollen, fragen Sie Einheimische; die wissen ganz genau, wann und wo die nächste stattfindet. Übrigens - während einer Fiesta sind im betreffenden Dorf, manchmal sogar auf der ganzen Insel, alle Geschäfte und Dienstleistungsbetriebe geschlossen.

Es empfiehlt sich, die genauen Daten der Fiestas zu erfragen oder sich in der jeweiligen Tourismusbehörde bzw. im Rathaus den Fiestaplan geben zu lassen.

6. Januar:	*Los Reyes* – Heilige Drei Könige. Valle Gran Rey. Prozession zur Kirche von Los Reyes, Messe und große Fiesta auf dem Kirchplatz mit Musik und Tanz.
Februar:	Karneval auf den Kanarischen Inseln. Vor allem auf Teneriffa finden Umzüge statt – durchaus vergleichbar mit dem Karneval in Rio. Am Aschermittwoch findet die Beerdigung der Sardine statt.
April:	eine Woche vor Ostern – *Fiesta de San Marcos* in Agulo (siehe "Agulo").
30. Mai:	*Dia de Canaria* – Tag der Kanaren. In allen Orten Tanz und Musik.
Mai:	*San Isidora* in Chorros de Epina und Alajeró
Juni:	*Los Piques*. Agulo. Ritualisierte Streitgespräche in El Silbo, der Pfeifsprache der Insel.
Juni:	*San Antonio de Padua*. Valle Gran Rey. Messe, Musik und Tanz an der im oberen Tal gelegenen Kirche San Antonio.
Ende Juni:	*San Pedro*. Valle Gran Rey. Messe in der Kapelle am Playa und Fiesta auf dem Kirchplatz. Prozession mit Fischerbooten.
15.-17. Juli (alle 5 Jahre; nächstes Fest im Jahr 2000):	*Fiesta Virgin el Carmen*. Valle Gran Rey, Santiago, Vallehermoso. Besonderes Fest der Fischer zu Ehren ihrer Schutzpatronin. In Valle Gran Rey fahren die Fischerboote in einer Schiffsprozession nach La Rajita und über

	Playa de la Calera zurück. Auf den Booten werden Fische gegrillt und Sangria ausgeschenkt. Abschluß-Feuerwerk.
7. August:	*Santo Domingo de Guzman*. Hermigua. Musik und Tanz.
15. August:	*Nuestra Señora de Los Reyes*. Chipude. Große Fiesta mit Folkloretänzen, Musik und Tanz auf dem Kirchplatz in Chipude.
7. September.	*Natividad de la Virgin Maria*. Hermigua.
11. September:	*Nuestra Señora del Buen Paso* in Alajero mit einer Wallfahrt zur Eremita del Buen Paso.
5. Oktober (alle 5 Jahre; nächster Termin: 1998):	*Fiesta de la Virgen de Guadalupe*. San Sebastián – Kapelle in Puntallana, große Fiesta, die Madonnenstatue wird in einer Schiffsprozession nach San Sebastián gebracht.
Ende November:	*San Andrés*. Hermigua, Agulo, Vallehermoso. Fiesta zur Weinprobe.

Neben diesen Veranstaltungen finden noch eine ganze Reihe **kleinerer Fiestas** statt, auf die wir nicht im einzelnen eingehen können. Auch hier gilt wieder: Während der Fiestas sind die Geschäfte in den betreffenden Dörfern geschlossen. Auffälligstes Indiz für eine bevorstehende Fiesta ist eine rote Coca-Cola-Bude sowie die kaum zu überhörende Ankündigung durch einen Lautsprecherwagen. Der Tag nach der Fiesta ist oft auch noch Feiertag.

Flora

Der erste Eindruck täuscht, Gomera ist nicht die Insel der felsigen Schluchten, der staubigen Straßen und der schwarzen Strände. Immerhin sind rund 85 Prozent seiner Fläche bewachsen.

Auffälligste Eigenart der Pflanzenwelt auf den Kanaren generell: Die Isolation der Inselgruppe vom Kontinent bewahrte hier viele urzeitliche Gewächse vor dem Aussterben; die gleichen Gewächse, die andernorts, vor allem im Mittelmeerraum, Klimakatastrophen und ähnlichem zum Opfer gefallen sind. Der Effekt: Die Inseln beeindrucken viele Botaniker, aber auch Laien aus aller Welt mit einer Fülle *endemischer*, d.h. nur hier vorkommender Pflanzenarten. Das gilt insbesondere für Gomera.

Wild wucherndes Grün - der Lorbeerwald

Ein weiteres reizvolles Charakteristikum der hiesigen Pflanzenwelt ist die Tatsache, daß auf relativ engem Raum – die Insel hat nur einen Durchmesser von kaum 25 km – eine Vielzahl von Vegetationsstufen vertreten sind, und jede davon bildet eine eigene grüne Welt für sich. Hauptgrund dafür ist das günstige Mikroklima, das in erster Linie durch Feuchtigkeit (Passat) und starke Sonneneinstrahlung geprägt ist (siehe "Klima").

Das Spektrum der eigenartigen Flora reicht von den gedrungenen, anspruchslosen und salzliebenden Pflanzen in Meeresnähe über die bunten Blüten und duftenden Kräuter der mittleren Lagen bis hin zu den wild ineinander verschlungenen, prähistorisch anmutenden Urwäldern im nebeligen Inselinneren. Nicht weniger als 3000 verschiedene Pflanzenarten sind neueren Forschungen zufolge auf Gomera beheimatet; vierzig von ihnen sind endemisch – zum Vergleich: in Deutschland sind es gerade zwei.

Und dennoch sieht man heute kaum mehr als die spärlichen Reste der ursprünglichen Vegetation. Zum Zeitpunkt der spanischen Eroberung war Gomera noch fast vollständig von dichtem Urwald bedeckt. Was Rodungen und menschliche Eingriffe davon übrigließen, steht seit 1981 unter Naturschutz: im Nationalpark Garajonay.

Immerhin hat La Gomera immer noch den größten und am besten erhaltenen Regenwald der Kanarischen Inseln (siehe "Nationalpark Garajonay").

Die *Kanarische Palme* findet man auf Gomera nicht nur in unmittelbarer Küstennähe, sondern auch in höheren Lagen. Diese nahe Verwandte der nordafrikanischen Dattelpalme steht unter Naturschutz. Mit über 100.000 Exemplaren gibt es heute auf Gomera mehr Palmen als auf den übrigen Kanarischen Inseln zusammen. Ihre Blätter und Früchte finden als Viehfutter Verwendung, der Palmsaft wird zu Miél de Palma weiterverarbeitet (siehe "Essen und Trinken"). *Kakteen*, *Agaven* und *Wolfsmilchgewächse* haben sich aufgrund ihrer Fähigkeit, Wasser speichern zu können, in weiten Gebieten gegenüber ihren Konkurrenten durchsetzen können. Der *immergrüne Lorbeerwald* (Bosque El Cedro) ist die wohl interessanteste botanische Formation auf Gomera und zugleich der größte Schatz des Nationalparks Garajonay. In Höhen zwischen 600 und 1200 m, also dort, wo sich die lebensspendende Wirkung der Passatwinde am stärksten entfaltet, bildet er ein schier undurchdringliches Netz urzeitlicher Vegetation. Subtropische Pflanzen und Bäume, die im Tertiär um das heutige Mittelmeer beheimatet waren, entzücken hier nicht nur die Botaniker.

Kaum jemand kann sich dem eigenartigen Flair dieses Urwalds entziehen, wo hochgewachsene Lorbeerbäume aus dem dichten Unterholz herausragen, wo von ihren knorrigen, mit fahlem Moos bedeckten Ästen lange Flechtenbärte herabhängen. Ab etwa 1000 m Höhe geht der Lorbeerwald fließend in den sogenannten *Fayal-Brezal* (Gagelbaum und Erika) über, der mit den sinkenden Temperaturen und der geringeren Feuchtigkeit besser fertig wird. Die weiß blühende, bis zu 15 m hohe *Baumheide* (Erica arborea) ist das auffälligste Gewächs dieser Vegetationsstufe.

Die wichtigste Anlaufstelle für alle, die an der hiesigen Flora interessiert sind, ist das Informationszentrum der spanischen Umweltschutzbehörde in Juego de Bolas (siehe "Agulo/Ausflüge"). Weiterführende Informationen zum Thema Botanik finden Sie in dem Buch "Pflanzen auf La Gomera" und in dem "Nutz- und Zierpflanzenbuch" von Andrea und Thomas K. Müller, die jedoch nur auf La Gomera erhältlich sind. Empfehlenswert ist auch "Pflanzen auf Teneriffa" (mit sehr schönen Fotos) von Herman Schmidt, Marburg/Lahn. Weiter gibt es noch "Die Kanarischen Inseln und ihre Pflanzenwelt" von Günther Kunkel, Stuttgart 1980.

FKK

Das Nacktbaden ist auch heute auf Gomera noch nicht gestattet. An den bevorzugt von Einheimischen besuchten Stadtstränden wird man selbst oben ohne Anstoß erregen. Anders ist das an einigen Touristenstränden wie dem *Playa del Inglés* (Valle Gran Rey), wo die Nackten längst ein Gewohnheitsrecht beanspruchen, das von den meisten Gomeros achselzuckend toleriert wird. Ähnliches gilt auch für etliche kaum besuchte Strände der West- und Südküste. Wo jedoch spanische Familien Urlaub machen oder Einheimische baden, sollte man auf jegliche Provokation verzichten und vollständige Badekleidung anlegen.

Fotografieren

Motive gibt es überreichlich, viele von ihnen sind grandios. Man denke nur an die überall ausliegenden Postkarten von *el fotógrafo*. Wer selbst fotografieren möchte, sollte an einen UV-Filter denken. Filme sind auf Gomera wesentlich teurer als in Deutschland.
Immerhin gibt es in San Sebastián und im Valle Gran Rey Fotogeschäfte, die neben Filmen auch einen (teuren) Entwicklungsservice anbieten. Die entsprechenden Adressen finden Sie im praktischen Teil dieses Buches.

Geld

Die spanische Währungseinheit ist die Pesete (span. *peseta(s)*; abgekürzt Pts). Früher wurde allgemein in Duros unterteilt (1 Duro = 5 Pts); heute rechnen nur noch die Älteren mit dieser Maßeinheit. Münzen gibt es zu 1, 5, 10, 25, 50, 100, 200 und 500 Pts, Scheine zu 500, 1000, 2000, 5000 und 10.000 Pts. Obgleich die meisten Münzen mittlerweile mit dem Konterfei des Königs Juan Carlos verziert sind, sind doch einige alte "Franco-Köpfe" (25-Pts-Münzen) noch immer im Verkehr.
In den letzten Jahren war die Pesete dank der lange Zeit boomenden spanischen Volkswirtschaft relativ stabil gegenüber der Mark. Als aber im September 1992 einige Währungen im EWS neu bewertet wurden, hatte das auch für die Pesete Folgen: Spanien und damit auch Gomera wurde mit einem Schlag 15 Prozent billiger für alle deutschen Urlauber. Nach anfänglichen Kursstürzen 1995 scheint die Pesete jedoch langsam wieder stabil zu werden.

Meistens ist es etwas günstiger, die benötigten Urlaubspeseten in Spanien und nicht schon daheim zu tauschen. Über die aktuellen Kursunterschiede berät Sie Ihre Bank oder Sparkasse. Die Einfuhr spanischer und fremder Währung ist unbegrenzt gestattet.

> **Wechselkurs** im Dezember 1995:
> 1 DM = 86 Pts (100 Pts = 1,70 DM).

Geld wechseln auf Gomera alle Banken und Sparkassen. Deren Lage und Öffnungszeiten finden Sie im praktischen Teil dieses Buches (bei den jeweiligen Ortschaften). Beachten Sie, daß Banken und Sparkassen an Wochenenden und Feiertagen in aller Regel geschlossen sind. Beim Wechsel von Bargeld benötigen Sie Ihren Reisepaß oder Personalausweis.

Euroschecks werden von allen Banken und Sparkassen bis zu einer Höhe von 25.000 Pts eingelöst. Dabei werden je nach Kreditinstitut Bankspesen von bis zu zwei Prozent geltend gemacht.

Postsparbücher ersparen Ihnen die üblichen Bankspesen. Die Nachteile: Sie können binnen eines Monats nur bis zu 2000 DM eintauschen, und es gibt bislang nur Postsparkassen in San Sebastián und Hermigua.

LESERTIP: Bei den Postsparkassen auf Gomera war die Abwicklung aber mehr als merkwürdig: Es gab weder einen Aushang über den offiziellen Kurs (erst auf Nachfrage einen schludrig beschriebenen Bogen) noch den sonst üblichen, besseren Wechselkurs. Wir haben in Freiburg auf der Bank und per Traveller-Scheck in der Caja Canarias in Calera (750 Pts Komission!) besser getauscht als bei der Postsparkasse in Hermigua. Vom Postsparbuch als Geldquelle ist also bis auf weiteres dringend abzuraten. Frank Wenzel, Freiburg.

Kreditkarten werden bisher nur von sehr wenigen Geschäften auf Gomera akzeptiert.

Geschäftszeiten

Die Öffnungszeiten der Geschäfte, Büros, medizinischen Einrichtungen etc. auf Gomera sind ziemlich uneinheitlich. Deshalb sind sie im praktischen Teil dieses Buches detailliert aufgeführt. Bitte berücksichtigen Sie dabei, daß es sich bei diesen Angaben um extrem veraltungsanfällige Informationen handelt. Zur groben Orientierung folgende Angaben:

Geschäfte sind häufig Mo - Fr von 9 - 13 und von 16 - 20 Uhr geöffnet. Viele öffnen auch Sa vormittags; einige wenige sogar So.

Friseure und Mietwagen haben etwa die gleichen Öffungszeiten wie Geschäfte.

Postämter haben in der Regel Mo - Sa von 9 - 13 Uhr geöffnet.

Apotheken: Mo - Fr 9 - 13 und 17 - 20 Uhr, Sa meist nur vormittags. Rund um die Uhr wechselnder Notdienst.

Ärzte: wie Apotheken, teilweise aber auch nur vormittags.

Banken: Mo - Fr 9 - 13 Uhr, in der Saison zusätzlich Sa vormittags.

Tankstellen: Mo - Sa 8 - 13 und 16 - 20 Uhr. So nur in Ausnahmefällen vormittags.

Ämter: normalerweise Mo - Fr 8 - 14 Uhr.

Geschichte

Kolumbus war hier, auf diese drei Worte könnte sich die Geschichtsschreibung für Gomera fast beschränken. Denn Weltbewegendes hat sich hier sonst nicht abgespielt, und wenn doch, dann ist es nicht überliefert. Schließlich kamen die spanischen Eroberer erst gegen Anfang des 15. Jahrhunderts, und die kanarischen Ureinwohner, ein geheimnisvolles Steinzeitvolk, hinterließen kaum mehr als ein paar rätselhafte Geräte, mysteriöse Felsmalereien und eine Handvoll schauerlich-schöner Mythen.

Wo es keine Fakten gibt, dort blühen zumeist die Gerüchte. So gruben eifrige Professoren und patriotische Heimatforscher in antiken Quellen nach Hinweisen und wurden auch fündig, z.B. bei Homer. Gleicht seine Schilderung der *Elysischen Gefilde* nicht in vielem den Kanarischen Inseln? Gilt solches nicht auch für die *Gärten der Hesperiden* des Griechen Herodot? Und dann natürlich erst recht für die *Inseln der Glückseligen* bei Plutarch! Zumindest aber Plinius hat doch gewiß die Kanaren gemeint, als er . . . !

Sie merken schon, ein Paradies muß der Archipel schon in der Zeit der Altvorderen gewesen sein. Da nimmt es gar nicht wunder, daß noch im vorigen Jahrhundert ernsthaft die These vertreten wurde, die Kanaren seien die Überreste des versunkenen Atlantis.

Die Ureinwohner: Ein eigentümliches Volk müssen sie gewesen sein, die *Guanchen* oder *Canarios*. Das wenige, was uns heute über sie überliefert ist, stammt paradoxerweise von jenen, die am Anfang des 15. Jahrhunderts dafür sorgten, daß deren eigenständige Kultur zu existieren aufhörte.

Es war eine Steinzeitzivilisation ohne Schrift und Metallverarbeitung. Die Guanchen benutzten Werkzeuge und Waffen aus Stein und Holz, und auch mit der Herstellung von Tongefäßen minderer Qualität waren sie vertraut. Könige und Häuptlinge beherrschten die Inseln oder deren Teilgebiete. Es gab keinen oder nur sehr wenig Kontakt zwischen den einzelnen Inseln des kanarischen Archipels, denn es waren keine hochseetüchtigen Wasserfahrzeuge in Gebrauch.

So wenig über ihre Kultur bekannt ist, so wenig weiß man auch über die Herkunft der Guanchen. Als relativ sicher gilt heute allenfalls, daß sie aus dem nordafrikanischen Raum stammen. Auf ihre Verwandtschaft zu den Berberstämmen Nordafrikas deuten mehrere Hinweise: die Ähnlichkeit einiger Felszeichnungen, die Parallelen zwischen den wenigen bekannten Wörtern der altkanarischen Sprache und geographischen Bezeichnungen des Berberischen sowie die Übereinstimmung einiger Bestattungsbräuche. Obwohl in mehreren Quellen davon ausgegangen wird, daß es auf den Kanaren schon vor über 4000 Jahren eine vorspanische Urbevölkerung gegeben hat, konnten archäologische Untersuchungen mittels der C-14-Methode bisher keine Funde identifizieren, die menschlichen Ursprungs und älter als 2000 Jahre sind.
Es scheint also gesichert, daß die ersten Guanchen erst ungefähr um die Zeitenwende auf die Kanarischen Inseln gelangten - wahrscheinlich sogar unfreiwillig, denn von der afrikanischen Küste führen starke Strömungen hierher, die gemeinsam mit dem Harmattan, dem trockenheißen Nordost-Saharawind, so manchen unvorsichtigen Küstensegler auf Nimmerwiedersehen an die Gestade der *Glücklichen Inseln* gespült haben mögen.

Buchtip: "Die Guanchen - Ihr Überleben und ihre Nachkommen" von José Luis Concepción ist an Kiosken auch in deutscher Sprache für knapp 10 Mark zu haben. Die 80seitige, bunte Mischung aus interessanten Fakten, abstrusen Spekulationen und haarsträubendem Lokalpatriotismus hat uns manch spannende Lesestunde beschert.

Die Conquista: Die offizielle Geschichtsschreibung Gomeras beginnt mit dem Jahr 1404, als der normannische Adelige *Jean de Béthencourt* im Dienste der spanischen Krone nach der zwei Jahre zuvor gelungenen Eroberung von Lanzarote und Fuerteventura in Richtung Westen vorstieß und auf Gomera landete. Er fand eine in vier Bezirke geteilte Insel vor (Agana, Hipalán, Malagua und Orone – diese Namen werden Ihnen auf Gomera in verschiedenen Schreibweisen noch häufiger begegnen), die von vier Häuptlingen regiert wurden. Zwei von ihnen unterwarfen sich Béthencourt, die bei den anderen leisteten zunächst erfolgreich Widerstand.

Bis gegen Ende des Jahrhunderts sollte es dauern, bis Gomera endgültig "befriedet" war. Zuvor erlaubte das unzugängliche Inselinnere den Guanchen mit ihren Steinzeitwaffen einen durchaus erfolgreichen Guerillakampf gegen die waffentechnisch und organisatorisch weit überlegenen Spanier. Dabei war es gar nicht einmal die kulturelle Überfremdung, die immer wieder den Widerstand der Guanchen aufflackern ließ, sondern der rücksichtslose Umgang seitens der spanischen Kolonisatoren. Für die gab es nämlich zunächst nur einen einigermaßen lukrativen Wirtschaftszweig: den Sklavenhandel. Und so war schon Jean de Béthencourts erste Tat bei seinem Besuch auf Gomera die Verschleppung einiger Guanchen.

Die spanische Krone honorierte seine Eroberungsversuche bald mit dem Titel *König der Kanarischen Inseln*. Doch schon im Jahr 1406 verabschiedete sich der Herrscher endgültig von seinem Reich und übergab die Regierungsgeschäfte seinem Neffen *Maciot de Béthencourt*.

Dieser agierte so brutal und eigennützig, daß er bereits 1415 gezwungen wurde abzudanken. Dennoch gelang es ihm zuvor, sein Amt zu versilbern. Er verkaufte, was er nur losbrachte, teilweise gleich an mehrere Interessenten. Auf Gomera aber blieb er erst einmal den gequälten Guanchen erhalten. Dort nämlich startete er 1420 eine erfolgreiche Christianisierungskampagne, die sich im nachhinein als überaus erfolgreiches Herrschaftsinstrument erwies.

Überhaupt erprobten die wechselnden spanischen Feudalherren in dieser Zeit auf den Kanaren mit wachsender Begeisterung diejenigen Unterwerfungsstrategien, die bei der bald folgenden Eroberung der überseeischen Kolonien eine wichtige Rolle spielen sollten. Dazu gehörten neben der rigorosen Christianisierung auch das Einsetzen von Anführern, das wechselseitige Ausspielen von Stammeshäuptlingen, das feierliche Abschließen und spätere Brechen von Verträgen und schließlich die kulturelle Assimilierung durch die Förderung von Mischehen mit dem unterworfenen Inseladel.

Señorio hieß eine weitere Unsitte, die die spanischen Herren in dieser Zeit auf den Inseln einführten. Dabei gab der eigentliche Besitzer zeitlich befristet seine Ländereien gegen Bezahlung an einen Lehensmann ab, der nun aus den überlassenen Latifundien herauspreßte, was nur zu bekommen war.

Der Torre del Conde in San Sebastián: Daran bissen sich die Piraten ihre Zähne aus

Bis 1479 waren die Kanaren ein Tummelplatz für adelige Glücksritter und zugleich ein Nebenkriegsschauplatz der Großmächte Spanien und Portugal. Mit wechselndem Erfolg bemühten sich beide, die Kanaren unter Kontrolle zu bekommen. Bis eben in jenem Jahr 1479 das Archipel der spanischen Interessenssphäre zugeschlagen wurde.

Was ereignete sich zwischenzeitlich auf Gomera? Nun, einige Zeit besaß der spanische Adelige *Guillén de las Casas* die Insel, bis er sie 1447 an *Fernán Peraza den Älteren* verkaufte, welcher wenigstens insoweit ruhmreich hervortrat, als er das heutige Wahrzeichen der Insel, den *Torre del Conde*, errichten ließ. Über seine Tochter *Inés* gelangte Gomera 1477 schließlich in die Hände seines Enkels *Fernán Perazas dem Jüngeren.*

Dieser stand seinem Großvater in Sachen Ausbeutung und Verschleppung in nichts nach, was ihm die Guanchen dann doch übelnahmen. 1484 konnte er sich zwar mit seiner Familie im Torre verschanzen, bis ihm Truppen aus Gran Canaria zur Hilfe geeilt waren, doch schon vier Jahre später wurde er von verschwörerischen Ureinwohnern bei einem geheimen Schäferstündchen hingemeuchelt.

Als Erbin trat seine Ehefrau, die geschaßte spanische Hofdame *Beatriz de Bobadilla*, in Erscheinung. Gemeinsam mit *Pedro de Vera*, dem zu Hilfe geeilten Gouverneur von Gran Canaria, verfolgte sie gegen die Guanchen einen Racheplan, bei dessen Ausführung die meisten Ureinwohner zu Tode kamen.

Isla Colombina: Wer nun glaubt, die schöne Beatriz sei einzig durch ihren Genozid zu einiger Berühmtheit gelangt, der irrt gewaltig. Was nämlich heute hauptsächlich mit ihrem Namen verbunden wird, ist das Gerücht von einer Liaison mit einer der bekanntesten Figuren der Weltgeschichte, mit dem Entdecker *Christoph Kolumbus.*

1451 wurde Cristoforo Colombo, den die Spanier Cristóbal Colón nennen, als Sohn eines Tuchwebers in Genua geboren. Schon früh verschrieb er sich der Seefahrt. Mit 28 Jahren ließ sich der Kapitän in Portugal nieder und versuchte, König Johann II. zu überreden, eine Expedition zu finanzieren, die die Westroute nach Indien auskundschaften sollte. Vergebens. Mehr Glück hatte er 1486 bei Isabella I. von Kastilien; sechs Jahre später unterzeichneten beide einen Vertrag über eine Ostasienexpedition. Kolumbus erhielt drei Schiffe (Santa María, Pinta, Niña), die erbliche Würde eines Großadmirals und Vizekönigs der "Neuen Welt" sowie den Anspruch auf ein Zehntel der zu erwartenden Gewinne.

Die berühmte Reise begann am 3. August 1492 im Hafen des kleinen andalusischen Städtchens Palos. Doch die letzte Station diesseits des Atlantiks vor seiner folgenreichen Fahrt war Gomera. Vom 12. August bis zum 6. September verweilte er mit seiner 110 Mann starken Besatzung in San Sebastián und Umgebung. Es war nicht sein erster Aufenthalt auf Gomera (schon als Schiffsjunge und junger Kapitän hatte er die halbe damals bekannte Welt gesehen) und auch nicht sein letzter, wahrscheinlich aber sein längster und gewiß der berühmteste. Was er hier erlebte, kurz vor dem Höhepunkt seines Lebens, ist nicht überliefert. Sicher scheint zumindest, daß Kolumbus ein letztes Mal seine Süßwasservorräte ergänzte. Vielleicht sogar aus jenem Brunnen im Herzen San Sebastiáns, der heute die Inschrift trägt: "Dieses Wasser taufte Amerika".

Gewiß wird er auch gebetet haben, etwa um das gute Gelingen seiner Fahrt. Und das dann vermutlich in jener Pfarrkirche der Hauptstadt, die Beatriz noch kurz zuvor zur Verwirklichung ihrer monströsen Rachepläne benutzt hatte (siehe "San Sebastián/ Sehenswertes"). Ob es aber wirklich eine heiße Romanze mit dieser grausamen Frau war, die den großen Entdecker hier noch fast einen Monat verweilen ließ, das wird wohl nie geklärt werden können.

Am 6. September 1492 jedenfalls verließ Kolumbus den Hafen von San Sebastián und erreichte ohne weitere Zwischenstation schon am 12. Oktober Guanahani (= San Salvador). Damit war Amerika entdeckt, auch wenn Kolumbus bis zu seinem Tode im Jahr 1506 fest davon überzeugt war, in Indien an Land gegangen zu sein.
Noch zweimal sollte Kolumbus auf Gomera weilen, bei seiner zweiten und bei seiner dritten "Indienfahrt" (1493 und 1498) - jeweils aber nur für wenige Tage. War damals die Beziehung zur glutäugigen Inselherrin Beatriz de Bobadilla schon abgekühlt?
Wir wissen es nicht. Was am Ende zählt und mit Recht der ganze Stolz der Insulaner ist, ist dies: Wäre Gomera nicht gewesen, dann hätte Kolumbus die Neue Welt wohl schon einen Monat früher entdeckt.
Einen Augenblick also stand Gomera in jenem August des Jahres 1492 im Rampenlicht der Weltgeschichte, freilich ohne daß einer der daran Beteiligten davon Kenntnis gehabt hätte und auch nur, um kurz darauf umso tiefer in Vergessenheit zu geraten.

Bauern, Piraten und Emigranten: Das stürmische 15. Jahrhundert wurde abgelöst von einer Zeit der friedlichen Verschmelzung der überlebenden Ureinwohner mit den spanischen und portugiesischen Einwanderern. Die bäuerlichen Arbeitsweisen wurden modernisiert, Weizen und Gerste sowie bescheidene Viehzucht nährten die Gomeros, Zuckerrohr und Wein gedieh und machte die jeweiligen Besitzer der Insel ein wenig reicher, die Pächter ein wenig müder. Der grandiose Lorbeerwald schrumpfte im gleichen Ausmaß, wie die landwirtschaftliche Nutzfläche wuchs. Der Sklavenfang kam aus der Mode, auch spektakuläre Intrigen oder politische Morde können aus den folgenden Jahrhunderten nicht mehr berichtet werden. Gomera war und blieb eine Insel der armen, rückständigen Bauern.
Trotzdem wuchsen in jener Zeit Begehrlichkeiten von neuer Seite: Die ungeheuren Schätze, die die spanischen Conquistadoren aus ihren überseeischen Kolonien nach Hause brachten, beflügelten bei so manchem die Träume von Geld, Gold und einem sorgenfreien Leben. Nicht nur blutrünstige Piraten, sondern auch die biederen Kapitäne der anderen Großmächte, allen voran die Eng-

lands, Hollands, Frankreichs und Portugals, leckten sich die Finger nach dem Gold der Indios. Jahrelang lagen sie auf der Lauer, um nur ein einziges Mal eine fette spanische Fregatte auf dem Rückweg von Südamerika zu kapern.
Die Wartezeit verkürzten sie sich mit Plünderungen unbefestigter Küstenstädte, und besonders gern taten sie sich an den nicht eben gut geschützten Ansiedlungen der Kanarischen Inseln gütlich. Selbst das ärmliche Gomera blieb davon nicht verschont. Manchmal wurde San Sebastián bis auf die Grundmauern niedergebrannt, manchmal konnten die Verteidiger mit ihrer bescheidenen Artillerie den Feind verjagen. Dies gelang auch beim letzten Piratenüberfall im Jahre 1743, wovon noch heute ein Gemälde in der Pfarrkirche der Hauptstadt kündet.

Davon abgesehen, blieb alles beim alten. Die rigide Feudalstruktur sorgte nachhaltig dafür, daß keine Veränderungen stattfanden, auch keine wirtschaftlichen. Es gab Ein- und Ausfuhrbeschränkungen, hohe Schutzzölle, und von dem wenigen, was übrigblieb, beanspruchten die Inselherren, die Kirche und die spanische Krone den Löwenanteil für sich.
Erschwerend kam hinzu, daß die Gomeros wirtschaftlich meist alles auf eine Karte setzten - nicht selten auf die falsche. Nach der Sklavenfängerzeit war der Rohrzucker der mit Abstand bedeutendste Exportartikel. Abgesehen von der wachsenden Billigkonkurrenz aus Amerika, die schon rund 50 Jahre nach Kolumbus' Entdeckung den damaligen Weltmarkt fest im Griff hatte, war für den Niedergang dieses Handelsartikels auch entscheidend, daß die großflächigen Rodungen den Wasserhaushalt der Insel störten. Ohne ausreichende Wassermengen jedoch konnten die Zukkermühlen nicht arbeiten.

Mehr schlecht als recht versuchten es die Gomeros dann mit Seide. Ein bescheidener Erfolg war hingegen dem Weinanbau vergönnt, der ab dem 18. Jahrhundert zumindest die Nordtäler der Insel eroberte. Ein Großteil der Ernten wurde zu starkem Schnaps verarbeitet, der sich als gefragtes Handelsgut erwies. Dem machte in der Mitte des 19. Jahrhunderts die Reblaus den Garaus. Die Folge war eine erste Auswanderungswelle nach Venezuela und Kuba. Genauso wenig Glück hatten die Gomeros mit den folgenden Monokulturen, den Koschenillen und den Bananen (siehe "Wirtschaft"). Und wie die Bilanz des heutigen Tourismusbooms später einmal aussehen wird, bleibt abzuwarten.

Armut, Unterdrückung und Emigration waren die bestimmenden Faktoren im Leben der Gomeros bis in die jüngste Zeit. Zwar wurde 1836 der *Señorio-Status* der Insel offiziell aufgehoben, doch die Macht der Grafen ging nun über in die Hände einiger weniger Großgrundbesitzer, die an dem vorherrschenden System der *Halbpacht* (d.h., die Erträge werden zwischen Pächter und Besitzer eines Feldes gleichmäßig aufgeteilt) natürlich nicht rütteln ließen. Bescheidene Schritte in Richtung Unabhängigkeit von der Madrider Zentralgewalt waren 1912 die Einsetzung einer Inselregierung *(Cabildo Insular)* und 1927 die Teilung der Kanaren in zwei spanische Provinzen, wobei Gomera an Teneriffa fiel. Eigentlich war auch das, die Abhängigkeit von der größeren Nachbarinsel, nur eine historisch konsequente Entwicklung, denn schon die Grafen, die unumschränkten Herrscher Gomeras, pflegten einst bevorzugt auf Teneriffa zu residieren. Noch heute sitzt das Mißtrauen vieler Gomeros gegenüber der Provinzregierung in Santa Cruz de Tenerife tief. Wie stiefmütterlich man sich hier behandelt fühlt, zeigt ein Beispiel aus jüngerer Zeit: Im Spätsommer 1984 beim großen Waldbrand, der in der Nähe von La Laja ausbrach, bat die Bevölkerung Gomeras den Gouverneur von Teneriffa um Hilfe. Diese kam dann prompt in Form eines einzigen Feuerwehrwagens, die angeforderten Löschflugzeuge verspäteten sich erheblich. Als sich schließlich der Gouverneur den Brand und seine Folgen anschauen wollte, wechselte plötzlich der Wind. Die Flammen schlugen ihm entgegen und mehrere Menschen, darunter der Gouverneur selbst, verbrannten. Wenig später kam endlich ausreichende Hilfe aus Teneriffa.

Der Spanische Bürgerkrieg, der Zweite Weltkrieg, die Franco-Diktatur und die Demokratisierung unter König Juan Carlos nach Francos Tod im Jahr 1975 gingen ohne große Aufregungen an Gomera vorüber. Auch das Autonomiestatut vom August 1982, das der Provinzregierung große Freiheit von der Madrider Zentralgewalt gab, ließ auf Gomera die Gemüter kühl.

Das Jahr, dem hier die größte Bedeutung zugemessen wird, war nicht 1936, nicht 1975 oder 1982. Es war 1992, das Jahr des Europäischen Binnenmarktes. Der immer noch wahrscheinliche Abbau der nationalen Importbeschränkungen wäre nämlich zugleich das definitive Ende des Bananenanbaus auf Gomera, denn gegen die Billigkonkurrenz aus Südamerika gibt es kein Mittel. Und wer

Der Beliebtheitsgrad der Festlandsspanier schwankt deutlich

PARA QUE NO VENDAN CANARIAS
SPANISH
casa
¡CANAR AS
PARA
CANARIOS

wollte die Spanier im vereinigten Europa noch dazu zwingen, die kleine und teure Kanarenbanane zu kaufen? Ein existentielles Problem, von dem fast alle Familien auf Gomera betroffen sind. Einzig diejenigen, die frühzeitig auf den Tourismus gesetzt haben, können sich da noch gelassen zurücklehnen ...

Informationen

Sie benötigen noch einige Detailauskünfte oder wollen noch ein paar Prospekte durchblättern? Hier das "Gewußt-wo":

- *Deutschland*: Spanisches Fremdenverkehrsamt, Graf-Adolf-Straße 81, 40210 Düsseldorf, Tel. 0211/370467 oder 68.
Spanisches Fremdenverkehrsamt, Bethmannstraße 50-54, 60311 Frankfurt, Tel. 069/282782 oder 83.
Spanisches Fremdenverkehrsamt, Oberanger 6 - 8, 80331 München, Tel. 089/ 267584 oder 267650.
- *Österreich*: Spanisches Fremdenverkehrsamt, Rotenturmstraße 27, 1010 Wien 1, Tel. 01/631425 oder 663191.
- *Schweiz*: Spanisches Fremdenverkehrsamt, Seefeldstraße 19, 8008 Zürich, Tel. 01/2527930 oder 31.
- *Auf den Kanarischen Inseln*: Staatliches Fremdenverkehrsamt, 38400 Puerto de la Cruz (Teneriffa), Tel. 922/ 386000.
Staatliches Fremdenverkehrsamt, Calle de La Marina 57, 38001 Santa Cruz de Tenerife, Tel. 922/287254.
Oficina Insular de Turismo (im alten Zollhaus), Calle del Medio 4, San Sebastián de La Gomera, Tel. 922/ 870504.

Klima

Die Kanarischen Inseln liegen rund 1500 km von der Südwestspitze des spanischen Festlandes entfernt im Atlantischen Ozean. Dementsprechend unterscheidet sich auch das hiesige Klima deutlich von dem der Iberischen Halbinsel.
Für den Reisenden wohl am wichtigsten: Die Temperaturen sind praktisch im ganzen Jahr angenehm; die Unterschiede zwischen Sommer und Winter sind gering.

Die Durchschnittstemperaturen bewegen sich zwischen 18° C im Januar, dem kältesten Monat, und 24° C im August, dem wärmsten Monat. Auch die Unterschiede zwischen Tages- und Nachttemperaturen sind gering.
Ähnliches gilt für das Wasser; der kühle Kanarenstrom trägt nicht nur viel zu einer beträchtlichen Klimastabilität bei, er sorgt auch wesentlich dafür, daß die Wassertemperaturen während des Jahres nur zwischen 20° C im Februar und 23° C im September schwanken.

Passatwolken

Trotzdem sollten Sie bei Ihrem Gomera-Urlaub auf einen dicken Pullover und eine Regenjacke nicht verzichten. Bisher war nämlich nur von *Durchschnittstemperaturen* die Rede - tatsächlich ist der Unterschied zwischen dem Norden und dem Süden der Insel, vor allem aber der zwischen den einzelnen Höhenlagen, beträchtlich. Während der Inselnorden allgemein niederschlagsreich und kühl ist, fällt im warmen Süden nur ausgesprochen selten Regen. Und wenn in den mittleren Lagen die Hitzeschleier über den felsigen Barrancos flirren, kann in den Hochlagen kalter Regen auf die dichte Vegetation prasseln und in Meeresnähe eine erfrischende Brise für angenehme Kühlung sorgen. Diese zum Teil drastischen klimatischen Unterschiede auf nur wenigen Kilometern tragen erheblich zum eigenartigen Reiz der Insel bei und bedingen auch ihre Vielgestaltigkeit, vor allem, was die Flora angeht. Das alles ist aber hauptsächlich einer Erscheinung zuzuschreiben: dem Passat.

Passatwinde verdanken ihre Entstehung der starken Sonneneinstrahlung in Äquatornähe. Der dort erhitzte Boden wärmt die unteren Luftmassen auf, die in der Folge nach oben steigen. Die aufgestiegenen Luftmassen aber müssen ersetzt werden, und so strömt kontinuierlich kühle, feuchte Luft aus subtropischen Gebieten heran. Daß dies nicht aus nördlicher, sondern aus nordöstlicher Richtung geschieht, hängt mit der Erdrotation zusammen, die die Lufthülle nicht zur Gänze mitvollzieht. Demzufolge spricht man auf der Nordhalbkugel der Erde vom *Nordostpassat* und auf der Südhalbkugel vom *Südostpassat*. Den ganzen Vorgang kann man sich im übrigen als einen in sich geschlossenen Kreislauf vorstellen: Die am Äquator erwärmte Luft steigt auf, wird in größerer Höhe in Richtung der Polkappen abgedrängt, kühlt wieder ab und sinkt dabei tiefer, bis sie in Boden- oder Meeresnähe wieder in den Einfluß der Passatwinde gerät.

Auf Gomera macht sich der Passat in vielerlei Hinsicht bemerkbar. In Meeresnähe z.B. als stetige erfrischende Brise, die dafür sorgt, daß man sich trotz der starken Sonneneinstrahlung nie wie im Glutkasten mancher Gebiete Kontinentalafrikas fühlt. Es ist ein sanfter, kühler und feuchter Wind, der die Atemwege freihält und den Sinnen schmeichelt.

Der Passat tut aber noch viel mehr. Normalerweise streicht er ganz sanft in Höhen bis zu 600 m vor sich hin, dem Äquator entgegen. Wo er aber durch Hindernisse, z.B. durch das fast 1500 m hohe Bergmassiv im Herzen Gomeras, gezwungen wird emporzusteigen, kühlt er ab, und ein guter Teil der mitgeführten Feuchtigkeit kondensiert – es regnet.
Dies ist auch der Hauptunterschied zwischen Lanzarote, Fuerteventura und den westlichen Kanaren; während erstere über keine nennenswerten Erhebungen verfügen und demzufolge ausgesprochen trocken sind, profitieren die westlichen Kanaren im großen Maßstab von den Passatwinden und konnten deshalb auch ihre üppige Vegetation entfalten (siehe "Wasser).
Auf Gomera wird dieser Zusammenhang überdeutlich an den einzelnen Regionen. An den Nordhängen regnen sich die Passatwolken aus, die Täler schwelgen in üppigem Grün, und die Nebelwolken hängen oft bis tief in die Barrancos hinein. Im Süden dagegen ist es trocken, die Vegetation eher spärlich. Daß es überhaupt Bewuchs in dieser Menge gibt, verdankt der Süden den Bächen und Flüssen, die ihren Ursprung im Landesinneren haben und somit letztlich auch vom Passat gespeist wurden.

Landesnatur

Gomera liegt auf dem 28. Breitengrad rund 300 km vor der nordwestafrikanischen Küste inmitten eines Dreiecks, das von den Nachbarinseln Teneriffa, La Palma und El Hierro gebildet wird. Mit 378 qkm Fläche ist sie die zweitkleinste bewohnte Kanareninsel. Das fast kreisförmige Eiland hat einen Durchmesser von kaum mehr als 25 km. Höchste Erhebung ist mit 1487 m der Garajonay.

Das grüne Tal von Hermigua – rechts der spitze Vulkanschlot des Roque de San Pedro

Im Vergleich zu den anderen Inseln des Archipels ist Gomera alt. Die vulkanische Aktivität, der es seine Entstehung verdankt, fand vor über 20 Millionen Jahren statt. Ein weiterer Unterschied ist, daß auf Gomera alle Anzeichen von Vulkantätigkeit in jüngerer Zeit fehlen. Die Erde scheint hier zur Ruhe gekommen zu sein.

Nicht aber Wind und Wetter – sie nutzten die Jahrmillionen und meißelten die schroffe Topographie, die wilden Canyons und die abweisende Steilküste nach der uralten Spielregel: Weiches Gestein wird schnell abgetragen, hartes bleibt vorerst stehen. Durch diesen Vorgang entstanden auch die beeindruckenden *Roques*. Bei ihnen handelt es sich um die Schlotfüllungen längst fortgewaschener Vulkane, die sich durch ihre große Festigkeit erhalten haben. Einige sind spitz und dünn wie Nadeln, andere sehen aus wie abgeflachte Kegelstümpfe, wieder andere wie gigantische Steine oder monströse Sombreros. Zu den bekanntesten zählen der

mächtige Roque Agando bei San Sebastián, der Roque Cano bei Vallehermoso, die einzigartigen Los Organos an der Nordküste und der charakteristische Tafelberg Fortaleza.
Mehr als auf jeder anderen Insel sieht man hier die geballte Kraft der Erosion an den so verschiedenen Arten und Formen der Barrancos und Roques. Denn auf keiner anderen Insel konnte sie sich, ungestört von weiterer Vulkantätigkeit, so lange und wirkungsvoll entfalten.

Mietwagen

Neben den eigenen Füßen ist ein Mietwagen ein geeignetes Mittel, die Insel zu erschließen, weil es nicht so teuer ist. Taxis sind schließlich auf die Dauer zu kostenintensiv. Viele besorgen sich gerade für die ersten ein oder zwei Tage auf Gomera einen Mietwagen, um auf die Schnelle festzustellen, wo es am schönsten ist, denn die Entfernungen sind nicht groß und die Hauptorte hat man bald "abgehakt". Natürlich kann der Mietwagen das Wandern nicht ersetzen – allzuvieles erreicht man sowieso nur zu Fuß –, doch als bequeme Ergänzung oder für die erste Orientierung können wir ihn nur empfehlen.

Die größte Auswahl an Mietwagenanbietern finden Sie in San Sebastián. Daß hier alle Fahrzeuge gleichzeitig unterwegs sind, passiert nur selten. Meist ist es kein Problem, für den folgenden Tag eines zu reservieren. Wenn Sie aber auf Nummer Sicher gehen wollen, können Sie "Ihren" Wagen vorbestellen. Die Adressen, angebotene Fahrzeugtypen und ungefähre Preise finden Sie im praktischen Teil dieses Buches unter der jeweiligen Ortschaft.
Für einen Mietwagen der billigsten Klasse (Panda, Polo, Corsa etc.) müssen Sie inklusive Vollkaskoversicherung und Steuern pro Tag mit ungefähr 60 bis 70 DM rechnen. Nicht viel, wenn man sich zu mehreren einen Wagen teilt. Voraussetzung ist natürlich ein gültiger Führerschein; außerdem liegt das Mindestalter bei 19 Jahren.
ACHTUNG: Nachts sind die unbeleuchteten Serpentinenstraßen Gomeras eine nicht zu unterschätzende Gefahrenquelle. Auch tagsüber empfiehlt sich ein überaus defensiver Fahrstil. Vor unübersichtlichen Kurven wird gehupt.

Nationalpark Garajonay

Der Nationalpark Garajonay im Herzen Gomeras steht seit 1981 unter Naturschutz. Mit über 100 qkm nimmt er fast ein Drittel der gesamten Inselfläche ein; sein geographisches Zentrum liegt in etwa beim Rastplatz La Laguna Grande. Seine Bedeutung für Gomera kann kaum überschätzt werden, wurde er doch im Sommer 1985 von der UNESCO in die *Liste Einmaliger Kulturgüter der Menschheit* aufgenommen.

Hauptbestandteil des Nationalparks ist der einmalige, artenreiche Lorbeerwald, der sich im weiten Kreis um den höchsten Gipfel der Insel erstreckt (siehe "Flora").
Ein Muß für jeden Gomera-Urlauber ist eine Visite im Besucherzentrum *Juego de Bolas* (siehe "Agulo/Ausflüge"). Hier gibt es Filmdokumentationen, Broschüren, Auskünfte und einen kleinen botanischen Garten mit vielen endemischen Pflanzen. Informationsmaterial über markierte Wanderrouten und Waldlehrpfade im Nationalpark sind hier erhältlich. Ein vorbildlicher Service sind die von der spanischen Umweltschutzbehörde ICONA angebotenen kostenlosen Wanderungen mit Führung, die man hier buchen kann.

Öffentliche Verkehrsmittel

Busse verbinden regelmäßig alle Hauptorte der Insel miteinander. Sie sind vergleichsweise billig – kein Ticket kostet mehr als 700 Pts (rund 9 Mark) –, aber nicht besonders pünktlich. Es gibt insgesamt drei Buslinien, die viermal täglich fahren, also eine gute Alternative zum Leihwagen. Die einzelnen Linien sind San Sebastián – Santiago, San Sebastián – Valle Gran Rey, San Sebastián – Vallehermoso.
Grundsätzlich halten die Busse entlang der gesamten Fahrtstrekke auf deutliche Handzeichen. Die Lage der Bushaltestellen, den Fahrplan und die Preise finden Sie im praktischen Teil dieses Buches bei der jeweiligen Ortschaft.

Politik und Verwaltung

1927 wurden die Kanaren in zwei spanische Provinzen geteilt, wobei Gomera mit El Hierro und La Palma an Teneriffa fiel. Das

Autonomiestatut vom August 1982 gewährte der Provinzregierung große Eigenständigkeit gegenüber der Madrider Zentralgewalt. 1912 wurden die Inselregierungen *(Cabildo Insular)* gegründet. Auf kommunaler Ebene entscheiden die *Ayuntamientos*, die Rathäuser der sechs Gemeinden Gomeras.
Während in der gesamten autonomen Provinz "Islas Canarias" seit Jahren die Sozialdemokraten (PSOE) die einflußreichste Fraktion sind, spielt auf Gomera die AIC, eine lokale Gruppe von Christdemokraten, eine wichtige Rolle. Mit den Sozialisten ringen sie um die Mehrheit in der Inselverwaltung und in den Gemeinden. Die spanischen Kommunisten (PCE) können auf Gomera nicht mit Erfolgen aufwarten.

Post

Telefonieren kann man hier ausschließlich von öffentlichen Apparaten aus - in den Postämtern befinden sich keine Fernsprecher (siehe "Telefonieren"). Briefmarken bekommt man nicht nur in Postämtern, sondern auch in Souvenirläden und Kiosken. Die wichtigsten Portosätze: Postkarten 60 Pts (Übergröße 140 Pts), Standardbrief bis 20 Gramm 60 Pts (in Nicht-EU-Staaten 70 Pts). Postsparkassen gibt es nur in San Sebastián und Hermigua. Postämter haben in der Regel Mo – Sa von 9 – 13 Uhr geöffnet.

El Silbo

1982, also noch vor dem Lorbeerwald, nahm die UNESCO die Pfeifsprache “El Silbo” in ihre *Liste der schützenswerten Kulturgüter der Menschheit* auf. Man nimmt an, daß schon die Guanchen vor der spanischen Eroberung der Insel auf diese Weise kommunizieren konnten.
Die eigentümliche Pfeifsprache verdankt ihre Entstehung mit Sicherheit den besonderen topographischen Verhältnissen. Wenn sich die Hirten und Feldarbeiter über die zerklüfteten Barrancos hinweg verständigen wollten, taten sie das mit Pfiffen, denn Rufe konnten diese Entfernungen nicht überbrücken. El Silbo ist ein Code ganz besonderer Art: Die einzelnen Pfiffe, die sich in Tonhöhe, Länge und Modulation voneinander unterscheiden, stehen für Sprachlaute, d.h., El Silbo ist die Wiedergabe der Lautsprache mit anderen Mitteln. Produziert werden die Pfiffe mit einem oder zwei Fingern; die freie Hand bildet dabei einen

Die Busse sind nicht besonders pünktlich – es ist ratsam, mindestens 15 Minuten vor der Abfahrt an der Haltestelle zu sein

Schalltrichter. Bei günstigen Windverhältnissen können so Reichweiten von über 6 km erzielt werden. Wenn es außerdem noch mehrere "Relaisstationen" gibt, können die Nachrichten in Windeseile, ähnlich wie die Rauchzeichen der Indianer, über die gesamte Insel verbreitet werden.
Berechtigt wird der Leser hier einwenden, daß Pfiffe bei weitem nicht so flexibel, dynamisch und modulationsfähig sind wie die menschliche Sprache. Doch die Nachrichten, die mit El Silbo transportiert wurden, waren auch keine wissenschaftlichen Arbeiten oder technische Gebrauchsanleitungen. Es waren Dinge aus dem täglichen Leben der Hirten, Gefahrenzeichen, simple Unterhaltungen übers Wetter oder Verabredungen.

Jahrelanges Training ist Vorraussetzung, um El Silbo "sprechen" und verstehen zu können, denn die Lautzeichen erscheinen dem ungeübten Hörer sehr ähnlich. Es gibt sogar verschiedene "Dialekte" der Pfeifsprache - im Norden z.B. wird langsamer und akzentuierter gepfiffen als im Süden Gomeras. Als echte Konkurrenz hat sich mittlerweile das Telefon erwiesen. Wer pfeift sich noch die Lunge aus dem Hals, wenn er statt dessen zum Hörer greifen kann? Daß El Silbo trotzdem noch nicht ausgestorben ist, liegt zum einen daran, daß Vorführungen der einmaligen Pfeifsprache mittlerweile eine gutbezahlte Touristenattraktion sind. Zum anderen haben auf ihr kulturelles Erbe bedachte Gomeros dafür gesorgt, daß in einigen Schulen El-Silbo-Kurse angeboten und auf Fiestas Wettbewerbe ausgetragen werden.
Bei einsamen Wanderungen hört man sie aber nur noch sehr selten, die eigenartigen Pfeiflaute, die einem das Gefühl geben, in einer anderen Zeit, auf einem anderen Planeten zu weilen ...

Strom

220 Volt Wechselstrom aus Eurosteckdosen. Stromausfälle sind häufig, da die gesamte Insel bisher noch immer von dem einzigen Dieselkraftwerk der Insel in San Sebastián versorgt wird.

Souvenirs

Ob als Mitbringsel oder Andenken - Souvenirs gehören einfach dazu. Deshalb hier eine kurze Auflistung dessen, was besonders originell, gefragt oder typisch ist:

Zu den begehrtesten Souvenirs zählen Schnitzereien

Miél de Palma oder Mistela (siehe "Essen und Trinken"); Musikkassetten mit einheimischer Folklore; Bücher, z.B. über kanarische Küche; Keramik aus El Cercado; Musikinstrumente wie Chácaras (übergroße Kastagnetten) oder Tambores (Holztrommeln); kunsthandwerkliche Gegenstände wie Flechtwerk aus Bananenblättern; Holzschnitzereien; Korbwaren oder Textilien.

Tanken

Tankstellen gibt es in oder bei den größeren Orten. Die jeweils genaue Lage ist im praktischen Teil dieses Buches unter der betreffenden Ortschaft verzeichnet. Sie sind in der Regel von Mo - Sa 8 - 13 und 16 - 20 Uhr geöffnet. An Sonntagen sind die drei Tankstellen in Chipude, an der südlichen Stadtausfahrt von San Sebastián, in Valle Gran Rey und Hermigua geöffnet. Verkauft wird Super, Normal, Diesel und inzwischen sogar Bleifrei; die Preise liegen alle (zum Teil deutlich) unter den deutschen.

Touristen fügen sich auf Gomera harmonisch ins Stadtleben ein

Telefonieren

Öffentliche Fernsprecher finden Sie in allen größeren Siedlungen. Einige Standorte sind im praktischen Teil dieses Buches unter der jeweiligen Ortschaft angegeben. Die alten Apparate nehmen Münzen im Wert von 5, 25 und 100 Pts an. Die neuen Apparate schlucken folgende Münzen: 5, 10, 25, 50 (nur neue!), 100, 200 (nur neue!) und 500 Pts. Bei einem internationalen Ferngespräch sollten Sie mit mindestens 200 Pts allein für die Herstellung der Verbindung rechnen. Auch in Hotels kann man telefonieren, was aber mit zum Teil hohen Aufschlägen verbunden ist. Nach 20 Uhr und an Wochenenden ist das Telefonieren allgemein billiger.

Neu eingeführt sind die Telefonkarten für 2000 Pts und 4000 Pts, mit denen das lästige Nachwerfen wegfällt. Die Karten gibt es in Postämtern oder in verschiedenen Souvenirläden.

Auslandsgespräche: 07 wählen, Dauerton abwarten, Landesvorwahl (49 für Deutschland, 43 für Österreich oder 41 für die Schweiz), Ortsvorwahl ohne 0 am Anfang, Nummer des Anschlusses. Die Schaltung kann einige Zeit dauern ...

Bitte beachten Sie: Wenn Sie im Selbstwählverkehr den Handvermittlungsknopf drücken, schluckt der Apparat alle aufgereihten Münzen.
Vorwahl aus der Bundesrepublik Deutschland in die Provinz Teneriffa (auch Gomera): Tel. 00 34 22.

Pleite oder ausgeraubt? Der Telefonkontakt mit daheim kommt trotzdem zustande, ganz ohne Bargeld - von jedem Telefon aus. Der Service "Deutschland direkt" funktioniert mittlerweile in über 30 Ländern. Voraussetzung: Sie haben die T-Card der Telecom. Wählen Sie von Spanien aus 9 00 99 00 49. Die Gebühren werden dann vom Bankkonto abgebucht, und zwar 11 DM Operatorgebühr und 1,15 DM für jede Minute. Günstiger ist der Connect-Service per Sprachcomputer mit 3 DM Grundgebühr.

Tourismus/Einreiseformalitäten

Österreichern, Schweizern und Deutschen genügt bei einem Aufenthalt bis zu drei Monaten der Personalausweis. Haustiere (Hund und Katze) benötigen ein beglaubigtes Tollwutimpfzeugnis aus jüngerer Zeit. Für das eigene Fahrzeug braucht man die grüne Versicherungskarte und die Zulassungspapiere.

Trekking

Es mag sicherlich bequemere Möglichkeiten geben, auf La Gomera Urlaub zu machen. Eine Inseldurchwanderung ist aber unumstritten die eindrucksvollste Art, die Insel zu erkunden. Der Nürnberger Reiseveranstalter und Trekkingspezialist “Gomera Trekking Tours” bietet als einziger Veranstalter eine solche Tour durch La Gomera an. Wer im Urlaub mehr als nur Baden und Abhängen will, ist bei den lockeren Wandersleuten gut aufgehoben – und zwar ohne das "Karierte-Hemden-und-Wanderplaketten"-Image und ohne "Im Frühtau zu Berge"-Songs.

Spaß und Erlebnis stehen im Mittelpunkt der Touren. Nervenaufreibende Pfad- und Übernachtungssuche entfällt, die fremde Sprache ist kein Hindernis mehr, und die Trekkingführer können vieles über die einzigartige Flora und Fauna und über die Inselgeschichte(n) berichten. Etwas Kondition und Trittsicherheit sind jedoch mitzubringen für die alten Dorfverbindungswege und Eselspfade, auch die "königlichen Wege" genannt.

Peter, der freundliche Hüttenwirt, hält für Wanderer immer ein warmes Süppchen bereit

Die 7-tägige Tour führt abseits der Tourismusströme in alle interessanten Teile der Insel (Santiago, Vallehermoso, Hermigua, Garajonay, Valle Gran Rey, ICONA-Informationszentrum) und durch alle Vegetationsstufen - von Meereshöhe bis zum höchsten Punkt der Insel. Übernachtet wird während der Trekkingtour in Pensionen und in einem gomerischen Bauernhaus am Rande des Regenwaldes. Gaskocher, Blechgeschirr und Isomatte können also getrost zu Hause gelassen werden.

Die täglichen Gehzeiten variieren zwischen 3 und 6 Std., und wer die Auffassung nicht teilen kann, daß früh morgens um 7 Uhr die Welt noch in Ordnung ist, der genießt es sicherlich, bei den kürzeren Wandertagen mal richtig auszuschlafen. Die Trekkingtour verspricht auch einen kulinarischen Steifzug durch die gomerische Küche. Denn so vielfältig wie die Landschaften der Insel sind auch die Spezialitäten der unterschiedlichen Gegenden. Und die Trekkingführer wissen natürlich, wo es am besten schmeckt. In der kleinen Trekking-Gruppe von maximal 10 Personen machen ein gemeinsames Abendessen und Plaudereien nach einem anstrengendem Tag noch mehr Spaß, und nicht selten entstehen dicke

Freundschaften und Kontakte lange über den gemeinsam erlebten Urlaub hinaus.

In der zweiten Woche erholen sich dann die Wanderer in Appartements im hübschen Ortsteil La Calera (Valle Gran Rey). Wer möchte, kann nochmal für die gemeinsame Standortwanderung die Stiefel schnüren oder statt dessen die Richtung Strand einschlagen.

Zu buchen ist das 14-tägige Trekking & Enjoy-Paket mit Flug, allen Übernachtungen, Transfers und Trekkingtour direkt bei Gomera Trekking Tours. Mit der Anmeldung gibt's auch eine ausführliche Info- und Ausrüstungs-Checkliste sowie mündlichen Rat für die optimale Vorbereitung.

Kontakt: Gomera Trekking Tours, Sandstraße 1a, 90443 Nürnberg, Tel. 0911/ 20787, Fax 0911/ 20799.

Übernachten

Besonders in den Weihnachts- und Osterferien ist wegen der beschränkten Zahl an Unterkünften eine Bettenreservierung dringend zu empfehlen. Die Preise orientieren sich eng an Angebot und Nachfrage, d.h., sie steigen meist drastisch in der Hauptsaison und bieten gleichzeitig gute Verhandlungsspielräume, wenn mal wenig Betrieb herrscht.
Abgesehen vom Parador in San Sebastián und dem Hotel Tecina in Playa de Santiago ist das Niveau der Beherbergungsbetriebe auf Gomera eher niedrig. In den einfachen Hotels und Pensionen sind Etagenbäder und durchgelegene Matratzen eher die Regel als die Ausnahme. Selbst fensterlose Räume werden vermietet. Wer Wert auf etwas Komfort legt, sollte sich Zeit nehmen zum Vergleich.

Allgemein sind Kurzzeitgäste nicht gern gesehen. Manche Vermieter wimmeln sogar solche Urlauber sofort ab, die weniger als eine Woche bleiben wollen. Auch Kinder sind nicht überall beliebte Gäste. Genaueres im praktischen Teil dieses Buches.
1300 – 2500 Pts pro Nacht und Person im Doppelzimmer (ca. 15 – 25 DM) sind ein normaler Preis für Unterkünfte der preiswertesten Kategorie. Appartements sind in der Regel viel bequemer und nur unwesentlich teurer, meist jedoch für drei und mehr Personen ausgelegt und fast nie unter einer Woche zu bekommen.
Camping siehe "San Sebastián".

Wanderbuch/Karte

Ergänzend zu diesem Buch können wir empfehlen: "La Gomera - Bergwandern in ursprünglicher Natur" von Rita und Rüdiger Steuer (Goldstadtverlag, Pforzheim; 16,80 DM, inklusive einer passablen Karte im Maßstab 1 : 50.000). Der derzeit beste Wanderführer ist an sich gut zu gebrauchen, aber wir trafen auch schon etwas entnervte Wanderer, die bei der Benutzung des Buches irgendwelche Abzweigungen verpaßt hatten.

Die beste und somit unentbehrliche Wanderkarte ist die "Mapa Topográfico/Isla La Gomera" im Maßstab 1 : 50.000. Sie ist hierzulande in allen größeren Reisebuchabteilungen vorrätig oder zu bestellen (19,80 DM). Wenn sie gerade wieder einmal ausverkauft oder nicht lieferbar ist, bekommt man sie manchmal auch noch direkt auf Gomera.

Wandertips

Wenn der Berg ruft – Profitips vom Team "Gomera Trekking Tours" (Nürnberg).

La Gomera ist ein echtes Wanderparadies. Die verschiedenen Gesichter der Insel, die wechselnden Landschaften und herrlichen Ausblicke lassen sich zu Fuß am intensivsten erleben (und die Seele kommt bei diesem Tempo noch mit – heißt es).

Die in diesem Buch beschriebenen Halb- und Tagestouren sind entsprechend ihrer Länge und Schwierigkeitsgrade für gesunde Wanderer mit Trittsicherheit und normaler Kondition ausgewählt und bedürfen keiner Kletterkünste (kleine Ausnahme: die Tour zum Tafelberg Fortaleza). Dennoch sind einige Punkte zu beachten, damit die Wanderung richtig Spaß macht:

- Das Wetter auf La Gomera ist so unterschiedlich wie die Landschaften der Insel. Schnell hüllen sich die Berge in Nebel. Die Orientierung wird dann schwierig. Temperaturunterschiede zwischen sonnigem Strand und nieseligem Regenwald von 10 Grad sind locker drin.
- Wegmarkierungen sind bei seltener begangenen Pfaden oft nicht vorhanden oder nur noch zu erahnen.
- Keine selbstgewählten "Abkürzungen" gehen – die können rasch an einem Abgrund enden.

Noch lacht dieser Mann – wir würden ihm festes Schuhwerk empfehlen...

- Wenn die Dunkelheit hereinbricht – auf keinen Fall ohne Sicht weiter absteigen! Lieber eine durchfrorene Nacht als ein möglicher Absturz.
- Genügend Wasser- und Lebensmittelvorrat mitnehmen – nie unter 1,5 Liter Wasser pro Person. Daß die Bar oder der Krämerladen im nächsten kleinen Ort auch geöffnet hat, ist auf Gomera nicht garantiert.
- Trittsicherheit – erst stehen, dann sehen!
- Die Wanderbeschreibung vorher bereits einmal durchlesen und nicht erst mitten am Berg damit beginnen.
- Und die Nationalparkbestimmungen sollten natürlich überall in der Natur beherzigt werden.

Zur Ausrüstung

Schuhe: Manche leichten Halbtagestouren sind sicherlich mit festen Turnschuhen machbar. Sicherer, bequemer und deshalb sehr zu empfehlen sind aber knöchelhohe Trekkingschuhe mit guter Gummiprofilsohle.

Wetterschutz/Ausrüstung: Winddichte leichte Jacke, Fliespulli, Schirmmütze, Sonnencreme, Regencape, Teleskopstöcke, gepolsterter Tagesrucksack/Tourenrucksack.

Verpflegung: Genügend Wasser (mindestens 1,5 l) und Essen. Notverpflegung bei Mehrtageswanderungen: Dörrobst, Fruchtschnitten, Tee oder Fruchtsaft.

Orientierung: Wanderkarte La Gomera im Maßstab 1: 50.000 des Goldstadtverlages Pforzheim (gibt es auch in Valle Gran Rey), "Mapa Topográfico/Isla La Gomera" im Maßstab 1:50.000 sowie Kompaß.

Für Notfälle: Gut sortierte Rucksackapotheke, Taschenlampe und Trillerpfeife für Notsignale.

Wasser

Im Vergleich zu den Nachbarinseln ist Gomera verhältnismäßig gut mit Wasser versorgt. Der Passat sorgt dafür, daß im hochgelegenen Inselinneren ständig Luftfeuchtigkeit kondensiert und es regnet (siehe "Klima").
Doch auch hier wird das kostbare Naß zunehmend knapp, vor allem in den Sommermonaten. Ältere Gomeros haben beobachtet, daß Bäche und Quellen, die in ihrer Jugend noch ganzjährig sprudelten, nun versiegt sind. Das liegt zum einen an den großflächigen Lorbeerwald-Rodungen in den letzten Jahrhunderten. Die gefällten Bäume sind nun nicht mehr in der Lage, der Luft das Kondenswasser zu entziehen. Die Folge: Der Boden verkarstet und kann das Wasser nicht mehr binden, das wegen der starken, ungehinderten Sonneneinstrahlung auch nach Regengüssen sofort wieder verdunstet. Zum anderen sind zahlreiche Tiefbohrungen der letzten Jahre dafür verantwortlich, daß der Grundwasserspiegel stetig absinkt. Der enorm hohe Wasserbedarf der allgegenwärtigen Bananenplantagen trägt ebenfalls zur Verknappung bei.
Die Engpässe führen mitunter schon zu heißen Verteilungskämpfen (siehe "Valle Gran Rey/Der Wasserkrieg"). Wasserverschwendung gilt als verpönt und sollte auch von den Urlaubern vermieden werden.

Wirtschaft

Die Wirtschaftsgeschichte Gomeras ist eine Geschichte von gescheiterten Monokulturen. Schon die Zuckerproduktion wurde früh aufgrund der Konkurrenz aus den neuen Kolonien unwirtschaftlich, und den Weinreben setzte die Reblaus so sehr zu, daß der Weinbau wieder in der Bedeutungslosigkeit verschwand.

Etwa in der Mitte des 19. Jahrhunderts trat dann die Opuntie, eine aus Mexiko eingeführte Pflanzenart, in Erscheinung. Auf ihr lebt eine Schildlausart, deren Weibchen das kostbare *Koschenille,* einen karminroten Farbstoff, absondern, der zu Färbezwecken hauptsächlich in der kontinentalen Textilindustrie eingesetzt wurde (heute wird der Stoff noch immer punktuell als Lebensmittelfarbe verwendet, z.B. in Campari oder Martini). Wenn man auch heute noch auf Gomera zahlreiche Opuntienhecken sehen kann, dann ist das im Grunde nur ein Relikt aus vergangenen Zeiten. Denn insgesamt konnte auch die Farbstoffgewinnung als Wirtschaftsfaktor auf Dauer nicht erfolgreich sein, weil sich die Konkurrenz der synthetisch hergestellten Farbstoffe schon bald als übermächtig erwies.

Ausgerechnet Bananen. . .

An die Stelle der Schildlauszucht trat gegen Ende des letzten Jahrhunderts der *Bananenanbau.* Bananenplantagen sind heute auf Gomera allgegenwärtig. Nach Jahrzehnten der fetten Profite scheint aber auch diese Monokultur mittlerweile zum Aussterben verurteilt zu sein. Abgesehen davon, daß der hohe Wasserbedarf der Bananenstauden den Anbau auf Gomera eigentlich längst unrentabel gemacht hat, ist die Kanaren-Banane den südamerikanischen Früchten, was Größe, Geschmack und Preis angeht, weit unterlegen. Daß es hier überhaupt noch Bananen gibt, liegt an den hohen Subventionen und Schutzzöllen der spanischen Regierung.

Im Februar 1993 erging ein Mehrheitsbeschluß der EG-Agrarminister in Brüssel. Danach sollte ab 1. Juli 1993 die Einfuhr sogenannter "Dollar-Bananen" aus Lateinamerika, die vor allem in Deutschland verzehrt werden, auf 2 Millionen Tonnen im Jahr beschränkt und mit Zöllen von 20 Prozent, bei Überschreitung dieser Menge sogar von 170 Prozent belegt werden. Der Hintergrund: Die Mitgliedsstaaten Frankreich, Spanien, Großbritannien, Portugal und Griechenland haben alle selber kleine Bananenanbauer, die nicht zu Weltmarktpreisen produzieren können, oder sind vertraglich dazu verpflichtet, ihren ehemaligen Kolonien Bananen abzukaufen.

Diese Produzenten, darunter auch die Gomera-Bauern, werden durch das jetzige System gegen die viel billigeren Dollar-Bananen aus Lateinamerika geschützt. Wie lange das der Fall sein wird, ist aber ungewiß, denn es verstärken sich die Stimmen aus Lateinamerika, die zu Vergeltungsmaßnahmen gegen Einfuhren aus den EU-Staaten aufrufen. Bislang allerdings zahlt allein der europäische Verbraucher die Zeche. Und bekanntlich sind die Deutschen die größten Bananenliebhaber in der Europäischen Union.

Auch wenn die Zukunft der Kanaren-Banane weiterhin unklar bleibt und parallel schon lange intensiv mit anderen landwirtschaftlichen Produkten experimentiert wird (z.B. Ananas), so steht bereits heute fest, daß die Monokultur der Zukunft auf Gomera Tourismus heißt. Wie lange das diesmal wohl gutgeht?

Zeit

Die Zeitzone für die Kanaren ist die GMT (Greenwich Mean Time = MEZ - 1). Bei Flügen von Mitteleuropa müssen deshalb die Uhren eine Stunde zurückgestellt werden, auch während der Sommerzeit, die auch in Spanien gilt.

Zoll

Vor allem die spottbilligen Zigaretten sind es, die so manchen Gomera-Urlauber noch bis zum 31.12.1995 zum potentiellen Schmuggler werden lassen. Bis zu diesem Zeitpunkt gehören die Kanarischen Inseln zwar zum Zollgebiet der EU, nicht aber zum Steuergebiet der Gemeinschaft. Für Waren von den Kanaren gelten deshalb bei der Einfuhr nach Deutschland und Österreich bis Ende 1995 folgende Mengenbeschränkungen, bei der Einfuhr in die Schweiz bleiben die Beschränkungen auch über 1995 hinaus erhalten:

Tabakwaren (nur für Personen ab 17 Jahren): 200 Zigaretten oder 100 Zigarillos oder 50 Zigarren oder 250 g Tabak.

Alkoholische Getränke (nur für Personen ab 17 Jahren): 1 l Spirituosen mit mehr als 22 % vol. Alkoholgehalt oder

2 l Spirituosen oder Aperitifs mit einem Alkoholgehalt von max. 22 % vol. oder

2 l Schaumweine oder Likörweine und 2 l sonstiger Wein.

Kaffee (nur für Personen ab 15 Jahren): 500 g Röstkaffee oder 200 g löslicher Kaffee.

Parfüms/Eau de Toilette: 50 g Parfüm und 0,25 l Eau de Toilette.

Andere Waren: bis zu einem Gesamtwert von 350 DM.

Es ist dunstig. Vor Kraft vibrierend, pflügt die Fähre durch meterhohe Wellen. Schon sind am Horizont die ersten Konturen sichtbar. Das bleiche Licht der versinkenden Sonne beleuchtet ein Meer aus Fels und Schatten. Kahle und steile Hänge - wie ein mächtiges, abweisendes Bergmassiv rückt Gomera auf Kollisionskurs näher. Dann, die Maschinen laufen schon langsamer, ist man unvermittelt am Ziel:

San Sebastián

Im orangefarbenen Licht der Straßenlaternen wirken die Strandpromenade und die Abfertigungsgebäude auf der Mole unwirklich, die wenigen Palmen fast deplaziert. Eine kühle Meeresbrise läßt einen auf der Gangway frösteln, doch der erste Eindruck vermittelt ein warmes Gefühl: keine Neubau-Ruinen und Touristenfallen, statt dessen ein kleines, aber freundliches Provinzstädtchen, eingebettet in eine grandiose Canyonlandschaft. Nicht wenige Kilometer, sondern Welten trennen den Urlauber von den Bettenburgen auf Teneriffa und Gran Canaria.

Von der verlängerten Mole, die jetzt Platz für zwei Fähren gleichzeitig bietet und dem neuen Yachthafen Schutz gewährt, führt der erste Weg zu der von hohen Lorbeerbäumen umstandenen *Plaza de la Constitución,* dem schönsten und belebtesten Platz der Altstadt. Hier findet man mit dem Kiosco Los Carabelas einen schattigen und beliebten Treffpunkt für Neuankömmlinge und Einheimische: Bei einem Café con leche werden erste Kontakte geknüpft und Erfahrungen ausgetauscht.
Nicht nur in der Zeit der Mittagsglut sind die vielen Bänke auf der Plaza besetzt. Vor allem am späten Nachmittag wirkt sie sehr lebendig, denn die Kinder von San Sebastián haben sie zu ihrem Lieblingsspielplatz gemacht. Von hier aus läßt sich hervorragend das muntere

Rund 5600 Menschen leben heute in San Sebastián

Straßenleben der Inselhauptstadt beobachten, während man sich ohne Wehmut an die just verlassene, naßkalte Heimat, akklimatisiert. Und wer erst den Rhythmus der Stadt zu seinem eigenen gemacht hat, besorgt sich am benachbarten Zeitungskiosk (auch deutschsprachigen) Lesestoff und verdöst hier die Siesta.
Nur ein paar Meter weiter befindet sich die kreisrunde, von hohen Palmen bestandene *Plaza de la América*, wo sich am Abend die Dorfjugend ein Stelldichein gibt. Auch die Zeitung lesenden oder in Gruppen diskutierenden Taxifahrer auf der Westseite der Plaza sind nicht wegzudenken.

Der meiste Trubel herrscht auf den beiden parallelen Hauptstrassen, der *Calle Ruiz de Padrón* und der *Calle del Medio*, auch *Calle Real* genannt (die Planer sind sich über den neue Namen noch nicht so recht einig), die noch vor einigen Jahren *Calle General Franco* hieß. Hier sind die meisten Geschäfte, Bars, Restaurants und Unterkünfte.
Einen der schönsten Blicke auf San Sebastián hat man von der Aussichtsterrasse auf halbem Weg zum Hotel Parador: Stadt und Meer liegen dem Betrachter zu Füßen. An den Hang der Talschlucht, die das Städtchen umschließt *(Barranco de la Villa),*

Der Stadtstrand von San Sebastián

schmiegen sich weißgetünchte Einfamilienhäuser, meist zweistökkige Neubauten, die alle über Dachgärten verfügen. Hier trocknet die bunte Wäsche im starken Wind. Auch die Tauben, ein beliebtes Hobby der Gomeros, haben dort ihre Käfige.

"San Seb is geilo!" schwärmt Hans-Werner aus Bremen, der regelmäßig in San Sebastián Urlaub macht. Und er hat recht. Hier hat sich eine Menge verändert. Vor ein paar Jahren noch erwachte die Inselhauptstadt nur dann aus ihrem schläfrigen Dämmerzustand, wenn die Fähre einlief. Kaum angekommen, fuhren die frischen Urlauber dann weiter ins Valle Gran Rey - oft ohne der Hauptstadt einen Blick geschenkt zu haben. Mittlerweile aber bleiben immer mehr. Immerhin gibt es zwei Strände, ein gutes Dutzend Bars, etwa genauso viele Restaurants und sogar eine Disco. Die gut einen Kilometer lange Strandpromenade mit zwei schönen Strandbars, Bänken und vielen Grünpflanzen lädt zum Bummeln und Verweilen ein. In regelmäßigen Abständen führen breite Treppen hinab zum Strand. Zu ihren Füßen sind Süßwasserduschen installiert. Die Badeaufsicht des Roten Kreuzes überwacht den Stadtstrand von Juli bis September. Neben dem Strandaufsichtsgebäude kommen zwei motorisierte Schlauchboote zum Einsatz.

Auch heute noch lebt die Inselhauptstadt mit und von der Fähre. Wenn sie einläuft, belebt sich sofort das Straßenbild. Waren die Straßen eben noch leer, die Beach-Boys träge in ihren Stammkneipen gesessen und die Taxifahrer dösend in der Nähe des Telefons, so ändert sich dieses Bild entscheidend, sobald das Schiff am Horizont auftaucht. Jetzt bewegt sich alles in Richtung Mole.
Die Taxifahrer spekulieren auf lukrative Touren, doch oft genug müssen sie sich mit einem Kurz-Trip zum nächsten Hotel begnügen. Auch José Luis und seine Kumpanen werden jetzt aktiv. Verwegen schaut er aus mit seinem Dreitagebart, der dunklen Sonnenbrille und der samtbraunen Haut. Mit wieselflinkem Blick werden die Señoritas aus Deutschland schon auf der Gangway vorsortiert: Hier ist ein Abendessen drin, dort ein Bier im *Ramon* und dahinten noch etwas mehr. Selbst die "ständigen" Touristen in San Sebastián zieht es mit aller Macht an die Mole, schließlich bringen die käsig-weißen Neuankömmlinge Nachrichten aus der Heimat mit *("Wie ist das Wetter zu Hause?")*.

In manchen Nächten werden die Bewohner höher gelegener Häuser oder Appartements ziemlich gestört. Schuld daran ist der von den Talwänden reflektierte Lärm des Dieselkraftwerks am südwestlichen Stadtrand. Das Kraftwerk versorgt derzeit ganz Gomera mit Elektrizität. Bei Sturm passiert es aber nicht selten, daß große Teile der Insel plötzlich im Dunkeln stehen, weil irgendein Mast der Überlandleitung umgekippt ist. Die hiesige Gastronomie ist aber gut auf solche Fälle vorbereitet. In Windeseile stehen dann Kerzen auf den Tischen, und kleine Generatoren werden in Betrieb genommen. Mittlerweile scheinen die Tage (oder auch Jahre) des Kraftwerks jedoch gezählt zu sein. Die ursprüngliche Überlegung war, ganz Gomera durch ein Seekabel von einem neuen Gaskraftwerk auf Teneriffa zu versorgen. Nach einigen Diskussionen favorisiert man nun die einfachere Variante, das Kraftwerk in ein Nachbartal San Sebastiáns zu verlegen. Eine Straße und eine Neubausiedlung an gleicher Stelle sind schon seit längerem in Planung. Wann dies alles wirklich in Angriff genommen wird, weiß indes kein Mensch. "Mañana" heißt es auf La Gomera – und das bedeutet "heute nicht mehr".

Der bisher wohl prominenteste Tourist in San Sebastián war ein Genueser, den die Spanier *Cristóbal Colón* nennen, uns besser bekannt als *Christoph Kolumbus* (1451 - 1506). Im schicksalsträchtigen Jahr 1492 landete er im Hafen, um seine Wasservorräte zu ergänzen und in der Dorfkirche *Nuestra Señora de la Asunción* zu beten - so wenigstens spekulieren einige Historiker. Tatsächlich sollte er schon im Oktober Amerika entdecken, das er trotz drei weiterer Fahrten bis zu seinem Tode für Indien hielt, weil er mit der Existenz eines weiteren Kontinents zwischen Europa und Asien niemals gerechnet hatte. Was Kolumbus auf Gomera wirklich trieb, wird wohl nie genau zu klären sein, aber weil der Phantasie nun mal keine Grenzen gesetzt sind, ranken sich einige Legenden um seinen Aufenthalt. So wird ihm eine heftige Romanze mit der schönen und grausamen Inselherrin *Beatriz de Bobadilla*, einer ehemaligen spanischen Hofdame, nachgesagt. Dafür spricht auch die Tatsache, daß es Kolumbus beileibe nicht bei diesem einen Besuch auf Gomera beließ. Die Nachwelt stellte er damit vor das gewichtige Problem, an welchen Plätzen nun rechtmäßig Schilder aufgestellt werden dürfen, die stolz darauf hinweisen, daß der berühmte Entdecker seinen Fuß auf eben diese Stelle gesetzt hat. Die Gomeros lösten dieses Dilemma nicht ungewitzt: Sie erklärten gleich die ganze Insel zur *Isla Columbina* und setzten dem hohen Besucher ein Denkmal, wo immer dies möglich war. Daß man dabei mit den historischen Fakten bisweilen recht "frei" umging, dürfte kaum überraschen. So könnte Kolumbus zwar den nach ihm benannten Brunnen im alten Zollhaus schon benutzt haben, das *Casa de Colón* in der *Calle del Medio* jedoch, das in einigen Reiseführern als Quartier des legendären Seglers beschrieben wird, kann er aus eigener Anschauung kaum gekannt haben - es wurde nämlich erst rund 100 Jahre nach seinem Tod erbaut.

Etwa 5600 Menschen wohnen heute in San Sebastián – eine stattliche Zahl, wenn man weiß, daß ganz Gomera nur knapp 15.900 Einwohner zählt. Behörden und Dienstleistungsbetriebe sind die wichtigsten Arbeitgeber der Stadt, die immerhin über den einzigen Hafen der Insel verfügt und deren Verwaltungssitz (Cabildo Insular) beherbergt. Trotzdem ist die Arbeitslosenquote mit rund 20 Prozent ziemlich hoch.

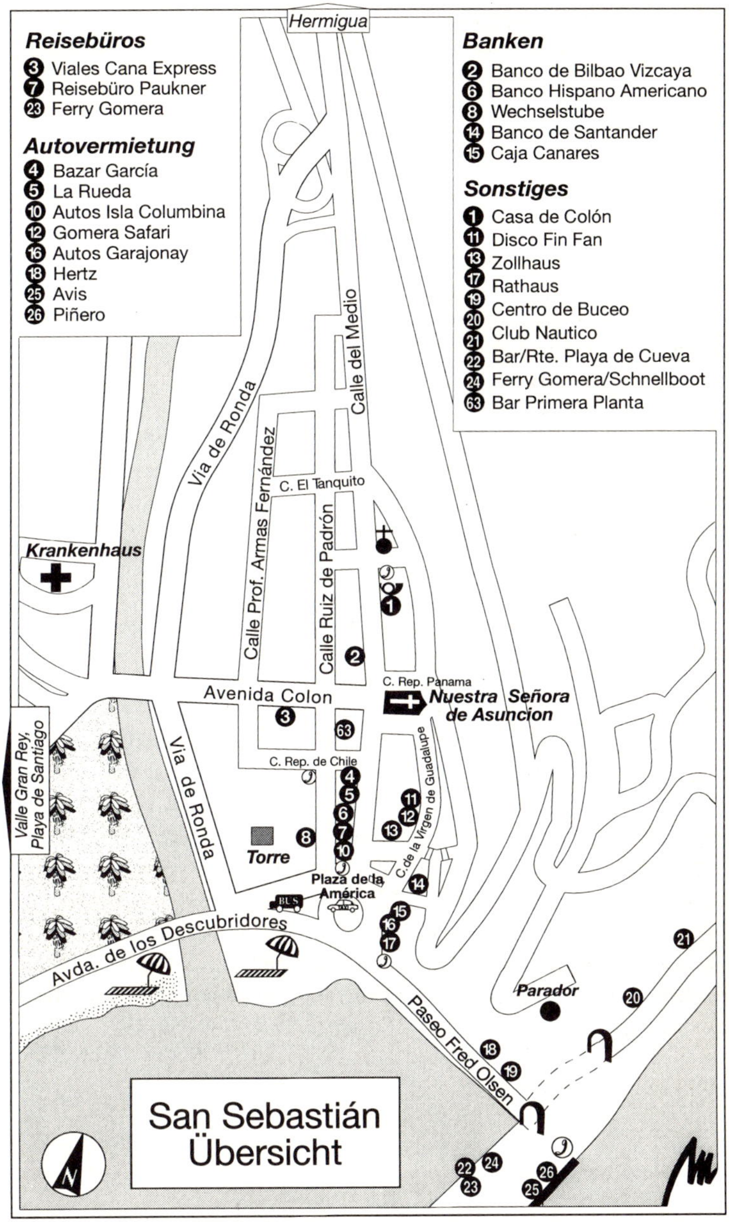
Reisebüros
3 Viales Cana Express
7 Reisebüro Paukner
23 Ferry Gomera
Autovermietung
4 Bazar García
5 La Rueda
10 Autos Isla Columbina
12 Gomera Safari
16 Autos Garajonay
18 Hertz
25 Avis
26 Piñero
Banken
2 Banco de Bilbao Vizcaya
6 Banco Hispano Americano
8 Wechselstube
14 Banco de Santander
15 Caja Canares
Sonstiges
1 Casa de Colón
11 Disco Fin Fan
13 Zollhaus
17 Rathaus
19 Centro de Buceo
20 Club Nautico
21 Bar/Rte. Playa de Cueva
22 Ferry Gomera/Schnellboot
24 Bar Primera Planta
Hermigua
Via de Ronda
Calle del Medio
Calle Prof. Armas Fernández
C. El Tanquito
Calle Ruiz de Padrón
Krankenhaus
C. Rep. Panama
Avenida Colon
Nuestra Señora de Asuncion
Valle Gran Rey, Playa de Santiago
C. Rep. de Chile
C. de la Virgen de Guadalupe
Torre
Plaza de la América
BUS
Avda. de los Descubridores
Paseo Fred Olsen
Parador
San Sebastián Übersicht
N

Außer Betrieb!

Verbindungen

Bus

Die Busse verkehren nicht immer pünktlich, deshalb ist es ratsam, mindestens 15 Min. vor der Abfahrt an der Haltestelle zu sein. Denn aller Zeiten Bestimmer ist die Ankunft der Fähren. Die Busse fahren ab der Mole, halten aber auch an den kleinen Haltestellen in der *Via de Ronda* (kurz vor der Tankstelle) und im Ortsteil *El Calvario*, allerdings nur Richtung Santiago und Valle Gran Rey (kurz nach der Brücke an Steinbänken unter Lobeerbäumen). Dies wird sich wohl bald ändern, denn der neue große Busbahnhof an der Ecke *Via de Ronda* und *Avda. Colón* (gegenüber der Tankstelle) ist fast fertig. Tickets erhält man im Bus und in den Reisebüros, wo auch die aktuellen Abfahrtszeiten und Preise zu erfragen sind.

Insgesamt gibt es 3 Buslinien auf Gomera:

- *Linie 1*: San Sebastián - **Valle Gran Rey** (über Igualero, Chipude, El Cercado, Las Hayas, Arure). Dauer der Fahrt: ca. 135 Min.; Preis: 675 Pts; Abfahrt von San Sebastián: täglich 11.30, 14, 18 und 21.30 Uhr (wartet auf die Fähre). Rückfahrt (von Valle Gran Rey): 4.30, 8, 14 und 19 Uhr.
- *Linie 2*: San Sebastián - **Playa de Santiago** (über Degollada de Peraza und Alajeró). Dauer der Fahrt: ca. 70 Min.; Preis: 650 Pts; Abfahrt von San Sebastián: täglich 11.30, 14, 18 und 21.30 Uhr (wartet auf die Fähre). Rückfahrt von Playa de Santiago (über Alajeró und Degollada de Peraza): täglich um 5, 9, 15.30 und 20 Uhr.
- *Linie 3*: San Sebastián - **Vallehermoso** (über Hermigua, Agulo). Dauer der Fahrt: ca. 90 Min.; Preis: 650 Pts; Ab-

fahrt von San Sebastián: täglich um 11.30, 14, 18 und 21.30 Uhr (wartet auf die Fähre). Rückfahrt von Vallehermoso täglich um 6.15, 8, 14.30 und 19 Uhr.

Taxi

Viele Peugeot-Kombi-Taxis mit freundlichen Fahrern warten am Taxistand auf der *Plaza de la América* (Tel. 870524) und bei der Ankunft der Fähre direkt an der Mole (Fahrer verbreiten dann oft Hektik). Die Fahrpreise sind staatlich vorgeschrieben. Die aktuelle Liste ist im Rathaus erhältlich.

Fahrpreise (Stand 1995) von San Sebastián nach:		
Ort	Entfernung	Preis
Valle Gran Rey	50 km	5500 Pts
Playa de Santiago	34 km	4000 Pts
Vallehermoso	41 km	4000 Pts
Agulo	25 km	3500 Pts
Hermigua	20 km	3000 Pts
Avalo		1500 Pts
Christusstatue		700 Pts

Fähre

Ferry Gomera (San Sebastián - Los Cristianos/Teneriffa, siehe auch "Anreise") **(22/23)**. Abfahrt: täglich 7, 10.45, 14.15 und 18 Uhr. Preise (die hier angegebenen Preise gelten für die Fähren um 7 und 18 Uhr; wer die Fähren um 10.45 oder 14.15 Uhr nimmt, erhält den "Minitarifa" mit maximal 350 Pts Nachlaß auf den Normaltarif): pro Person 1850 Pts, Kinder (4 - 11 Jahre) 925 Pts, Jugendliche und Twens bis 26 Jahre 1235 Pts, Senioren (über 60 Jahre) 1570 Pts, Autos 3000 Pts, über 4,5 m Länge 3700 Pts, Motorräder 1100 Pts. Tickets erhält man in den Reisebüros und an der Mole im Büro der Ferry Gomera. Vorausbuchung ist möglich, was besonders an Wochenenden und an Feiertagen zu empfehlen ist. Öffnungszeiten des Büros der Ferry Gomera: Mo - Sa 6 - 14 und 16 - 19 Uhr, So 6 - 7, 9.30 - 11, 13 - 14.30 und 16.30 - 18.30 Uhr (Tel. 871007 und 871008).

Trasmediterránea (San Sebastián - Los Cristianos/Teneriffa, siehe auch "Anreise"). Abfahrt: täglich 12.30 und 17.15 Uhr. Preise (die hier angegebenen Preise beziehen sich auf die Fähre um 17.15 Uhr; für die Fähre um 12.30 Uhr gilt wie bei der Ferry Gomera ein "Minitarifa" mit ebenfalls maximal 350 Pts Preisnachlaß auf den Normaltarif): pro Person 1900 Pts, Kinder (4 - 12 Jahre) 950 Pts, Jugendliche und Twens bis 26 Jahre 1235 Pts, Autos 3125 Pts, über 4,5 m Länge 5250 Pts, Motorräder 1200 Pts. Tickets erhält man in den Reisebüros und an der Mole im Büro der Trasmediterránea. Vorausbuchung ist auch hier besonders an Wochenenden und an Feiertagen empfehlenswert. Öffnungszeiten des Büros der Trasmediterránea an der Mole: Mo - Sa 8 - 13 und 15 - 18 Uhr. So 10 - 14.30 und 15 - 18 Uhr (Tel. 871324 oder 870802).

Hidrofoil (Schnellboot) Barracuda der Trasmediterránea (San Sebastián - Los Cristianos, siehe auch "Anreise"): Abfahrt von San Sebastián: täglich 9, 11, 15,

16 und 18 Uhr. Die einfache Fahrt kostet 2500 Pts. Die Überfahrten um 9 und 11.15 Uhr werden für 1956 Pts angeboten. Öffnungszeiten des Büros: s.o.

Information/Adressen

• *Information:* das **Oficina Insular de Turismo (82)**, ist im alten Zollhaus (Calle del Medio 4, Tel. 140129-53) untergebracht. In diesem Fremdenverkehrsbüro bekommt man freundliche Auskünfte auf spanisch, deutsch und englisch, auch deutschsprachige Prospekte und einen hilfreichen Gratis-Stadtplan mit Busabfahrtszeiten sowie eine Gratis-Karte von Gomera. Weiter gibt es hier Informationen über Ausflugsmöglichkeiten (keine Buchung, keine Reservierung, kein Verkauf - ausschließlich Informationen). Außerdem ist hier ein interessantes topographisches Modell der Insel ausgestellt.
Öffnungszeiten: Mo - Fr 9 - 13.30, Sa 10 - 12 Uhr.

ICONA (Naturschutzbehörde), Carretera del Sur 6, Tel. 870105. Hier bekommt man Broschüren mit Wissenswertem über Vegetation und Wanderwege im Garajonay-Nationalpark. Außerdem erhält man hier die Erlaubnis zum Camping (siehe "Camping"). Geöffnet: Mo - Fr 8-15 Uhr.

Weitere Auskunftsstellen für Leute, die Spanisch sprechen: **Cabildo Insular** (Inselregierung), Calle del Medio 29, Tel. 140105-13. Geöffnet: Mo-Fr 8-15, Sa 9-13 Uhr.

Ayuntamiento (Bürgermeisteramt) an der Plaza de la América 4, Tel. 870062.

Wer Infos braucht und kein Spanisch spricht, sollte sich an die **Reisebüros** wenden.

• *Post:* Calle del Medio 60, Tel. 871031. Postsparkasse, Telegramme, Briefe, Telefonkarten, Pakete und Briefmarken (kein Telefon!). Geöffnet: Mo - Fr 8.30 - 14, Sa 9.30 - 13 Uhr.

• *Telefonieren:* Telefonzellen z.B. vor der Post und neben dem Los Carabelas (Plaza de la Constitución).

• *Banken:* Alle Banken sind Mo - Fr von 8.30 - 14 Uhr geöffnet; in der Saison (Okt. - Anfang Mai) zusätzlich Sa 8.30 - 13 Uhr; abweichende oder zusätzliche Öffnungszeiten sind entsprechend aufgeführt: **Banco Bilbao Vizcaya (2)**, Calle del Medio 45, Geldautomat neben der Bank; **Banco de Santander (14)**, Plaza de la Constitución 2; **La Caixa**, Calle Ruiz de Padrón 13; **Banco Hispano - Americano (6)**, Calle Ruiz de Padrón 18; **Sparkasse - Caja Canarias (15)**, Plaza de la América 8, über Telex Geldüberweisung (Blitzgiro!) binnen 2 Tagen, Geldautomat neben der Bank.

Wechselstube (8), Calle Ruiz de Padrón 6, im Cafe La Nasa. Geöffnet: Mo - Fr 6 - 19, Sa 7 -14 Uhr.

• *Reisebüros:* **Viajes Caña Express (3)**, Avda. Colón 13 (zwischen Himmelfahrtskirche und der Tankstelle an der Südausfahrt), Tel. 870400 und 870408/12. Sehr freundliches deutschsprachiges Personal. Flugreservierungen und Umbuchungen, Tickets für alle Fährverbindungen, Buchung für Wanderungen und Exkursionen (z.B. Nationalpark), Bustickets, Autovermietung (Hertz), Buchung von Appartements, Stadtpläne und Infos aller Art, Telefonkabinen. Geöffnet: Mo - Fr 9 - 13 und 16 - 19 sowie Sa 9 - 13 Uhr.

Reisebüro Paukner (7), Calle Ruiz de Padrón 10, Tel. 141097. Sehr freundliches Personal, spricht perfekt Deutsch und Englisch. Buchung von Flügen, Mietwagen (Hertz) und organisierten Wander- und Bustouren.

Juego de Bolas – das Informationszentrum der Naturschutzbehörde

Cyrasa, Calle Ruiz de Padrón 11 im ersten Stock, Tel. 141302/ Fax 141001. Neckermann-Touristen werden von Marion Hoogwegt Mo und Di 16 -19 und Mi - Sa 11 -19 Uhr betreut. Auch Buchung von Ausflügen möglich.

• <u>Medizinische Versorgung</u>: **Centro de Salud (63)** (Gesundheitsamt), Calle Ruiz de Padrón 32, Tel. 870256. Geöffnet: täglich 8 - 15 Uhr. In der Ambulanz sind 4 Ärzte tätig: 2 Allgemeinärzte, eine Kinderärztin und ein Zahnarzt. Außerhalb der regulären Öffnungszeiten ist dem Schaukasten am Eingang zu entnehmen, welcher Arzt Notdienst hat.

In ernsteren Fällen sollte man sich direkt ans Krankenhaus wenden: **Hospital El Calvario** (auf der anderen Seite des Flußbetts ca. 1 km vom Zentrum), Tel. 870450 (Notruf für Krankenwagen) bzw. 871051. Notdienst rund um die Uhr.

Zahnarzt: Dr. Victor Alfonso. Calle El Tanquito 13, Tel 141226. Sprechzeiten: Mo - Fr 9 - 13 und 16 - 20 Uhr.

Dr. Luciano R. Diaz Gonzalez ist auch im Gesundheitsamt tätig. Die Gemeinschaftspraxis mit Dr. Elisabeth Rodriguez Coloma befindet sich im Eckhaus der Kreuzung Calle Republica de Chile/ Calle Ruiz de Padrón. Sprechzeiten: 9 - 12.30 und 16.30 - 20.30 Uhr.

Die Praxen der folgenden Ärzte findet man in der Callejón de Minela. Diese "Straße" ist eigentlich nur ein leicht zu übersehender Hauseingang rechts neben der Apotheke in der Calle del Medio 34.

Kinderarzt und Internist: Dr. Victor Limia Alfonso, Callejón de Minela 5, Tel. 879270 und 191509. Spricht Englisch und etwas Deutsch. Sprechzeiten: täglich 8.30 - 13 und 15.30 - 19.30 Uhr.

Augenarzt: Callejón de Minela 2, Tel. 871270 und 871465. Sprechzeiten: Di 10 - 12 Uhr und jeden 2. Sa im Monat 9 - 12 Uhr.

• <u>Apotheken</u>: **Farmacia Devina Creus Rey (85)**, Plaza de la Constitución 14,

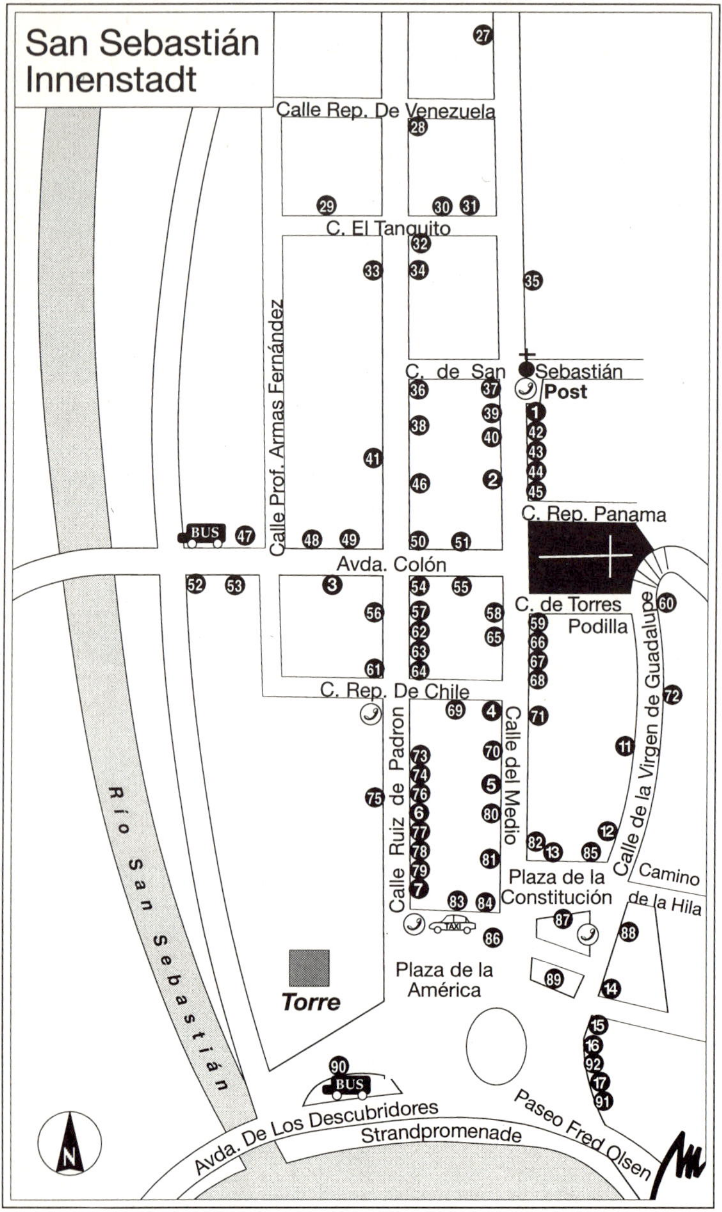
San Sebastián
Innenstadt
Calle Rep. De Venezuela
C. El Tanquito
Calle Prof. Armas Fernández
C. de San Sebastián
Post
C. Rep. Panama
BUS
Avda. Colón
C. de Torres
Podilla
Calle de la Virgen de Guadalupe
C. Rep. De Chile
Calle Ruiz de Padron
Calle del Medio
Río San Sebastián
Plaza de la Constitución
Camino de la Hila
TAXI
Torre
Plaza de la América
Paseo Fred Olsen
Avda. De Los Descubridores
Strandpromenade
N

Unterkunft

33 Hostal Colombina
38 Hotel Villa Gomera
40 Pensión Colón
65 Hostal Gomera
73 Pensión El Pajar
75 Hostal Residencia Garajonay
76 Pensión Hesperides

Essen und Trinken

34 Rte.El Patio
48 Rte. Alla Morena
50 Bar/ Rte. El Nilo
62 Rte. La Tasca
64 Bar-Zumeria Genaro
68 Bar/ Rte. Marqués de Cristano
69 Manfreds Tajaraste
70 Rte. El Pajar
71 Bar/ Rte. San Sebastián
79 Hamburgueseria Guarapo
80 Bar/Rte. Breñusca
81 Bar/Rte./Pizzeria La Bambola
83 Bar/ Rte. Los Descubridores
84 Dulceria Lola Rosa
87 Kiosco Los Carabelas
88 Pizzeria Rincon del Cedro
90 Cafetería/Rte. Ramón
91 Bar/ Rte. Casa del Mar
92 Rte. El Pejin

Banken

2 Banco de Bilbao Vizcaya
6 Banco Hispaño Americano
8 Wechselstube
14 Banco de Santander
15 Caja Canarias

Ärzte

29 Dr. José N. Mendoza Navarro
63 Centro de Saludad

Apotheken:

27 Melagros Bencomo Bento
45 Fernandez Calvan
85 Devina Crus Rey

Einkaufen

4 Bazar García
28 Librería Castilla
30 Eva's II
31 Supermercado El Pajarito
32 Eva's I
35 2 kl. Lebensmittelläden (Hausnr. 70, 74)
36 Sportgeschäft Adidas
37 Andenkenladen Artesania Argodei
42 Kunsthandwerksladen Bazar-Ipalan
43 Gomera Sport
44 Foto Estudio J. Olives
46 Spielzeugladen
49 Buchladen und Foto Junonia
51 Supermercado San Sebastián
53 Supermarkt
54 Dulcería Bonbón de la Gomera
55 Metzger
56 Optica Vermas
57 Optica Masver
58 Charcutería Ntra.Sra. De Guadalupe
59 Centro de Ahorro
60 Bäckerei Candido
61 Supermercado Torre del Conde
66 Perfumeria Sonia
74 Schuhgeschäft
77 Gemischtwarenladen
78 Autos Cabello (Gemischtwarenladen)
86 Zeitungskiosk
89 Konditorei-Café Cerdena

Autovermietung

5 La Rueda
12 Gomera Safari
16 Autos Garajonay

Sonstiges

1 Casa de Colón
3 Reisebüro Viajes Cana Express
11 Reisebüro Paukner
13 Disco Fin Fan
17 Zollhaus (Eing. Brunnen)
52 Rathaus
67 Tankstelle
82 Galeria de Arte Luna

Friseur

39 Peluquería Pili
41 Peluquería Josefina
47 Peluquería José Manuel
72 Peluquería Clazy

Tel. 870905. Geöffnet: Mo - Fr 9 - 13 und 17 - 20 Uhr sowie Sa 9.30 - 12 Uhr. Der Apotheker Adan Sanchez spricht sehr gut Englisch, ist überaus freundlich und gibt brauchbare Tips bei leichteren Erkrankungen, die auch ohne Arzt zu bewältigen sind.

Farmacia Fernandez Calvan (45), Calle del Medio 34, Tel. 870157. Geöffnet: Mo - Fr 9 - 13.30 und 17 - 20 Uhr sowie Sa 9.30 - 12 Uhr. Hier Babynahrung erhältlich.

Farmacia Milagros Bencomo Bento (27), Calle del Medio 113, Tel. 87 04 25. Geöffnet: Mo - Fr 9 - 13.30 und 17 - 20 Uhr sowie Sa 9 - 12.30 Uhr. Welche Apotheke jeweils außerhalb der reguläären Öffnungszeiten rund um die Uhr Notdienst hat, ist einer im Schaufenster hängenden Liste zu entnehmen.

• *Frauenhaus*: **Casa de las Mujeres**, Calle Trasera, Tel. 141099. Beratung, Hilfe und Schutz auch für Ausländerinnen. Rechtsbeistand durch eine Anwältin.

• *Polizei*: **Policía Municipal** (städtische Polizei) im Bürgermeisteramt, Tel. 870062. Auch Fundbüro.

Guardia Civil (Verkehrs- und Kriminalpolizei), Tel. 870255.

• *Waschsalon*: **Lavanderia Hecu**, Calle del Medio 76. Geöffnet: Mo - Fr 8.30 - 13.30 und 16.30 - 20 Uhr, Sa nur vormittags. 4-Kilo-Trommel mit Trockner für 1000 Pts, Bügeln pro Teil 100 Pts. Chemische Reinigung für Hartnäckiges.

• *Friseure*: **Peluquería Caballeros José Manuel (47)**, Avenida de Colón 4, schräg gegenüber der Tankstelle. Geöffnet: Mo - Fr 8 - 13 und 16 - 20 Uhr, Sa nur vormittags. Ausschließlich für Männer. Wir haben es probiert und nicht bereut.

Peluquería Pili (39), Calle del Medio 63.

Peluquería Josefina (41), Calle Ruiz de Padrón 47.

Peluquería Clazy (72), Calle de la Virgen de Guadalupe 20.

• *Tankstellen*: **Tankstelle (52)**, Avda. de Colón 25, an der südlichen Stadtausfahrt in Richtung Playa de Santiago (Carretera general del Sur). Geöffnet: Mo - Sa 7 - 22, sonn- und feiertags 7 - 13 Uhr. Orientierungspreise (Stand Juni 1995): Super 79,9 Pts, Diesel 59,5 Pts und bleifreier Sprit 75,2 Pts.

Mietwagen

Um auf Gomera ein Auto mieten zu können, muß man mindestens 19 Jahre alt sein (bei vielen Vermietern auch älter). Zur Wagenmiete (inklusive Haftpflichtversicherung) kommen außerdem noch die sehr zu empfehlende Vollkaskoversicherung, in der Regel 4 Prozent Steuern, und zum Teil wird auch eine Kaution verlangt. Bei mehr als 2 Tagen erhält man ca. 10 Prozent Rabatt auf die Automiete, bei mehr als 14 Tagen bis zu 30 Prozent.

TIP: Genau über die Vertragsbedingungen informieren, denn die Mietverträge weichen inhaltlich zum Teil drastisch voneinander ab. So kann es passieren, daß die nicht gerade billige Vollkaskoversicherung nicht gilt, wenn man von der Straße abkommt. Außerdem sollte man "seinen" Wagen ausgiebig probefahren, schleifende Bremsen und ausgeleierte Stoßdämpfer sind nämlich keine Seltenheit!

La Rueda (5), Calle del Medio 19, Tel. 870709, Fax 870142. Geöffnet: täglich 8.30 - 13 und 15.30 - 20 Uhr. Guter Service und zuverlässige Fahrzeuge. Auch Geldwechsel. Der Besitzer Roberto reist selbst gerne und genießt zu Recht den Ruf, ein verläßlicher Partner zu sein. Alle Wagen ohne Kilometerbegrenzung plus 4 Prozent Steuern: Seat Marbella 3400 Pts, Renault Clio 3800 Pts, Seat Ibizia 3600 Pts, Hyandai 1.300 für 3900 Pts und Mitsubishi Montero 8700 Pts.

Vorsicht Mietwagenfahrer – solche Steinschläge sind nicht selten

Dazu kommt dann noch die freiwillige Vollkaskoversicherung zu 1000 Pts pro Tag. Außerdem kann man sein Fahrzeug in der Zweigstelle in Valle Gran Rey abgeben und umgekehrt (siehe "Valle Gran Rey/ Mietwagen").

Avis (25), Caseta del Muelle 21, Tel. 870461 (direkt am Hafen). Geöffnet: Mo - So 6.30 - 14.30 und 15.30 - 19 Uhr. Das Personal ist deutschsprachig. Der Zustand der Autos ist als gut und zuverlässig bekannt. Das Mindestalter der Fahrzeugmieter beträgt bei Avis 23 Jahre. Keine Kilometerbegrenzung. Preise pro Tag: Opel Corsa und Ford Fiesta 3430 Pts, Opel Kadett 5650 Pts, Kabriolet 8460 Pts, Suzuki-Jeep (für 4 Personen) 7500 Pts und Isuzu-Jeep (für 7 Personen) 8900 Pts. Dazu kommt noch jeweils die freiwillige Vollkaskoversicherung mit 1200 - 2310 Pts pro Tag.

Hertz (18), Avda. Fred Olsen 7 (nahe der Shell-Tankstelle), Tel. 870439 und 870819. Geöffnet: täglich 9 - 13 und 16 - 19 Uhr. Mindestalter der Fahrzeugmieter 21 Jahre. Preise pro Tag ohne Kilometerbegrenzung: Seat Panda 2850 Pts, Opel Corsa, Ford Fiesta, Peugeot 205, Citroen AX 3150 Pts, Toyota, Nissan Micra 3350 Pts, VW Polo 3450 Pts, Nissan Sunny 4000 Pts, Suzuki-Jeep 4700 Pts. Dazu kommt die freiwillige Vollkaskoversicherung mit 1200 - 1500 Pts pro Tag.

Piñero (26), Büros in der Avda. Fred Olsen 17 (am Hafen) und in der Calle del Medio 3, Tel. 870148. Öffnungszeiten am Hafen: täglich 6 - 14.30 und 15.30 - 19 Uhr. Preise mit Versicherung: Opel Corsa und Peugot 205 für 4264 Pts pro Tag ohne Kilometerbegrenzung. Peugot Cabrio 7176 Pts und Suzuki Jeep für 7280. Trooper 8200 Pts. Zum Mietpreis kommen 4 Prozent Steuern.

Gomera Safari (12), Calle de la Virgen de Guadalupe 1, Tel. 870538 und 870851. Geöffnet: Mo - Sa 8 - 13 und 16 - 19 Uhr. Personal spricht Englisch und ist sehr freundlich. Preise pro Tag ohne Kilometerbegrenzung: Fiat Uno und Opel Corsa 3100 Pts, VW-Polo

Abendstimmung

und Ford Fiesta 3200 Pts, Suzuki Jeep und Ford Escort 5950 Pts. Dazu die Vollkaskoversicherung 1400 Pts, 4 Prozent Steuern und 5000 Pts Kaution. Insassenversicherung für 300 Pts pro Tag möglich.

Autos Isla Columbina (10), direkt in der Bar Los Descubridores (siehe "Treffpunkte"), Tel 870582. Die unregelmäßigen und wechselnden Öffnungszeiten dieses Mietwagenunternehmens kann man in der Bar erfragen. Zur Auswahl stehen Fahrzeuge von 2500 - 3900 Pts plus 1000 Pts Versicherung und 4 Prozent Steuern. Wer das Auto in Valle Gran Rey lassen möchte, zahlt 1200 Pts mehr.

Rent a Car PAE, Orilla del Llano 3 (gegenüber dem Parador), Tel. 870364. Geöffnet: Mo-So 9-13 und 16-21 Uhr. Mindestalter 25 Jahre, mindestens 3 Jahre Führerschein. Preise pro Tag: Panda Marbella 3400 Pts und Opel Corsa 3500 Pts. Dazu kommen Vollkasko (pro Tag 1000 Pts), 4 Prozent Steuern und 5000 Pts Kaution.

Autos Garajonay (16), Plaza de la América 8 (zwischen Rathaus und Caja Canarias), Tel. 871362 und 870180. Geöffnet: täglich 8.30 - 13 und 13.30 - 18 Uhr. Zweigstelle in Santiago und Valle Gran Rey. Mindestalter 25 Jahre, 2 Jahre Führerscheinbesitz wird vorausgesetzt. Preise pro Tag ohne Kilometerbegrenzung: Seat Marbella 3180 Pts, Ford Fiesta 3300 Pts, Citroen BX 4940 Pts, Suzuki-Jeep 5490 Pts, Minibus 12.500 Pts. Dazu kommen die Vollkaskoversicherung (1400 - 2100 Pts pro Tag), 4 Prozent Steuern und 5000 Pts Kaution.

Wo man es noch probieren kann: Die beiden folgenden Vermieter haben nur einen winzigen Fahrzeugpark und sind wohl eher als Gelegenheitsvermieter zu bezeichnen.

Bazar García **(4)**, Calle del Medio 27, Tel. 870652: Opel Corsa 3500 Pts pro Tag inklusive Vollkasko.

Souvenirladen, Calle Ruiz de Padrón 10, Tel. 870123. Gehört zur Autovermietung Hermigua; deswegen besteht die Möglichkeit, das Auto in Hermigua bzw. ein dort angemietetes Auto in San Sebastián wieder abzugeben.

Einkaufen

Alle Geschäfte haben in der Regel zwischen 13 und 16 Uhr geschlossen (Siesta). Mittwoch und Samstag vormittag ist an der Plaza de la Constitución ein Markt. Hier wird an kleinen Buden frisches Obst und Gemüse von der Insel verkauft; zusätzlich werden einheimische Süßwaren angeboten.

• *Lebensmittel*: Der größte und billigste **Supermarkt** in San Sebastián ist in der Avenida de Colón direkt neben der Tankstelle. Geöffnet: Mo - Sa 8 - 12 und 16 - 18.30 Uhr. Zu vergleichen mit Handelsketten bei uns. Im selben Gebäude ist unten eine Markthalle, in der Fleisch und frischer Fisch verkauft wird. Geöffnet: Mo - Fr 8 - 12 Uhr.

Ein weiterer größerer Supermarkt mit dem Namen **Supermercado Torre del Conde (61)** befindet sich in der Calle Ruiz de Padrón 23. Öffnungszeiten: Mo - Fr 8 - 14 und 16 - 20 Uhr, Sa 8 - 13 Uhr. Große Auswahl an Drogerieartikeln, Getränken, Milchprodukten, Wurst, Konserven etc.

Den ebenfalls recht großer Supermarkt **Supermercado de San Sebastián (51)** findet man in der Avda. Colón 8. Geöffnet: Mo - Fr 8 - 13.30 und 16 - 20 Uhr, Sa nur vormittags.

Weitere Lebensmittelgeschäfte gibt es in der Calle del Medio:

Charcutería Ntra. Sra. de Guadalupe (58), Calle del Medio 33. Geöffnet: Mo - Fr 8 - 13.30 und 16.30 - 20.30 Uhr, Sa 8 - 14 Uhr. Wurst, Fleisch und Fisch, Brot und Milch, Obst und Gemüse sowie Getränke.

Centro de Ahorro (59), Calle del Medio 32. Geöffnet: Mo - Fr 8 - 13 und 16 - 20.30 Uhr, Sa nur vormittags. Großer Laden mit Käse, Wurst, Getränken, Drogerieartikeln etc.

Ganz kleine **Lebensmittelgeschäfte (35)** finden Sie in der Calle del Medio 70 und 74 sowie in der Calle El Tanquito 2.

Reformhaus Santiveri, Calle del Medio 8. Hautcremes, Müsli, Babynahrung und vieles mehr für gesundes Leben. Geöffnet: Mo - Fr 9 - 13 und 17 - 20 Uhr, Sa nur vormittags.

Metzgerei (55) (klein), Avda. Colón 7. Geöffnet: Mo - Fr 8 - 13.30 und 17 - 19.30 Uhr, Sa nur vormittags.

Bäckerei Panadería/Dulcería Cándido (60), Calle de la Virgen de Guadalupe 36. Geöffnet: Mo - Fr 6 - 20, Sa 6 - 17 Uhr. Größte Bäckerei in San Sebastián. Reiche Auswahl an Kuchen, Plätzchen und Brot.

Bäckerei Dulcería Mendoza, Calle Ruiz de Padrón 6. Geöffnet: Mo - Sa 8 - 14 und 16 - 18 Uhr, So 8 - 14 und 16 - 18 Uhr. Reiche Auswahl an Brot, Kuchen und Plätzchen.

Konditorei Dulcería Bombón de la Gomera (54), Calle Ruiz de Padrón 38 (Ecke Avda. Colón). Gebäck und Süßigkeiten für Schleckermäuler.

Konditorei-Café Cerdena (89), winziges Café schräg gegenüber der Bar Los Descubridores an der Plaza de la América. Geöffnet: täglich 9 - 14 und 15 - 21 Uhr. Die Regale sind gut bestückt mit Fettgebäck, Kuchen und Teilchen, dazu gibt es Kaffee. Leckeres Eis im Hörnchen.

Café Lola (84) (siehe "Frühstückstips"), rechts neben der Bar Los Descubridores an der Plaza de la América. Geöffnet: täglich 8 - 13.30 und 16 - 20.30 Uhr. Leckeres Brot und Brötchen, Kuchen, Torten und sogar Geburtstagstorten.

• *Lesestoff*: Wenn dieser im Urlaub ausgeht, ist das meist ziemlich unerfreulich. Glücklich, wer Spanisch kann, denn da ist die Auswahl groß (z.B. in der **Librería Castilla (28)**, Calle Ruiz de Padrón 102). Deutsche und englische Bücher gibt es unter Umständen bei folgenden Adressen:

Buchladen Junonia (49), Avda. de Colón 24. Geöffnet: Mo - Fr 9 - 13 und 16 - 20 Uhr, Sa nur vormittags. Schräg gegenüber dem Reisebüro Caña Express findet man diesen am besten sortierten Buchladen. Hier bekommt man deutschsprachige Unterhaltungsliteratur von Simmel über Konsalik bis zu Donald Duck, Reisebücher über Gomera und Schreibwaren. Zu dem Buchladen gehört auch ein Fotoladen, der Filme verkauft und entwickelt. Außerdem Verkauf von Kamaras.

Autos Cabello (78), Calle Ruiz de Padrón 12. Geöffnet: 8 - 13 und 16 - 20 Uhr. Kleiner Gemischtwarenladen mit Reiseliteratur über Gomera auf Englisch und Deutsch, Straßen- und Wanderkarten von Gomera.

Zeitungskiosk (86), Plaza de la América/Calle del Medio. Geöffnet: 7.15 - 22.45 Uhr. Deutsche Tageszeitungen, Wochenzeitungen und Magazine wie Frankfurter Allgemeine, Stern, Spiegel, Welt sowie die unvermeidbare Bildzeitung und deren Derivate Sport-Bild, Bild der Frau etc. Sämtliche jedoch mit mindestens 1 - 2 Tagen Verspätung. Alle kosten rund doppelt soviel wie daheim. Außerdem gibt es am Kiosk eine begrenzte Auswahl an deutschsprachigen Gomera-Reisebüchern. Und man bekommt hier die deutschsprachige Zeitung "Wochenspiegel" (lohnenswert!) mit allerhand aktuellen Informationen, z.B. die Gezeitentabelle zu den Kanarischen Inseln (Schwerpunkt: Provinz Teneriffa).

Bazar Terminal, im Hafengebäude gelegen. Geöffnet: täglich 6 - 18 Uhr. Deutsche Zeitungen, Zeitschriften, deutschsprachige Gomera-Reisebücher. Hier gibt es auch einen Kopierer.

• *Vermischtes*: Wie oft passiert es, daß gerade das Wichtigste zu Hause geblieben ist: das Sonnenöl, die Badeschlappen, ein Sonnenhut, ein Ersatzfilm, ein T-Shirt oder ein Tagesrucksack für die Wanderung durchs Inselinnere. Die folgenden Adressen sind, ohne Anspruch auf Vollständigkeit, aussichtsreiche Anlaufstationen, um das Fehlende doch noch zu beschaffen. Manch einer soll in dem einen oder anderen Geschäft auch schon ein putziges Souvenir ergattert haben:

Souvenirladen Zaguán del Marqués, Calle del Medio 26. Geöffnet: Mo - Fr 10.30 - 13 und 17 - 20.30 Uhr, Sa 10.30 - 13 Uhr. Kunsthandwerk, Andenken und Geschenke für die Lieben zu Hause.

Galeria de Arte Luna (67), Calle del Medio 28. Geöffnet: Mo - Fr 10 - 13 und 16.30 - 20 Uhr, Sa 10 - 13 Uhr. Wechselnde Ausstellungen von Guido Kolitscher, Vicki Penfold, Manolo Sánchez, Pedro González und anderen nationalen und internationalen Künstlern.

Kunsthandwerksladen Bazar Ipalan (42), Calle del Medio 48. Geöffnet: Mo - Fr 9 - 13 und 16.30 - 20 Uhr, Sa nur vormittags. Webteppiche, kleine Keramiksachen, Souvenirs und bestickte Tischdecken.

Souvenirladen, Calle Ruiz de Padrón 10. Geöffnet: Mo - Sa 9 - 13 Uhr und 16 - 20 Uhr. Gomera-T-Shirts, Keramik, Ledertaschen, Ansichtskarten etc. Außerdem Zweigstelle der Autovermietung Hermigua.

Elektro- und Eisenwarengeschäft Almacenes Ramirez, Calle de Medio 5. Führt auch Tauch- und Angelzubehör sowie Fahrradsättel.

Bazar Tenerife, Calle Ruiz de Padrón. Geschenkartikel, Souvenirs. Das einzige Geschäft, das Fotoblock-Batterien führt!

Bazar Clara, Calle Ruiz de Padrón 5. Souvenirs, große Auswahl an deutschsprachigen Büchern über Gomera und seine Flora.

Boutiquen mit Damenbekleidung: Eva's **I (32)** (Calle Ruiz de Padrón 90), **Eva's II (30)** (Calle El Tanquito 4). Für Männer: **Cardos Caballero** in der Calle del Medio 69 mit kleiner Auswahl an Hemden und Diesel-Jeans.

Bazar García (4), Calle del Medio 27 (Ecke Calle República de Chile). Sonnenöl, Anglerbedarf und Souvenirs.

Bazar Gitana, Calle del Medio 14, Tel. 870516. Die Ladenkette bietet Schmuck, T-Shirts und Souvenirs.

Spielzeugladen (46), Calle Ruiz de Padrón 48. Spielzeug, Lederkoffer, Modeschmuck und Ansichtskarten.

Bazar-Surf-Shop Loca-Loca, Calle del Medio 48, Tel. 141442. Hier kauft die Szene. Surfboards und passendes Outfit für Playa und Plaza in den buntesten Farben. Geöffnet: 9 -13 und 17 - 20 Uhr.

Sportgeschäft Adidas (36), Calle Ruiz de Padrón 74. Verkauft neben Sportkleidung, Schnorcheln und Anglerbedarf auch Rucksäcke und Wanderschuhe.

Bazar Pily, Calle del Medio 12. Küchengeräte, Messer, Batterien und Krimskrams.

Gomera Sport (43), Calle del Medio 46. Iso-Matten, Schlafsäcke, gelegentlich Wanderrucksäcke und alles von der Anglerausrüstung über Baseball-Kappen bis zum Strand-Pingpong. Geöffnet: 10 - 13 Uhr, 17 - 20 Uhr.

Schuhgeschäft (74), Calle Ruiz de Padrón 24. Auch in der Calle del Medio neben der Pensión El pajar.

Gemischtwarenladen (77), Calle Ruiz de Padrón 16. Spielzeug, Filme, Fotoapparate, Uhren, Andenken, Musikkassetten, Sonnenbrillen etc.

Perfumeria Sonia (66), Calle del Medio 32. Kosmetik und Drogerieartikel (auch Damenbinden und Tampons).

Optica Vermas (56), Calle Ruiz de Padrón 27. Die avantgardistische Innenausstattung samt Drehtüre ist schon einen Besuch wert. Der freundliche Optiker hilft, wenn´s Probleme mit der Brille oder den Kontaktlinsen gibt, und ist auch für Hörgeräte zuständig. Geöffnet: Mo - Fr 9 - 13 und 17 - 20 Uhr, Sa 10 - 13 Uhr.

Optica Mas Ver (57), Calle Ruíz de Padrón, 34 ist direkt gegnüber dem Optica Vermas und hat auch den gleichen Besitzer, wie der Name verrät. Hier kann man sich zum Tauchen und Angeln eindecken. Große Auswahl an Messern. Falls der Laden geschlossen ist, bei Vermas nachfragen.

Joyeria Longines, Calle Ruiz de Padrón 18. Uhren und Wecker. Leichtere Reparaturen werden selbst erledigt, das übrige wird nach Teneriffa eingesandt. Geöffnet: Mo - Fr 9 - 13 und 17 - 20 Uhr, Sa 9 - 13 Uhr. Weitere Uhren- und Schmuckgeschäfte: **Joyería Támara** in der Calle del Medio 21 und Mary Nieves, Calle del Medio 43.

Foto Estudio J. Olives, Calle del Medio 38. Hier bekommt man Kodak-, Fuji- und Agfafilme sowie Batterien. Filme werden binnen einer Stunde entwickelt. Geöffnet: Mo - Fr 9 - 13 und 16.30 - 19 Uhr, Sa nur vormittags.

Bazar Yemaya, Calle del Medio 119. Die Stufen abwärts neben dem Büro der Zeugen Jehovas. Esoterische Schriften, Karten, Heilwasser, Pritklebestifte und Plüschtiere.

Übernachten

Vom Parador einmal abgesehen, liegen die meisten Unterkünfte an den beiden parallelen Hauptstraßen, Calle del Medio und Calle Ruiz de Padrón. Zu den Feiertagen und Fiestas sowie in der Hochsaison (Winter und Frühjahr) sollte man möglichst frühzeitig reservieren.

Parador Conde de la Gomera, Tel. 871100, Fax 871116. 1972 wurde die staatliche Luxusunterkunft an der Stelle eines alten Adelshauses eröffnet. Von hier aus, hoch über San Sebastián, hat man einen herrlichen Blick über Bucht und Stadt, die Strände, das Meer und - wenn das Wetter mitspielt - auch auf den Teide von Teneriffa, den höchsten Berg Spaniens. Hauptsächlich wohlbetuchte Familien mit Kindern, von denen rund 50 Prozent aus Deutschland und 30 Prozent vom spanischen Festland kommen, halten sich hier durchschnittlich 14 - 20 Tage auf. Die Atmosphäre ist dem stattlichen Preis angemessen: Stilvoll gestaltete Aufenthaltsräume, darunter ein Kaminzimmer, ein großer

Garten und der Swimmingpool gehören dazu. Die gemütlich und großzügig eingerichteten Zimmer verfügen alle über TV, Telefon, Balkon oder Terrasse. Obwohl nur 70 m über dem Meer gelegen und kaum weiter vom Stadtzentrum entfernt, lebt man hier in einer anderen Welt. Daß diese klimatisierte Oase des Wohlstands auch jenen vorbehalten bleibt, die dafür üppig bezahlen, dafür sorgen Tafeln mit der Aufschrift: "For guests only". Schade, ein Blick von der Aussichtsterrasse wäre jedem zu gönnen.

Im Sommer sind die 82 Betten zu 80 Prozent ausgelastet, im Winter steht fast nie ein Zimmer leer. Wer hier seinen Urlaub verbringen möchte, sollte mindestens 5 Wochen vorher reservieren. Aber auch Gäste für eine Nacht sind willkommen.

Preise pro Nacht: Doppelzimmer mit Salon 17.200 Pts, Doppelzimmer 14.500 Pts und Einzelzimmer 11.600 Pts; dazu kommen noch 1200 Pts für das Frühstücksbüfett bzw. 6970 Pts für Vollpension (Mittag- und Abendessen jeweils 3500 Pts). Ein Extrabett wird mit 5200 Pts berechnet, Kinderbetten sind frei. Das luxuriös aufgemachte Hotelrestaurant bietet auch für Nicht-Gäste wechselnde Tagesmenues. Suppe, Hauptgericht und Nachtisch (Eis/Früchte) für 3000 Pts, Hauptgerichte à la carte für 1800 - 1900 Pts. Wer bereits in der Heimat seinen Parador-Aufenthalt pauschal bucht, kann mit deutlich günstigeren Preisen rechnen als bei der Buchung vor Ort. Buchungsadresse für Deutschland und Österreich: Ibero Hotel-Reservierung GmbH, Berliner Allee 22, 40212 Düsseldorf, Tel. 0211/80014.

Für die Schweiz: TCS Voyages, Siege Central 9, Rue Pierre - Fatio, 1211 Geneve 3.

Hostal Residencia Garajonay (75), Ruiz de Padrón 17, Tel. 870550, Fax 870554. Großes Hotel im Zentrum von San Sebastián. Der vierstöckige Neubau mit 56 Betten bietet sehr saubere und mit hellem Kiefernholz möblierte Zimmer. Dort wird auf Wunsch auch das Frühstück serviert: Tee/Kaffee, Saft, Brot, Butter, Marmelade, Schinken und Käse für 450 Pts pro Person. Aufzug vorhanden. Die Rezeption ist immer besetzt. Preise: Einzelzimmer 3800 Pts, Doppelzimmer 4900 Pts, Dreibettzimmer 4620 Pts. Falls alle anderen Unterkünfte belegt sind, wird man hier oder im Columbina noch am wahrscheinlichsten fündig.

Pensión Colón (40), Calle del Medio 59, Tel. 870235. Zentral gelegene, kinderfreundliche Familienpension mit schönem Ambiente. Die 11 Zimmer liegen auf einer Seite des hübschen Patios, wo es einen kleinen Spielplatz des benachbarten Kindergartens (Langschläfer Ohrenstöpsel nicht vergessen!) und einige Grünpflanzen sowie Sitzgelegenheiten gibt. Hellhörig und kleine, dunkle Zimmer. Die hinteren Räume haben keine Fenster. Die Toiletten und Duschen (alle auf dem Gang) sind allerdings sehr sauber. Freundliches und hilfsbereites Personal an der Rezeption. Preise: Einzelzimmer 2000 Pts, Doppelzimmer 3000 Pts, Dreibettzimmer 3500 Pts.

Hotel Villa Gomera (38), Calle Ruiz de Padrón 68, Tel. 870020, Fax 870235. Modernes, nett eingerichtetes, sauberes Hotel mit 32 Betten, das den gleichen Besitzer hat wie die Pensión Colón. Helle, freundliche, marmorgeflieste Empfangshalle. Preise: Einzelzimmer 3700 Pts, Doppelzimmer 4800 Pts und Dreibettzimmer 5500 Pts.

Hostal El Pajar (73), Calle del Medio 23, Tel. 870207. 10 Zimmer, davon 4 mit Bad. 2 Zimmer liegen zur Straße hin. Sie sind nachträglich abgetrennt worden und provisorisch mit Holzplatten zusammengezimmert, die nicht einmal bis zur Decke reichen, so daß alle Geräusche aus dem Nachbarzimmer herüberschallen. Dazu kommen noch der Straßenlärm von 7 Uhr morgens bis spät in die Nacht und die Geräusche von der Bar El Pajar gleich darunter. Die anderen Zimmer sind etwas größer, auch netter eingerichtet und liegen nach hinten hinaus. Der Straßenlärm fällt hier weg - die Bar hört man aber noch deutlicher. Auf dem Gang befindet sich das Badezimmer mit WC - unzureichend und wie die Zimmer wenig sauber. Preise: Einzelzimmer 2000 Pts, Doppelzimmer 3000 Pts und Dreibettzimmer 3600 Pts. Alle Zimmer ohne Waschgelegenheit.

Pensión Hesperides (76), Calle Ruiz de Padrón 24, Tel. 871305. Unscheinbare Pension neben dem El Pajar. Die Rezeption befindet sich im ersten Stock. Man spricht gutes Englisch. Allerdings sind die Zimmer sehr renovierungsbedürftig. Preise: Einzelzimmer 1500 Pts, Doppelzimmer 1800 Pts und Doppelzimmer mit Dusche 3000 Pts.

Hostal Gomera (65), Calle del Medio 33, Tel. 870417. Unscheinbare Herberge in zentraler Lage. Durch das hohe Holztor betritt man den idyllischen Hinterhof, ein riesiger Avocadobaum und mehrere Palmen spenden den ganzen Tag über Schatten. Zahlreiche weitere Pflanzen und Blumen schaffen eine exotische Atmosphäre (allzu Neugierige werden manchmal von der Besitzerin wieder hinauskomplimentiert). Zwei Treppen führen zum uralten Holzbalkon, von wo aus man die 5 Zimmer erreicht. Das hohe Vierbettzimmer wird in Ausnahmefällen auch an drei Personen vermietet. Das Dreibettzimmer ist großzügig und sauber mit Waschgelegenheit; die Doppelzimmer dagegen beengt und dunkel, aber sauber. Am Ende des Balkons befindet sich die Gemeinschaftsdusche mit WC. Wegen der ziemlich kleinen Zimmerzahl ist eine Reservierung sehr zu empfehlen. Single-Reisende müssen Doppelzimmer nehmen (und auch bezahlen). Preise: Doppelzimmer 3000 Pts, Dreibettzimmer 4500 Pts und Vierbettzimmer 6000 Pts.

Viveres y Bazar Bernabe, Republica de Chile 4. In dem kleinen Laden kann man nur mieten. Die Zimmer selbst (insgesamt 16 Betten) befinden sich in der Calle Prof. Armas Fernández 16. 2 Personen zahlen 3000 Pts, ein Appartement kostet 4000 Pts.

Hostal Colombina (33), Calle Ruiz de Padrón 83, Tel. 871257. Das fünfstöckige Colombina in der Hand zweier sehr freundlicher Besitzer gehört zu den größten Beherbergungsbetrieben in San Sebastián. Es liegt am Ende der Calle Ruiz de Padrón 5 Min. vom Zentrum. Preise pro Nacht: Einzelzimmer mit Bad 2200 Pts, Doppelzimmer mit Bad 3600 Pts und Dreibettzimmer mit Bad 4100 Pts.

Appartements

Hauptanlaufstelle für Appartements ist das Reisebüro Caña Express **(3)** in der Avenida Colón 13, Tel. 870400 und 870408/12. Die durchschnittlichen Preise liegen zwischen 3500 und 5500 Pts pro Tag für ein 2-Personen-Appartement mit Küche und Bad. Eher ungern werden diese für weniger als eine Woche vermietet, falls doch, sind sie deutlich teurer. Eine andere Möglichkeit sind die zahlreichen Aushänge von zu vermietenden Appartements in den Schaufenstern vieler Geschäfte und Bars.

Apartamentos Canarias, Calle Ruiz de Padrón 3, Tel. 141453. Neue Appartements und Studios, einige mit Blick auf den Parque de la Torre del Conde. Preise pro Nacht: 2-Personen-Appartement 5000 Pts, 2-Personen-Studio 4000 Pts.

Apartamentos Orquidea, Avda. Colón 22, Tel. 871488 und 871305. 19

Appartements, alle mit Bad und Balkon. Rollstuhlauffahrt zur Empfangshalle. Preis pro Nacht: 3800-4500 Pts.

Apartamentos Bazar García, Calle del Medio 27, Tel. 870652. Appartements über dem Gemischtwarenladen und im Hochhaus an der Plaza de la América. Preis pro Nacht: 2500-4000 Pts.

Apartamentos San Sebastián, Calle del Medio 20, Tel. 871354. Luxusherberge mit 90 Betten, Wechselstube und Telefonkabinen. Preise der großzügigen Appartements: 1 – 2 Personen 4200 Pts, 3 Personen 4500 Pts, Fernsehermiete 500 Pts pro Tag. Öffnungszeiten der Rezeption und der Wechselstube: täglich 9 - 13, 16 - 20 Uhr.

Apartamentos Casa Cathaysa, Pista de las Palmitas 5, Tel. 870396 und 870585. 10 große, sehr saubere und gepflegte Appartements (davon 5 für 4 Personen) zwischen Innenstadt und Parador. Preise pro Nacht: 2-Personen-Appartement 4000 Pts, 3-Personen-Appartement 4500 Pts und 4-Personen-Appartement 5500 Pts.

Apartamentos Miramar, Orilla del Llano 2, Tel. 870448. 5 mit hellen Kiefernmöbeln eingerichtete Appartements für 2 - 3 Personen (dritte Person auf der Couch) gegenüber dem Parador. Preis pro Nacht: 5000 Pts.

Die **Bar Los Descubridores** vermietet neue 2-Personen-Appartements für 4500 Pts (siehe "Treffpunkte/Nachtleben").

Weitere **lohnenswerte Telefonnummern** von Appartementvermietern in San Sebastián:

Apartamentos Villa Guadalupe, Tel. 870842.

Apartamentos Arteaga, Tel. 870091.

Apartamentos Luis Darias, Tel. 870289.

In einer Siedlung namens "Mar y Teide" zwischen Parador und Leuchtturm, hoch über Stadt und Meer, gibt es 26 **Bungalows** mit Terrasse, die man unter Tel. 870976 mieten kann.

Camping

ist überall auf der Insel offiziell verboten – mit Ausnahme eines einzigen ausgewiesenen Platzes im Weiler El Cedro. Die Erlaubnis hierfür erhält man bei der ICONA, Carretera del Sur 6 in San Sebastián, Tel. 870105. Geöffnet: Mo - Fr 8 - 15 Uhr. Das Campieren auf Privatgrundstücken ist nach Absprache mit dem Grundstückseigentümer möglich. Trotz des ausdrücklichen Verbots sieht man gerade an den abgelegenen Stränden wie Playa Medio/Santiago und in Valle Gran Rey immer wieder Camper, die sich nicht an die Bestimmungen halten. Sie und auch die "Höhlenmenschen" bekommen immer häufiger Besuch von den örtlichen Ordnungshütern.

Essen

Restaurant Marqués de Cristano (68), Calle del Medio 24, Tel. 870022. Das alte Haus, 1888 erbaut, stürzte 1987 in sich zusammen und wurde danach von Grund auf renoviert. Der gut Deutsch sprechende Besitzer Franco, dem auch die Diskothek Fin-Fan gehört, hat hier eines der besten Restaurants der Insel eingerichtet. Im April 1988 war Eröffnung. Das Lokal erkennt man schon von weitem an seiner leuchtend ockerfarbenen Fassade. In der Bar im Erdgeschoß gibt es Tapas, d.h. eine gute Auswahl appetitanregender Spezialitäten in kleinen Portionen. Außerdem sind auf 2 Etagen darüber mehrere Räume in unterschiedlichem Stil eingerichtet, alle jedoch gediegen-gemütlich. In den beiden schattigen Innenhöfen dominieren leuch-

Noch kein Zimmer gefunden?

tende Farben, vor allem Ocker und Grün. Im hinteren Hof steht ein gut 6 m hoher Kaktus. Das Publikum: spanische und vor allem deutsche Touristen mit gut gefüllten Brieftaschen. Auf der Speisekarte stehen fast ausschließlich erlesene Spezialitäten der internationalen Küche zu entsprechenden Preisen. Besonders im Hof herrscht eine angenehme Atmosphäre mit freundlichem Service. Preise in der Bar: Tapas 300 - 700 Pts, zum Beispiel Garnelen mit Knoblauch für 700 Pts oder süßsaures Fleisch 550 Pts, russischer Salat 300 Pts und Pizzen 350 - 500 Pts. Preise im Restaurant: Vorspeisen 650 - 975 Pts, Fleischgerichte 1250 - 1800 Pts, Fischgerichte 950 - 1950 Pts, Nudelgerichte 550 - 950 Pts und Eiergerichte 650 - 850 Pts. Freuen Sie sich z.B. auf Seeteufelschwanz mit Champignons für 1850 Pts oder Kalbshirn in Butterschmalz für 950 Pts. Öffnungszeiten: Mo - Sa 12 - 0.30 Uhr, warme Küche 12 - 15 und 19 - 24 Uhr. Deutsche Speisekarte.

Das **Restaurant/Zumeria El Pejin** hat sein neues Zuhause an der Plaza de la América 16 gefunden. Geblieben ist die gastliche Stimmung und die herausragende Qualität der Meeresfrüchte und Fischgerichte. Der lockere Wirt Tomas Pejin bekocht seine Gäste stets selbst und erweist sich darüber hinaus als charmanter, unaufdringlicher Unterhalter. Die Tische und Stühle auf der Plaza vor der eher unscheinbaren Zumeria laden zu erfrischenden Säften, zu Toasts mit Schinken, Tomaten und Käse und zu Fischfilet mit frischem Salat ein – oder einfach zum Postkartenschreiben und dazu, einen Cortado leche leche (Espresso mit süßer Kondensmilch und normaler Milch) zu genießen. Das eigentliche Herz des Restaurants schlägt im Untergeschoß des Gebäudes - in der ehemaligen Backstube einer Panederia. Den Speiseraum mit 30 Plätzen überspannen ausgemusterte Netze, in denen Muscheln hängen, kurios untermalt durch Backofentür und einige

Bäckerei-Utensilien. In einem winzigen Hinterhof brutzeln Fisch und Fleisch auf dem Holzkohlegrill. Was die Küche an frischen Fischen zu bieten hat, liegt in einer großen Glasvitrine ausgebreitet: Oft sind es 30 verschiedene Sorten. Probieren Sie unbedingt Vieja (Papageienfischart, eine kanarische Spezialität, zart und fest zugleich), Tintenfisch oder Muräne für 1000 Pts, Thunfisch für 900 Pts, Seezunge oder Muscheln für 1000 Pts. Schlemmer lassen sich auch mal Lachs (1200 Pts) oder Hummer (2800 Pts) schmecken. Als Beilage werden stets die traditionellen Papas arrugadas und grüne Mojo serviert. Wer keinen Fisch mag, hat nur wenig Auswahl, zum Beispiel Hammel für 900 Pts oder Huhn für 600 Pts. Aber es ist auch schon fast eine Sünde, bei Pejin keinen Fisch zu essen. Besondere Spezialität des Hauses ist Paella (rund 1200 Pts pro Person), die aber bereits einen Tag vorher bestellt werden muß. Nach den zumeist großen Portionen gibt es dann einen Weinbrand auf Kosten des Hauses. Und bleiben Sie auf alle Fälle noch ein wenig sitzen. Irgendwann gegen 22 Uhr werden die Flamencoklänge aus dem Lautsprecher nämlich abgestellt, und dann greift Tomas in die Gitarrensaiten. Neben heimischer Folklore kommen immer wieder Evergreens wie "Besame mucho" und "Yesterday" zum Vortrag, aber auch alte traditionelle Gesänge mit Tombor und mit El Silbo seines langjährigen Partners und Freundes Pablo (übrigens ein begnadeter Tänzer!) gehören zum Repertoire, wobei einheimische Gäste öfters ebenfalls mit einstimmen oder die alten Lieder mit Chácaras und Gitarre begleiten. Geöffnet: außer Mo täglich 12.30 - 23 Uhr.

Restaurant La Tasca (62), Calle Ruiz de Padrón 34, Tel. 870759. Fast ausschließlich deutsches Publikum verkehrt in den drei in hellem Kiefernholz eingerichteten Räumen. Das liegt bestimmt auch an dem sehr zuvorkommenden deutschsprachigen Service und der deutschen Speisekarte. Auf den Tischen ruhen rotkarierte Tischtücher, darauf weiße Decken und Platzdeckchen. An der Wand ein enormes Weinregal: große Auswahl an Flaschenweinen zwischen 600 und 2100 Pts, die meisten aber unter 1000 Pts. Lecker und verhältnismäßig preiswert ist das Huhn in Knoblauch für 475 Pts (würzige Hühnerteile, scharf angebraten mit viel Knoblauch, sehr knusprig, mit Pommes und Salat). Dazu schmeckt ein Ensalada mixta für 500 Pts (Tomaten, Spargel, Zwiebeln, Artischocken, Bohnen, Oliven, grüner Salat, Karotten, Paprika). Vorweg können wir die sehr scharfe und würzige mexikanische Tomatensuppe mit Nudeln für 250 Pts empfehlen. Außerdem gibt es Omeletts (250 - 500 Pts), viele Fischgerichte zwischen 550 und 800 Pts sowie einige Fleischgerichte (z.B. Kaninchen) um 800 Pts und Paella für 2 Personen für 1500 Pts. Geöffnet: täglich 19 - 24 Uhr.

Die **Bar/Rte./Taberna Playa de la Cueva (21)** liegt direkt an dem gleichnamigen Strand hinter dem Tunnel an der Mole neben dem Club Náutico. Im Dunkeln ist der Weg vom Tunnel aus nicht ohne Tücken (Taschenlampe mitnehmen!). Die Strandbar, eigentlich nur ein einfacher Bretterverschlag mit Terrasse zum Meer, ist ein recht gemütlicher Familienbetrieb, wo jeder mit anfaßt. Auf einer kleinen Tafel links von der Theke sind die preiswerten Tagesgerichte verzeichnet. Geöffnet nur im Sommer; warmes Essen gibt es von 11 - 18 Uhr. Wir fanden die Kombination aus einem üppigen Salat mit Thunfisch und einer Caña (Glas Bier) für zusammen 490 Pts immer sehr gelungen. Auf der mit Bambusrohr überdachten Terrasse, wo man einen herrlichen Meerblick hat und bei entsprechendem Wetter sogar den Teide auf Teneriffa sehen kann, fällt es leicht, die Zeit zu vergessen. Früher oder später wird dann

Berühmt für heiße Rhythmen und leckeres Essen – Tomas vom El Pejin

der Kicker oder einer der beiden Billardtische frei. Wenn die Zahl der Gäste stimmt, verwandelt sich die Bar am Abend manchmal spontan in eine Disco.

Bar/Restaurante Breñusca (80), Calle del Medio 11, Tel. 870920. Helles Restaurant mit 10 Tischen in zentraler Lage. Bekannt für gute Küche bei mäßigen Preisen. Deutsche Speisekarte. Die freundliche Bedienung versteht auch deutsche und englische Sprachbrocken. Hier kann man auch gut frühstücken: Eier, große Auswahl an Bocadillos und Sandwiches; Kaffee, Kakao und Milch. Auf der umfangreichen Speisekarte (Hauptgericht 600 - 900 Pts) stehen z.B. die leckere kanarische Eintopfsuppe Rancho canario, ziemlich sämig mit Kartoffeln, Nudeln und Erbsen, für 300 Pts und Kaninchen in kanarischer Soße, scharf angebraten und lecker gewürzt, mit Salat und Pommes für 900 Pts. Der Salat für 500 Pts ist phantasielos zubereitet und damit vergleichsweise überteuert. Ein kulinarischer Höhepunkt ist dagegen jedoch der Kichererbseneintopf für 400 Pts. Das Angebot an Fleisch-, Fisch- und Eiergerichten ist insgesamt erfreulich groß. Zum Essen schmeckt eine Caña, ein Bier vom Faß, für 125 Pts oder Gomera-Wein (Vino del País, nicht immer vorrätig). Von Oktober bis Mai ist es hier oft rappelvoll. Geöffnet: täglich außer So von 9 - 24 Uhr (je nach Gästezahl auch länger).

Bar/Rte./Pizzeria La Bambola (81), Calle del Medio 3, Tel. 870888. Das beliebte Restaurant in absolut zentraler Lage (an der Südseite der Plaza de la Constitución) besitzt von seiner Einrichtung her den dezenten Charme einer Eisdiele. Hier kann man essen wie zu Hause - zumindest wie beim Italiener um die Ecke. Gut zehn pikante Pizzen für 500 - 750 Pts stehen auf der deutschsprachigen Speisekarte. Aber auch das Angebot an Fisch- und Fleischgerichten zwischen 600 - 1100 Pts ist relativ groß. Wir lassen uns hier immer gern einmal eine Paella à la Valencia schmecken (gut 45 Min. Wartezeit): Safran-Reis, vermengt mit Paprika, Muscheln, Kaninchen, Tintenfisch und Huhn; fein dekoriert mit Langusten, Garnelen, Oliven, Petersilie und Zitronenscheiben. Der Preis der üppigen Portion für 2 Personen: 2000 Pts. Barbetrieb ist täglich von 11 - 24 Uhr, warme Küche 12 - 16 und 19 - 23 Uhr.

Manfred's Tajaraste, Calle República de Chile 7. Die Räumlichkeiten der füheren Taperia Tasca hat der Österreicher Manfred übernommen. Außerdem ist er jetzt auch Pächter des früheren El Pejin, Avda. de Colón 26, das jetzt an der Plaza de la América beheimatet ist (s.o.). Manfreds Nachfolgelokal heißt **Morena (48)** und bietet, wie der Name schon sagt, hauptsächlich leckeren Fisch an. Auch in Manfreds Tajaraste gibt es, nachdem die Küche erweitert wurde, jetzt ein noch größeres Angebot an Fischgerichten; dazu kommen jede Menge Tapas und Fleischgerichte. Auf der Rückseite von Manfreds Visitenkarte lockt übrigens ein Gratisbier; man bekommt es nach 10 vorhergehenden "Konsumationen". Und manchen Gästen sieht man tatsächlich schon nachmittags an, daß sie mit Elan auf das Gratisangebot hinsteuern. Auf Wunsch schmiert Manfred auch schon mal "Deutsche Sandwiches" mit Butter, Schinken und Käse. Geöffnet: 8 - 23 Uhr oder solange Gäste da sind.

El Pajar (70), Calle del Medio 23/Calle Ruiz de Padrón 26, Tel. 871102. Sehr hübsch mit naturbelassenem Holz eingerichtet, jedoch werden die Sitzgelegenheiten nach kurzer Zeit ziemlich unbequem. Drei Bäume wachsen durch das palmwedelgedeckte Dach. Man sollte unbedingt am Ausgang zur Calle Ruiz de Padrón sitzen, die anderen Räumlichkeiten sind nicht halb so schön. Ein Blickfang ist das Aquarium mit Schildkröten. Schildkrötensuppe aber sucht man auf der Speisekarte vergebens. Statt dessen mehr Vorspeisen als Hauptgerichte, allesamt zwischen 300 und 700 Pts. Einfache Fischgerichte sind mit 800 bis 1200 Pts vergleichsweise teuer, Fleischgerichte kosten zwischen 700 und 1000 Pts, Hähnchen in Knoblauch 700 Pts. Große Auswahl an Pizzen (insgesamt 20) zwischen 600 und 800 Pts. Sehr gut waren die Potaje de berros (Brunnenkressesuppe) und die Sopa Mexicana für jeweils 300 Pts, ein Genuß das Steak à la pimienta (Pfeffersteak) mit Pommes, geraspelten Möhren und Champignons mit Knoblauch für 1100 Pts. Die dazu gereichte weiße Soße hat so gut geschmeckt, daß wir die Zutaten erfragt haben: Pfeffer, Petersilie, Knoblauch, Öl, Wasser und Essig. Als Nachspeise ist der kanarische Pudding mit Palmenhonig für 400 Pts zu empfehlen.

Bar Rte. El Nilo (50), Calle Ruiz de Padrón 40. Kleines Restaurant, in dem dichtgedrängt acht Tische stehen. Auf der deutschsprachigen Speisekarte stehen z.B. Kanarische Suppe und Kressesuppe für 250 Pts, Spaghetti mit Hackfleisch (500 Pts) und Thunfischfilet für 650 Pts. Sonjas Tip: "Das Huhn mit Knoblauch für 600 Pts (in brauner Soße mit Papas arrugadas und geraspelten Möhren) war das beste, das ich auf Gomera gegessen habe." Geöffnet: außer Montag täglich 12 - 16 und 19 - 24 Uhr.

Bar Rte. Club Náutico (20), La Cueva (im Hafen hinter dem Tunnel auf der linken Seite). Großzügig eingebettet in eine Naturhöhle, bietet der Club auch Nichtmitgliedern eine reichhaltige Karte für den kleinen und großen Hunger: 22 Tapas-Sorten, Tortilla, Suppen und Salate, frischer Fisch von 500 -1050 Pts und Fleischgerichte von 500 - 950 Pts. Ein Freudenfest für Auge und Gaumen. Geöffnet: außer Mo und Di täglich 12 - 16 und 19 - 22 Uhr.

Pizzeria Rincon del Cedro (88), Calle Ruiz de Padrón 11. Nett eingerichtetes Lokal in absolut zentraler Lage mit Außenterrasse. Auf der deutschsprachigen Karte stehen viele Nudelgerichte um 500 Pts, Pizzen zwischen 450 und 700 Pts, Fisch und Fleischgerichte sowie Muscheln zwischen 500 und 800 Pts. Geöffnet: außer Di täglich 12 - 15.30 und 18.30 - 23.30 Uhr; in der Hauptsaison ohne Ruhetag.

4 Caminos, Calle Ruiz de Padrón 36. Kleines Restaurant im altkanarischen Stil, viele Einheimische treffen sich hier. Es gibt als Spezialität Garnelen vom Grill für 1600 Pts und Fischgerichte ab 800 Pts. Geöffnet: außer So täglich 12 - 16 und 19 - 24 Uhr.

Bar Rte. Club de los Leones, Calle del Medio 115. Das Restaurant mit Außenterrasse im Clubhaus des gleichnamigen Fußballvereins befindet sich im ersten Stock. Die an das Gebäude angrenzenden Appartements sind ausschließlich für die Fußballspieler reserviert. Autogrammjäger haben hier gute Chancen. Auf der Karte stehen zahlreiche Fisch- und Fleischgerichte (700 - 1100 Pts). Überbackene Garnelen 700 Pts, Ziegenfleisch ebenfalls 700 Pts, Stockfisch im kräftigen Eintopf auf baskische Art 900 Pts.

Bar/Restaurante Casa del Mar (91), Avda. Fred Olsen 2, Tel. 871219. Rechts vom Rathaus befindet sich das auf den ersten Blick unscheinbare Restaurant. Innen dokumentieren die Fotografien von Schiffen und Fähren vergangene Glanzzeiten der Seefahrt. Die helle Beleuchtung und die schlichte Einrichtung lassen nicht gerade auf ein kulinarisches Fest schließen. Kenner wissen jedoch, daß es sich hier um ein Spezialitäten-Restaurant erster Klasse handelt. Die freundliche Besitzerin und zugleich Köchin Aurora Simancas zaubert in der kleinen Küche typische kanarische Gerichte vom Feinsten zu normalen Preisen. Folgendes Menü ist besonders empfehlenswert: Potaje de berros (Brunnenkressesuppe), ihre berühmte Cazuela (typisch kanarischer Fisch-Eintopf) mit einer warmen Gofiopaste mit vielen Kräutern und als Nachtisch Leche asada (ein Milchdessert). Cazuela empfiehlt sich vorzubestellen, denn Fisch, Kartoffeln und Gemüse brauchen 45 Min. Kochzeit. Ebenso empfehlenswert sind die zahlreichen frischen Fischgerichte, zu denen normalerweise Pommes gereicht werden. Auf Wunsch gibt es auch Papas arrugadas. Als kleine Aufmerksamkeit des Hauses verkürzen vorab kleine Ziegenkäsehäppchen mit Oliven die Wartezeit. Spezialität des Kellners Martín ist die Zubereitung leckerer Cocktails – verfeinert nach eigenen Rezepturen, versteht sich. Jeder unserer Besuche war ein Festschmaus. Und derselben Meinung waren bereits schon die Experten des Michelin-Führers und der "España Gastronomica". Geöffnet: außer So täglich 8 -15 und 19 - 23 Uhr.

Treffpunkte/Nachtleben

Disco Fin-Fan (11), Calle de la Virgen de Guadalupe 7. Wer glaubt, er könne direkt vom Strand ins Fin-Fan springen, ist auf dem Holzweg. Der Gang zur Garderobe ist unvermeidlich, denn kurze Hosen zählen nicht zu der geforderten "ordentlichen Kleidung". Die 1000 Pts Eintritt (Verzehrmarken) werden nur kassiert, wenn der Andrang diese Selektionsmöglichkeit zuläßt. Oft aber ist man froh, überhaupt Gäste zu haben, die die relativ hohen Preise zu zahlen gewillt sind: z.B. ein Bier 300 Pts, Martini 350 Pts, Mixdrinks 500 Pts, Whisky 12 Years 700 Pts, Cola 400 Pts, Flasche Whisky 16.000 Pts und Flasche Champagner 8000 Pts. Von Herbst bis Frühjahr sorgen die Touristen aus Alemania dafür, daß der Laden floriert. Im Sommerhalbjahr füllen sich die drei Theken dagegen hauptsächlich mit Einheimischen, und das auch erst spät, wenn die meisten Bars schon geschlossen sind. Auf der

Der zentrale Treffpunkt in San Sebastián

Tanzfläche ist dann meist reichlich Platz, und Bedienungen, die wenig zu tun haben, wippen gemächlich zu aktueller Popcharts-Musik. Auch die Einrichtung (Plaudernischen, Spiegel und Lichtorgeln) unterscheidet sich wenig von anderen Etablissements dieser Art. Insider gehen erst nach 1 Uhr ins Nif-Naf. Geöffnet: 22 - 3 Uhr, an Wochenenden bis 5 Uhr.

Kiosco Los Carabelas (87), Plaza de la Constitución. Zentraler Treffpunkt ohne Konsumzwang unter den uralten Indischen Lorbeerbäumen der Plaza de la Constitución. Einheimische Familien fühlen sich hier genauso wohl wie die Rucksacktouristen, die oft direkt von der Fähre hierher kommen. Der Kiosco ist die erste Anlaufstation, Informationsbörse und Kontaktstelle. Hier verabredet man sich auch zum abendlichen Kneipenbummel und genießt die eigentümliche Stimmung des Platzes. Der Kiosco unterscheidet sich von anderen Bars durch seine exponierte Lage und die großen Panoramafenster. Außer Getränken bekommt man hier Tapas, Gebäck, Bocadillos, warme Toasts und kleine Snacks. Besonders lecker ist der Thunfischsalat. Zwar wird hier schon um 23 Uhr geschlossen, doch schon morgens um 6 Uhr öffnen sich die Pforten erneut, so daß der Kiosco eine gute Frühstücksmöglichkeit für alle bietet, die bereits mit der Morgenfähre nach Los Cristianos zurückfahren.

Bar/Rte. Los Descubridores (83), Plaza de la América. Die größte Bar von San Sebastián zieht mit dezenter Popmusik viel Publikum an. Am schönsten sitzt es sich draußen unter einer schattenspendenden Pergola. Auf den Metallstühlen dösen junge einheimische Frauen mit ihren Babys neben Schulkindern und dem Uralt-Hippie in Flickenjeans. Auf der sich endlos hinziehenden niedrigen Theke sind in einem Schaukasten Tapas ausgestellt (z.B. Salate, Tintenfischringe und gegrillter Fisch), Bocadillos und Snacks haben klingende Namen wie etwa der "Toast Bikini". Die meisten Gäste begnügen sich aber mit Kaffee, Erfrischungsgetränken und Eis. Geöffnet: Mo-Sa 8.30-23.30 Uhr.

Cafétería Rte. Ramón (90), Paseo de Fred Olsen (vor dem Parque de la Torre del Conde). Einheimische wie Touristen fühlen sich sehr wohl unter den beiden Eukalyptusbäumen gegenüber der Strandpromenade. Im Terrassencafé mit Meerblick werden eiskaltes Bier vom Faß und Tapas serviert. Das Restaurant findet man im hinteren Teil der Anlage. Durch Panoramascheiben kann man von hier den Blick auf das Wahrzeichen der Insel genießen: den Torre del Conde. Auf der deutschsprachigen Speisekarte ist eine normale Auswahl an Fleisch-, Fisch- und Nudelgerichten um 500 Pts verzeichnet. Öffnungszeiten des Restaurants: außer So täglich 12.30-15.30 und 20-22.30 Uhr. Frühstück gibt es bereits ab 6 Uhr früh (z.B. Bocadillos für 175 Pts mit Café con leche für 125 Pts).

Bar/Rte. El Patio (34), Calle Ruiz de Padrón 86. Die ehemalige Trend-Bar Berlin gegenüber dem Hostal Colombina ist mittlerweile in schweizerischen Händen. Das meist betuchte touristische Publikum speist Lammkotelett mit Berner Rösti für 1100 Pts. Geöffnet: außer So täglich 19-24 Uhr.

Die **Bar Primera Planta (24)** ist im zweiten Stock des Molengebäudes zu finden. Vom Fenster aus kann man gut das An- und Ablegen der Boote und der Barracuda beobachten. Ein netter Ort, um bei Snacks, Tapas oder Frühstück auf die eigene Fähre zu warten oder Reisebekanntschaften winkend zu verabschieden. Vor dem Eingang bietet eine große Terrasse vielen weiteren Gästen Platz. Geöffnet: täglich 6.30-22 Uhr.

Frühstückstips: Frühaufstehern sei an dieser Stelle der *Kiosco Los Carabelas* (s.o.) heiß empfohlen. Prima Frühstück gibt es außerdem im *Café Lola-Rosa* neben dem Los Descubridores an der Plaza. An fünf weißen Tischen kann man Kuchen, Gebäck, Eis, Kaffee, Toasts und Bocadillos genießen. Selbstversorger finden hier auch Brot, Brötchen und Getränke. Geöffnet: täglich 6-14 und 15.30-21 Uhr. Die *Bar-Zumeria Genaro* in der Calle Ruiz de Padrón 30 (Ecke Calle República de Chile) ist klein, sauber und auch eine gute Adresse für die erste Mahlzeit. Außer Bocadillos und dem unverzichtbaren Café con leche gibt es hier auch frischgepreßte Säfte, Milchmixgetränke, Eis und Omeletts. Geöffnet: außer So täglich 8-14 und 18-23 Uhr. Nicht zu vergessen sind schließlich die *Hamburqueseria-Zumeria Guarapo* (Calle Ruiz de Padrón 2), die sich auch "el rey de bocadillo" nennt (= König der belegten Brötchen), und die *Cafétería Rte. Ramón* (siehe "Essen").

Sehenswertes

Die historischen Sehenswürdigkeiten der Stadt, die ausnahmslos aus der Zeit nach der spanischen Eroberung stammen, sind alle in einer gut einstündigen Besichtigungstour "abzuhaken". Mit Ausnahme des markanten Torre del Conde liegen sie an der Hauptgeschäftsstraße, der Calle del Medio. Wenig Spektakuläres gibt es dort zu sehen, aber doch so manches, was die zuweilen turbulente Lokalgeschichte trefflich illustriert. Mit etwas Phantasie werden die alten spanischen Kolonialherren lebendig, verführerische Damen und rachsüchtige Eroberer, erzittern die massiven Mauern unter dem Ansturm algerischer und holländischer Piraten, betet Kolumbus inbrünstig um das gute Gelingen seiner unmittelbar bevorstehenden "Indienfahrt" ...

Torre del Conde: Hinter dem Kiosco Ramón, unweit der Plaza de la América, reckt sich dieser trutzige Bruchsteinturm weithin sichtbar in den Himmel. Er ist längst zu einem Wahrzeichen für San Sebastián, wenn nicht gar für die gesamte Insel geworden. Noch bis vor wenigen Jahren lag er versteckt hinter einer Mauer auf einem Schotterplatz. Jetzt hat er endlich in einem kleinen Park einen würdigen Rahmen gefunden. Der "Grafenturm", ältestes erhaltenes Bauwerk der Stadt, wurde in der Mitte des 15. Jahrhunderts auf Befehl des spanischen Inselherren *Hernán Peraza des Älteren* erbaut, der ihn als strategischen Rückhalt für die vollständige Unterwerfung Gomeras benötigte. Tatsächlich bot die mächtige gotische Konstruktion mit ihren dicken Mauern und bedrohlichen Schießscharten den Spaniern, deren uneingeschränkte Herrschaft auf Gomera noch auf wackeligen Füßen stand, einen relativ sicheren Zufluchtsort, wenn der Volkszorn der zuweilen hart drangsalierten Ureinwohner hochkochte.
So im Jahre 1484, als sich der Enkel des Turmerbauers, *Hernán Peraza der Jüngere*, mit seiner Familie dort verschanzen mußte, weil es aufgrund vieler Rechtsbrüche und Übergriffe zu einem Guanchenaufstand gekommen war, der jedoch durch spanische Hilfstruppen von Gran Canaria rasch niedergeschlagen wurde. Vier Jahre später sollte dem Tyrannen das Glück weniger hold sein. Seiner Willkürherrschaft überdrüssig, beschlossen drei Gomeros, den ungeliebten Widersacher zu ermorden. Dabei erleichterte ihnen das Wissen um eine Liebschaft des Despoten mit der Guanchenprinzessin *Iballa* die Tat ungemein. Sie lauerten ihm in jener Höhle

auf, in der sonst die heimlichen Schäferstündchen stattzufinden pflegten. Diesmal sollte sie Hernán Peraza weniger erquickt als vielmehr tot verlassen. Diese Tat war offensichtlich das Signal zu einem weiteren Aufstand gegen die ungeliebten Spanier und damit vor allem gegen die neue Herrscherin. Die Ehefrau Perazas, eine auf Gomera "kaltgestellte" ehemalige Geliebte des spanischen Königs mit Namen *Beatriz de Bobadilla*, mußte sich nun einmal mehr im Torre del Conde verschanzen, bis der Gouverneur von Gran Canaria, *Pedro de Vera*, zu Hilfe geeilt kam. Wie die schöne und blutdürstige Beatriz, der ja auch ein Verhältnis mit Kolumbus nachgesagt wird, ihre Rachepläne verwirklichte, das ist eine andere Geschichte, die sich hauptsächlich in der Pfarrkirche zutrug und deshalb einige Absätze weiter unten erzählt wird.
Während der Piratenüberfälle des folgenden Jahrhunderts erwies sich der mittelalterliche Festungsturm als bei weitem nicht abschreckend genug und konnte auch verschiedentliche Plünderungen der Stadt nicht verhindern. Einmal brannte er sogar komplett aus, denn die hölzernen Böden und Zwischendecken waren alles andere als feuerfest. Lange Zeit diente er dann zweckentfremdet als Lagerschuppen und Kaserne, bis er, in den 60er Jahren restauriert, nun wieder durchaus ansehnlich die Hafeneinfahrt bewacht.
Das einstige *Museum im Torre del Conde* ist allerdings schon seit einigen Jahren geschlossen. Lange ist geplant, hier wieder eine Ausstellung unterzubringen, doch derzeit rechnet niemand mit einer raschen Entwicklung. Wer trotzdem unbedingt einen Blick in den leeren Turm werfen möchte, der kann sich an den Schlüsselverwalter, den Aufseher des Casa de Colón, wenden.

Das alte Zollhaus steht an der Plaza de la Constitución (Ecke Calle del Medio). Dem Flachbau an der Westseite der Plaza sieht man auf den ersten Blick sein hohes Alter gar nicht an. Immerhin wurde er schon im 17. Jahrhundert errichtet. Was aber die Besichtigung fast zu einem Muß macht, das ist ein unscheinbarer, aber legendenumwobener Brunnen in der Mitte des Innenhofes, der tatsächlich einige Jahre mehr auf dem Buckel hat als das Zollhaus selbst.
Durch eine hölzerne Tür betritt man den idyllischen Patio, wo manchmal drei ältere Damen den Besucher in Empfang nehmen. Programmgemäß führt nun eine von ihnen den Gast zum Brunnen und erzählt (in Spanisch) dessen Geschichte und einige mit blutrünstigen und schießwütigen Piraten gespickte Anekdoten über das Zollhaus. Daß dieser Brunnen im Jahr 1492 Kolumbus dazu

Sie begeistern Botaniker aus aller Welt – Sukkulenten von La Gomera

gedient hat, ein letztes Mal seine Wasservorräte aufzufrischen, bevor er seine höchst bedeutsame Entdeckungsreise antrat, in deren Verlauf er auf Amerika stoßen sollte, das ist zwar nicht zweifelsfrei erwiesen, aber doch zumindest gut erfunden. So besteht auch der zeremonielle Höhepunkt jeder Führung in der behutsamen Entfernung des hölzernen Brunnendeckels, über dem stolz eine Tafel verkündet: *"On esta agua se bautizó America"* (Dieses Wasser taufte Amerika). Es folgt ein kurzer Hinweis auf das interessant eingerichtete Zollhaus, das erst viel später um den Brunnen erbaut wurde, aber bedeutend mehr Atmosphäre ausstrahlt als dieser. Damit ist die kurze Führung beendet, und nachdem man seinen freiwilligen Obolus im vorgestreckten Bastkörbchen hinterlassen hat, wenden sich die erfahrenen Fremdenführerinnen wieder ihren Handarbeiten zu.

Die weiße, tagsüber ständig zugängliche **Pfarrkirche Nuestra Señora de la Asunción** liegt an der Calle del Medio (Ecke Calle República de Panama). Ein erster, wesentlich kleinerer Vorläuferbau entstand vermutlich schon unter der Herrschaft Hernán Perazas (des Älteren). Aber auch von dem folgenden einschiffigen Bau

Kaum zu glauben! Dieses Wasser taufte Amerika

mit rechteckigem Grundriß, der um 1490 begonnen und rund 20 Jahre später beendet wurde, blieben nach seiner Zerstörung durch algerische Piraten im Jahr 1618 nur noch die Grundmauern übrig. Auf diesen errichtete man dann den heutigen, im 17. Jahrhundert fertiggestellten Neubau, der im 18. Jahrhundert beträchtlich erweitert und vervollständigt wurde. Der Legende nach betete an dieser Stelle Christoph Kolumbus vor seiner Abreise nach Amerika am 6. September 1492 um gutes Gelingen der Fahrt. Von der bunt zusammengewürfelten Innenausstattung sind vor allem die barocken Altarbilder und der Hochaltar von 1807 sowie die mit Holzschnitzereien reich verzierten Seitenaltäre beachtenswert. Sehr niedlich wirkt auch der an alte Western erinnernde winzige Glockenturm über dem Haupteingang.

Doch zurück zu jenem Tag im Jahre 1488, als die grausame *Beatriz de Bobadilla* von *Pedro de Vera* vor den aufständischen Guanchen gerettet wurde (siehe "Torre del Conde"). Rachepläne für den Mördern ihres Mannes schwirrten durch Beatrizens schönen Kopf, doch es war nicht leicht, der Mörder und Aufständischen habhaft zu werden, denn sie hatten sich im unzugänglichen Inselinneren verschanzt. Da hatte der listige Eroberer Pedro de Vera eine Idee:

Er ließ verkünden, daß alle, die zum Begräbnisgottesdienst für das ungeliebte Opfer kämen, straffrei bleiben sollten. Diesem Versprechen trauten nicht nur Hunderte von unbeteiligten Gomeros, die auf diesem Wege vielleicht einer Kollektivstrafe entrinnen wollten, sondern auch etliche der durch de Veras starkes militärisches Gefolge entmutigten Freiheitskämpfer. Das aber sollte ihnen schlecht bekommen. Denn statt Gnade erwartete viele die Todesstrafe. Noch heute wird deshalb das Kirchenportal zynisch *Puerta del perdón* (Tor der Begnadigung) genannt. Hunderte wurden damals grausam getötet und rund 400 Menschen, meist Frauen und Kinder, als Sklaven verkauft.
Erst nach einer von der spanischen Königin angeordneten Untersuchung wurde ihnen die Freiheit zurückgegeben. Beatriz de Bobadilla mußte 500.000 Maravedies Entschädigung zahlen, und de Vera verlor seinen Gouverneursposten auf Gran Canaria.

Aquatinta und warme Semmeln

Guido Kolitscher ist ein gemütlicher Wiener, der oft und gerne lacht. Seit 1972 fühlt sich der umtriebige Maler auf Gomera wohl. Seine ganze Liebe gilt den wildromantischen Motiven der Kanareninseln. Besonders Lanzarote und Gomera haben es ihm angetan, zwei Eilande, die an Gegensätzen kaum zu übertreffen sind. In ihrer Urwüchsigkeit aber konnten beide den 1950 geborenen Meister der Aquatinta-Radierung immer aufs neue inspirieren, was eine Vielzahl seiner Werke deutlich belegt. In dem kleinen Weiler San Bartolo, 6 km von San Sebastián entfernt im Barranco de la Villa, lebt er heute den alten Künstlertraum von "splendid isolation". Daß Kolitscher durchaus auch Geschäftssinn besitzt, beweist die mittlerweile etablierte *Galeria de Arte Luna* in der Calle del Medio 28 (Tel. 870666). Gemeinsam mit drei Künstlerkollegen hat er sich hier den Traum von einer eigenen Verkaufsausstellung erfüllt. Elena Gonzalez Lugo sorgt für fachkundige deutschsprachige Beratung. Die Qualität des Ausgestellten überzeugt, und so nimmt es nicht wunder, daß Kolitschers über 300 Farbradierungen, die je nach Größe zwischen 3000 und 20.000 Pts kosten, beinahe weggehen wie die vielzitierten warmen Semmeln. Begeistert haben uns die vergleichsweise wenigen großformatigen Landschaftsbilder in Öl und Acryl, die mit 70.000 bis 300.000 Pts ihren Preis haben. Ständige Ausstellungen haben

ebenfalls der abstrakte Maler Pedro Gonzalez aus Teneriffa, Manolo Sánchez und die Polin Vicki Penfold, eine Schülerin von Oskar Kokoschka.
Öffnungszeiten der Galerie: Mo - Fr 10 - 13 und 16.30 - 20 Uhr, Sa 10 - 13 Uhr, So geschlossen.

Das **Casa de Colón** in der Calle del Medio unweit der Post hat, wie sein Name irreführend suggeriert, Kolumbus nie als Quartier gedient, denn es wurde erst im 17. Jahrhundert erbaut. Ein Besuch lohnt sich trotzdem. In dem erst vor einigen Jahren renovierten, weißgetünchten Haus mit den markanten braunen Läden finden im Erdgeschoß wechselnde Ausstellungen mit Werken einheimischer Künstler statt. Dabei dominieren gomerische Motive, und zuweilen staunt man nicht schlecht über die eindrucksvollen Fotos, Gemälde und Skulpturen, während im Innenhof der Sohn des Aufsehers seiner Heavy-Metal-Musik lauscht . . .

Geöffnet: außer So täglich 9 - 13 und 16.30 - 19 Uhr. Sa nur vormittags. Eintritt frei

Die **Kapelle des Heiligen Sebastián** war das erste christliche Gotteshaus auf der Insel. Sie stammt noch aus der Zeit der spanischen Eroberung Gomeras. Mehrmals zerstört, wiederauf- und umgebaut, hat sie heute nur noch wenig von ihrer ursprünglichen Bausubstanz. Das kleine rechteckige Bauwerk, in frischem Weiß getüncht, findet man direkt neben der Post in der Calle del Medio. Die 14 Eisenkreuze an den Wänden der Kapelle symbolisieren den Kreuzweg. Links vom Ausgang steht auf einem Schrank ein putziges Modellschiff.

Strände/Sport

▸ **Playa de San Sebastián**: Wo der Río San Sebastián ins Meer mündet, erstreckt sich entlang der Küstenpromenade der rund 500 m lange Stadtstrand. Weniger Urlauber, die meistens zu anderen Stränden ausweichen, als vielmehr Einheimische prägen das Bild dieses Strandes; vor allem an Wochenenden und Feiertagen wird es ziemlich voll. Ursprünglich ein reiner Kiesstrand, hat sich sein Erscheinungsbild in der letzten Zeit deutlich geändert. Verantwortlich dafür ist ein Schiff, das alle Jahre wieder von morgens bis abends vom Grund des Hafenbeckens den dunklen Sand absaugt und ihn anschließend an den Strand bläst. So bleibt die Hafeneinfahrt für die Fähre tief genug, und der Strand wird

Zwei Fliegen mit einer Klappe: Die Hafeneinfahrt wird vertieft und der Strand wächst

für die Sonnenanbeter um einiges bequemer. Das ist jedoch nie von langer Dauer, denn das Meer holt sich durch seine Brandung, vor allem zur Zeit der Herbststürme, viel Sand wieder zurück. Und im nächsten Jahr beginnt dann wieder das gleiche Spiel ...

▸**Playa de la Cueva**: Durch die neue Straße rechts am Tunnel an der Mole vorbei gelangt man zum abseits der Stadt liegenden Playa de la Cueva. War dieser noch vor kurzem ein steiniges, rund 300 m langes, durch eine Bucht geschütztes Strandstück, ist er seit 1995 durch Aufschüttung zum "Sandstrand" mutiert; dazu kamen die obligatorischen Parkplätze für die Strandbesucher. Der Name des Strandes leitet sich von der auf dem Gelände des Club Náutico gelegenen Grotte ab. Vom Stadtzentrum ist er zu Fuß in 10 Min., von der Fähre in 3 Min. zu erreichen. Am nördlichen Ende der Bucht befindet sich ein kleines Restaurant, das den Namen des Strandes trägt (siehe "Essen"). Die immer noch starke Brandung macht das Baden manchmal nicht nur für Kinder gefährlich. Der Strand wird täglich zwischen 9 und 11 Uhr von städtischen Arbeitern gesäubert.

Schwimmflügel nicht vergessen

▸**Club Náutico**: Der Sportklub (Tel. 871002) liegt am Playa de la Cueva, direkt am Ende des Tunnels auf der linken Seite. Wer im Parador wohnt, kann alle Einrichtungen mitbenutzen; allerdings ist das Schwimmbad des Hotels ungleich schöner. Eine weitere Zugangsmöglichkeit zu den Clubeinrichtungen besteht darin, von einem Clubmitglied als Besucher eingeführt zu werden. Man kann dann eine zeitlich befristete Mitgliedschaft zum Preis von 3000 Pts pro Woche erwerben, die dazu berechtigt, Tennis-, Squash-, Basketball- und Volleyballanlage sowie das Schwimmbad zu benutzen. Alternative: Man mietet die Plätze bzw. das Bad für 600 Pts stundenweise an. Neben den Sporteinrichtungen gibt es auf dem Clubgelände noch einen kleinen Kinderspielplatz. Das Clubrestaurant und die Terrasse sind frei zugänglich.

▸**Tauchen**: Die ehemalige Tauchschule "Gomera Divers" heißt jetzt unter der Führung von Jean-Paul Waczak, einem waschechten Hessen, **Centro de Buceo (19)**. Zu finden ist das kleine Büro in der Paseo Fred Olsen 3, und zwar in der Ladenzeile neben der Autovermietung Hertz. Jean-Paul Waczak verspricht den Tauchern so manche freudige Begegnung mit Barrakudas, Muränen, Pfeilkrabben, Trompeten- und Papageienfischen, und manchmal sollen sogar Haie zu den Unterwasser-Bekanntschaften zählen.

Voraussetzung für Tauchausflüge sind: Taucherpaß, Logbuch und eine Sportunfallversicherung, private Kranken- oder Unfallversicherung und eine tauchsportärztliche Untersuchung (nicht älter als zwei Jahre, ab 40 nicht älter als ein Jahr). Prüfungen nach den international gültigen CMAS-Richtlinien werden ebenfalls abgenommen – jedoch alles, so Waczak, "ohne Streß und Hektik, aber mit dem nötigen Ernst, den der Sport verlangt." Preise für das Tauchen mit kompletter Klubausrüstung: pro Tauchgang von Land 3700 Pts und vom Boot 4600 Pts; 5er-Block mit eigener Ausrüstung 24.000 Pts, mit klubeigener Ausrüstung 29.000 Pts. Zum Angebot zählen darüber hinaus Anfänger- und Fortgeschrittenen-Kurse. Ab 10 Personen Preisnachlaß nach Vereinbarung.
Anzutreffen ist Jean-Paul von Mo bis Fr 9.15 - 10.30 Uhr, Tel. 1410 75 und Fax 141250. In Deutschland kann man über folgende Adresse buchen: Tauchbasen Reiseservice International, Bernardstraße 73, 63067 Offenbach, Tel. 069/823535 und Fax 069/8003399.

Ausflüge/Wanderungen

Barranco de la Villa

Der erste Ausflug führt in den Barranco de la Villa, die Schlucht, zu deren Füßen San Sebastián liegt. Am Sportplatz vorbei schlängelt sich die immer schlechter werdende, schmale Straße (ausgeschildert: Richtung *Chejelipes*) tief in den Canyon hinein bis zu den vier Stauseen, die San Sebastián mit Wasser versorgen (8 km). Unterwegs passiert man immer wieder kleine Weiler, in denen einladende Bars an der Straße zu einer Pause auffordern. Überall blüht und gedeiht es wie in einer Oase: Apfelsinen, Bananen, Avocados und Tomaten im Überfluß. Ein erster Aufenthalt empfiehlt sich im kleinen Weiler *Langrero*, wo in einer scharfen Linkskurve das beliebte **Restaurant La Cabana** direkt an der Durchgangsstraße liegt. Kenner schätzen die rustikale Küche mit üppigen Portionen zu wirklich günstigen Preisen. Besonders gut sind Kaninchen, Steaks und Koteletts. Nach einem opulenten Mahl geht es weiter, vorbei an den kleinen Siedlungen *San António* und *El Jorado*. *El Atajo*, der nächste Weiler, hält auch einen beliebten Stopp bereit, die **Bar Raul**, wo frisch geschlachtet wird. An nur zwei Tischen in der Bar und zwei weiteren an der Straße wird das erstklassige Essen mit Papas arrugadas serviert. Versäumen Sie nicht den hervorragenden gemischten Salat. Weiter geht es über *Canada Enchereda* und *San Bartolo*, den Wohnort des Künstlers Guido Kolitscher (siehe "Sehenswertes"), bis nach *Lomo Fragoso*, wo die Stauseen liegen. Weiter hinten im idyllischen Tal trifft man in *La Laja* auf die **Bodega El Hein** (richtig – genau der Hein), die von ihm selbst als "die Bar für den ambitionierten Sport-Trinker" eingestuft wird.

Ins Tal von La Laja und zurück zum berühmtesten Vulkanschlot der Insel

Wer mit Pkw bzw. Taxi anreist, fährt (von San Sebastián kommend) auf der Carretera del Sur bis kurz vor der Abzweigung nach Santiago zum Mirador (Aussichtspunkt) **Degollada de Peraza** (940 m). Alternative: Mit dem Bus in Richtung Valle Gran Rey bzw. Santiago fahren und an der *Bar Peraza* aussteigen.
Der Wanderweg, der ganz in der Nähe der Bar am Mirador beginnt, dauert ca. 3 Std. Unterhalb der gegenüberliegenden Stassenseite liegt die jetzt zugemauerte Höhle, in der 1488 der Herrscher Hernán Peraza bei einem Stelldichein mit der Guanchenkönigin Iballa von den Eingeborenen getötet wurde.

Vom Aussichtspunkt hat man einen herrlichen Ausblick auf den **Barranco de La Villa** mit den Orten *La Laja* (320 m) und *Lomo Fragoso*. Unterhalb des Miradors führt der gepflasterte Wanderweg in steilen Kehren bergab. Man kommt vorbei an Zistrosen- und Baumheidesträuchern, an flechtenbehangenen Wolfsmilchgewächsen und an Scheiben-Dachwurz, die sich in allen Größen an Felswände schmiegen. Nach ca. 20 Min. stößt man unterhalb eines verlassenen Hauses auf eine Quelle, die in regenarmen Zeiten allerdings ausgetrocknet ist. Im Barranco rechts breiten sich große Dattelpalmen und Kanarische Kiefern aus. Kurze Zeit später sieht man bereits La Laja unter sich und kann auch einen ersten Blick auf den noch weit entfernten Roque Ojila werfen, unterhalb dessen später der Wanderweg fortgesetzt wird. Im weiteren Verlauf des Abstiegs - man nähert sich immer mehr La Laja - wird dann der Weg rechts von Palmen und großen Feigenbäumen und links von einem Weinfeld umsäumt. Hier geht es nach rechts, und in einer Schleife steigt man immer weiter bergab durch einen Palmenhain bis zum Wegkreuz *Roque Agando – La Laja* (ungefähr 1 Std. ab Degollada de Peraza).

Folgt man dem Abzweig nach rechts, kommt man durch den Barranco de la Villa über *Lomo Fragoso* nach San Sebastián (ca. 2 Std.).

Die einzige Schutzhütte für Wanderer. Degollada de Tanque am Fuße des Roque de Ojila

Unsere Route führt jedoch nach links in Richtung **Roque Agando** (1050 m). Nachdem man auf diesem Weg einige altkanarische Bauernhäuser und ein paar hübsch anzusehende Obstgärten hinter sich gelassen hat, stößt man kurze Zeit später auf ein zweites Wegkreuz; hier muß man den links bergauf führenden Weg einschlagen.

Der Aufstieg verläuft durch die Restbestände eines ehemaligen Kiefernwaldes, der 1984 durch einen Waldbrand in starke Mitleidenschaft gezogen wurde. Ein Neuntel des gesamten Waldbestandes von La Gomera wurde damals zerstört. Die Spuren der Katastrophe sind heute noch sichtbar, denn da und dort begegnet man einsam anmutenden, abgestorbenen Eukalyptusbäumen.

Zum Ende des insgesamt etwa 70 Min. dauernden Aufstiegs überquert man drei kleine Holzbrückchen, um dann schließlich die mit einer Feuerstelle ausgestattete Schutzhütte **Degollada del Tanque** zu erreichen. Dort können 2 - 3 Personen übernachten oder sich doch wenigstens eine Weile erholen. Und auch für die Ästhetik ist gesorgt: Über der Hütte thronen nämlich die gewaltigen Vulkanschlote **Roque Ojila** (1170 m) und **Roque Zarcita** (1234 m), deren Anblick schon einiges hergibt.

Nach kurzem Relaxen folgt man dem nunmehr breiten Weg von der Hütte aus weiter aufwärts und sieht schon kurz darauf den mächtigen **Roque Agando** (1250 m), den höchsten und bekanntesten Vulkanschlot der Insel. In diesem Gebiet hat die ICONA wieder stark aufgeforstet; zwischen den noch jungen Kiefern blühen Zistrosen und Baumheide. Nach wiederum ca. 20 Min. Aufstieg erscheint am Fuß des Roque Agando die Höhenstraße. Um zum Ausgangspunkt zurückzukommen, folgt man der Straße nach links etwa 3 km in Richtung San Sebastián. Es ist aber auch möglich, ein Stück Straße zu umgehen, indem man den schmalen Weg links der Straße einschlägt; in 20 Min. kommt man dann zur *Ermita de las Nieves*. Von der Ermita aus führen Steintreppen wieder zur Höhenstraße hinunter, und von dort sind es dann kaum mehr weitere 20 Min. zur *Degollada de Peraza* und zur *Bar Peraza*, wo der Bus hält.

Punta Llana und Playa del Cangrejo

Unter der schroff abfallenden Steilküste erhebt sich auf einer Landzunge die weißgetünchte, malerische Kapelle **Santuario de la Virgen de Guadalupe** aus dem 16. Jahrhundert, die an jedem Sonntag zu besichtigen ist. Alle fünf Jahre im Oktober, das nächste Mal 1998, wird an dieser Stelle eine große Fiesta gefeiert. Die hier ständig untergebrachte Statue der Heiligen Jungfrau (17. Jh.) wird dann vor den Augen von etwa 25.000 Gläubigen in einem kleinen Fischerboot übers Meer nach San Sebastián gefahren. Viele reisen dazu extra von anderen Kanareninseln oder gar vom spanischen Festland an. Die Fiesta selbst dauert zwei bis drei Wochen. Die Kapellen am Playa de Cangrejo erreicht man von San Sebastián aus nach einer zweistündigen Wanderung, die zwar gute Kondition, aber keine besondere Ausrüstung erfordert. Das Mitnehmen eines Wasservorrats ist zu empfehlen.

Der Weg beginnt hinter der Pfarrkirche von San Sebastián, wo ein paar Treppen zur Serpentinenstraße führen, auf der man bis zum Parador aufsteigt. Weiter geht es auf der asphaltierten Straße (rechts halten) an der alten Windmühle, am Friedhof und am Militärgelände vorbei. Die Straße beschreibt nun einen weiten Bogen, wobei sie zunächst leicht abfällt und dann wieder ansteigt. Vom höchsten Punkt der Steigung ist der Strand Avalo zu erblikken. Ein Taxi von San Sebastián bis hierher kostet übrigens 1500 Pts. Früher ein idyllisches Fleckchen Erde, ist der 300 m lange

Playa de Avalo mittlerweile zum Baugrund einer Investmentfirma geworden, die hier eine 5-Sterne-Luxus-Bungalow-Anlage, den "Palms Beach Club", aus dem Boden stampft. Auf dem 690.000 qkm großen Gelände sollen 400 Luxusbungalows, ein 5-Sterne-Hotel mit 700-Betten, Tagungs-, Einkaufs- und Sportzentrum sowie eigenem Strand und Yachthafen entstehen. Bisher stehen 2 Musterhäuser für Interessenten und Kapitalanleger bereit. Gehzeit bis Avalo: 60 Min. (ca. 4 km).

Weiter zur Kapelle **Santuario de la Virgen de Guadalupe** folgt man dem vom Strand gut sichtbaren Weg entlang der Küste, der sich über den nördlichen Bergvorsprung windet. Am höchstgelegenen Punkt, wo der Weg den Bergvorsprung einschneidet, erblickt man die Kapelle.
Eine gut ausgebaute Trasse führt auf halber Höhe die wild zerklüftete Steilküste entlang (auf halbem Weg eine Quelle, die nicht immer Wasser führt). Der Abstieg zum Playa del Cangrejo ist nicht zu verfehlen. An der Kapelle befinden sich Steinhütten, in denen sich Freaks niedergelassen haben. Viele bauen sich hier eine eigene Behausung, wenn keine frei ist.
Hin und wieder kommen die Eigentümer vorbei und benutzen einige dieser Hütten selbst. Es sollte selbstverständlich sein, diese dann unverzüglich zu räumen. Die Kapelle hat eine Wasserversorgung (Wasserhahn am Gemäuer des Klosters). Steinöfen, in denen man Brot backen kann, findet man auch. Südlich von der Kapelle ist der kiesige, 150 m lange **Playa del Cangrejo**. Bis zur Kapelle geht man von San Sebastián insgesamt rund 120 Min. (ca. 7 km).

El Cabrito: Sodom und Gomera

"*Es sollte ein Jahrtausend-Experiment werden: Der Kommune-Führer Otto Muehl versprach die Befreiung von allen Tabus und Zwängen. Hunderte folgten ihm bis auf die Kanaren-Insel Gomera. Dort errichtete er ein perfides Zwangsregime. Die STERN-Redakteure Sven Michaelsen und Peter Praschl sprachen mit Aussteigern, die genug haben von Psycho-Terror und Fick-Listen . . .*"
So beginnt ein Stern-Artikel, der im Frühjahr 1988 unter der Überschrift **"Sodom und Gomera"** nicht nur in El Cabrito einigen Staub aufwirbelte.

Die Fakten: Ab 1987 bewohnten etwa 30 bis 40 Kommune-Mitglieder ständig das Dörfchen El Cabrito, das für viel Geld gekauft

. . . für jeden Tag ein T-Shirt

und mit enormem Arbeitsaufwand instand gesetzt wurde. Alte Gebäude wurden renoviert, und Neubauten entstanden, darunter auch Werkstätten aller Art und eine Schule. Im Inneren des Dorfes und an den umliegenden Hängen liegen Bananenplantagen mit einer Gesamtfläche von 10 Hektar, auf denen ökologischer Anbau betrieben wurde. Es gab am hinteren Ende des Dorfes sogar eine Pferdekoppel. Eine eigene Kläranlage und die Planierraupe verdeutlichen die Anstrengungen, die die Kommune unternahm, um weitgehend autark zu werden. Ein kleines Fischerboot holte täglich die angeheuerten Plantagenarbeiter aus San Sebastián ab und brachte sie am Abend wieder heim.

Otto Muehl, 1925 im Burgenland geboren, wandelte sich in den 60er Jahren vom Deutsch- und Geschichtslehrer zu einem der führenden Köpfe der rebellischen Kunstrichtung *Wiener Aktionismus*, die durch spektakuläre Blut- und Exkremente-Aktionen gegen bürgerlichen Provinzialismus und den Vietnamkrieg protestierten. In den 70er Jahren entwickelte sich dann aus der *AAO*, der "Aktionsanalytischen Organisation", die mit ihren sozialpsychologischen und politischen Thesen im studentenbewegten Berlin für heftige Kontroversen sorgte, die "Muehl-Kommune". 1972 wurde ein isoliertes Gehöft, der Friedrichshof am Neusiedler See, zum

Stammsitz der Sektierer. So wenig "intime Zweierbeziehungen" und so viel "individuelle Freiheit" wie möglich sollten helfen, Sexualneurosen und sexuelle Gewaltverbrechen zu eliminieren. Der charismatische Kommune-Führer brauchte sich über mangelnden Zulauf nicht zu beklagen, denn so mancher sehnte sich nach einem sicheren *Weg aus dem Sumpf* (so der Titel eines Muehl-Buches). Und der führte für viele zunächst einmal von Friedrichshof nach El Cabrito. Äußerer Anlaß für diesen Umzug war die Tschernobyl-Katastrophe; die erstaunliche Finanzkraft der Gemeinschaft ermöglichte eine rasche Evakuierung der Mitglieder, insbesondere der besorgten Mütter und ihrer Kindern.

El Cabrito liegt ziemlich unzugänglich und von Bergen eingekesselt im Barranco Juán de Vera. Von den meisten Gomeros mit einem Lächeln toleriert und nur von wenigen fremdenfeindlichen Fanatikern als *Mormones* geschmäht, konnten die Muehl-Jünger in ihrer Oase fernab von AIDS, Gewalt, Alkoholismus und Selbstmord relativ ungestört ihren "Weg aus dem Sumpf" gehen. Ungestört jedenfalls, bis eben dieser eingangs zitierte Stern-Artikel erschien und in bewährter, nicht gerade zimperlicher Art so manches enthüllte. Von auf Fotografen dressierten "Rollkommandos" war da die Rede, von einem "bizarren Zwergstaat" auf Gomera, von "Computer-Fick-Listen", einer "Lust-Diktatur", gar einem "grotesken Personenkult". Auch für den Kommune-Führer fanden die Reporter deutliche Worte: "Sex-Guru", "schlitzäugiger Unhold", "Sex-Pascha", "Kot-Künstler" und dergleichen mehr. Detailliert schilderten die ausgestiegenen Kommunarden den Stern-Lesern Deflorationsriten, Muehls Potenzprotzerei und die "unmenschliche" Kindererziehung im "kaputten Paradies des Sex-Gurus".

Das plötzliche Ende kam dann im Juni 1991: Otto Muehl wurde verhaftet. Im November verurteilte ihn ein Gericht in Eisenstadt (Burgenland) nach nur zweitägiger Verhandlungsdauer zu sieben Jahren Gefängnis. Die Süddeutsche Zeitung bemerkte hämisch, daß er "seinem Ruf als Bürgerschreck in der Verhandlung nicht gerecht wurde, sondern in bürgerlicher Kleidung und eher kleinlaut auftrat". Muehl wurde im Sinne der umfangreichen Anklage für schuldig befunden, mit Unmündigen – teils gegen deren Willen – sexuell verkehrt, Minderjährige sittlich gefährdet, Beweismaterial unterdrückt und gegen das Rauschgiftgesetz verstoßen zu haben. Er zeigte sich weitgehend geständig, betonte jedoch, er habe bei Minderjährigen "nie Gewalt angewendet". Bei den Aussagen

mehrerer junger Frauen, mit denen sich Muehl zu den Hoch-Zeiten der Kommune vergnügt hatte, war die Öffentlichkeit ausgeschlossen. Durch die Staatsanwaltschaft wurde ihm auch zur Last gelegt, wie ein mittelalterlicher Herrscher das Recht auf die erste Nacht in Anspruch genommen zu haben. Von dem, was sich in der Kommune an Gesetzwidrigem abgespielt habe, sei nur ein Bruchteil Gegenstand des Verfahrens gewesen. Muehls langjähriger Mitarbeiter Bernd Stein, der sich wegen Beweismittelunterdrükkung und Zeugenbeeinflussung verantworten mußte, wurde zu 18 Monaten Haft verurteilt, von denen 12 zur Bewährung ausgesetzt wurden. Führend beteiligt an den sexuellen Spielen war nach Erkenntnissen des Gerichts Muehls Ehefrau Claudia, gegen die ein besonderes Verfahren eingeleitet wurde. Sie soll vor der versammelten Kommune Jugendliche, darunter auch ihren eigenen Stiefsohn, zum Oralverkehr genötigt haben. Die Vorfälle wurden auf Videobändern dokumentiert. "Ich habe die Filme gesehen; sie übertreffen alles Bisherige", sagte Richterin Ingrid Jelinek.
Dieses Urteil war auch der Anfang vom Ende der Kommune auf Gomera. Anfang 1992 weilten nur noch eine knappe Handvoll Muehl-Anhänger in El Cabrito; etwa ebensoviele einheimische Plataneros hielten die Fincas notdürftig in Schuß.

Nach der Auflösung der Kommune hat die Münchener Firma Consens die Ferienwohnanlage "El Cabrito" als Reiseveranstalter übernommen – und will verständlicherweise von der ganzen "Sodom & Gomera"-Geschichte nichts mehr hören. Die Anlage umfaßt 70 Plätze. Die Gäste sind in den auf Terrassen angelegten Reihenhäusern rings um das ehemalige Herrenhaus untergebracht. Die Buchung ist nur mit Vollpension möglich (Doppelzimmer 230 DM und Einzelzimmer 140 DM). Serviert werden vorwiegend biologische Produkte der Finca sowie Fisch und Fleisch von der Insel. Es können auch Malkurse mitgebucht werden. Reservierung vor Ort unter der Telefonnummer 0034/22 – 871233 oder in Deutschland bei: Consens GmbH, Tel. 089/1200500 und Fax 089/135670.

Natürlich ist der dem Dorf unmittelbar vorgelagerte, etwa 350 m lange Steinstrand, der an seiner Südseite (bei der alten Mole, einem beliebten Campingplatz für Festlandspanier) teilweise Sand aufzuweisen hat, auch weiterhin zugänglich. Tagesausflügler sollten frühzeitig den Rückweg antreten, um nicht in die rasch anbrechende Dunkelheit zu geraten. Für die Wanderung nach El Cabrito sind festes Schuhwerk und Wasser unentbehrlich.

▸**Wegbeschreibung**: Die eine Möglichkeit, nach El Cabrito zu kommen, besteht darin, mit dem Taxi von San Sebastián über die Carretera general del Sur bis 300 m unterhalb der 7 m hohen, 1958 aufgestellten Christusstatue **Monumento al Sagrado Corazón de Jesus** zu fahren. Der Preis für das Taxi bis hierher beträgt 700 Pts. Die Alternative dazu ist, diesen Punkt über einen steilen Anstieg, der rechts vor dem Dieselkraftwerk seinen Anfang hat, zu erreichen. Von dort führt ein breiter geschobener Weg abwärts zum **Playa de Mochal**, einem kleinen Kiesstrand. Etwa 500 m oberhalb des Strandes zweigt ein kleiner ausgetretener Eselspfad nach rechts ab. Dieser zunächst leicht ansteigende, später eben verlaufende Weg führt über die Klippen zum **Playa de la Guancha**. Vorher ist jedoch noch der in Serpentinen verlaufende, steile Abstieg zu bewältigen. Der annähernd 300 m lange Steinstrand, der nur für Wanderer zu erreichen ist, bietet eine nicht besonders komfortable Bademöglichkeit für Individualisten (Trinkwasser mitbringen). Am südlichen Ende der Bucht folgt man nun dem im Sommer ausgetrockneten Flußbett unter Beachtung der roten Strichmarkierung. Nach etwa 1200 m geht es nach links in den **Barranco Juán de Vera**, an dessen unterem Ende El Cabrito liegt. Gehzeit bis El Cabrito 140 Minuten; bis Playa de la Guancha 40 Minuten. Insgesamt 6 km (von der Christusstatue).

La Carbonera

In unzähligen Serpentinen windet sich die Carretera general del Norte die Felsenschlucht hinauf in Richtung Hermigua. Dann plötzlich, vor einem großen Tunnel, verspricht das Restaurant **Bodegón Cumbres** genußvolle Rast mit tollem Ausblick. Auf der anderen Tunnelseite ans Licht des Tages zurückgekehrt, befindet sich das nicht minder einladende Restaurant **La Carbonera**, das eigentlich schon zur Gemeinde Hermigua gehört. Das Gebäude mit schöner Aussichtsterrasse wurde an der Stelle eines uralten Köhlerplatzes errichtet, wo vor langer Zeit die Meiler gequalmt haben. Hier ist es schon merklich kühler als in Strandnähe, und so sollte es nicht verwundern, daß im Winter in der Gaststube ein offener Kamin befeuert wird. Und wenn es einmal richtig kalt wird, serviert der Wirt auch einen steifen Grog. Das Essen ist einfach, aber gut; besondere Spezialitäten sind die Riesenbocadillos mit rohem Schinken nach Art des Hauses (mehr als nur eine einfache Zwischenmahlzeit) und die Potaje de berros (Brunnenkressesuppe) für 250 Pts.

War der Barranco de la Villa, die Schlucht von San Sebastián, entlang der Carretera general del Norte noch kahl und felsig, eine abweisende und unwirtliche, von der starken Sonne unbarmherzig ausgetrocknete Felslandschaft, so eröffnet sich hinter dem über 600 m hoch gelegenen Túnel de la Cumbre ein liebliches, grünes Tal mit endlos scheinenden Bananenterrassen, hohen Palmen und den weit auseinandergezogenen, leuchtend weißgetünchten Häusern von

Hermigua

Der natürliche Wasserreichtum ist offensichtlich - davon erzählen das satte Grün der Plantagen, die schimmernde Oberfläche der Mulagua-Talsperre im oberen Bereich des spitz zulaufenden Barranco de Monte Forte und die meist gefüllten Auffangbecken der landwirtschaftlichen Betriebe. Gut gedeiht hier die kleinwüchsige Bananensorte der Kanaren. In großen Hainen stehen die Stauden dicht beisammen, von hohen Palmen bewacht. Aber auch Papayas, Kartoffeln, Wein und Gemüse findet man an den Rändern der großen Bananenpflanzungen.

"Willkommen in Hermigua, wo wir das beste Klima der Welt haben", verkündet eine Tafel am Ortseingang. Und tatsächlich ist das Klima hier überaus mild und variiert nur wenig zwischen Sommer und Winter. Eine dichte Wolkendeckel, die die Sonne kaum zu durchdringen vermag, hängt fast immer niedrig über dem Ta. Ein leichter Wind sorgt außerdem für angenehme Temperaturen – kein Klima für die schnelle Urlaubsbräune.

Unten am langen Steinstrand brechen sich mit aller Wucht die mächtigen Wellen des Atlantiks. Mächtig nicht nur aufgrund ihrer Größe, auch gefährlich wegen der Sogwirkung und den unberechenbaren Strömungen, die selbst erfahrene Schwimmer schon das Leben gekostet haben – kein Ort für ungetrübte Badefreuden. Hermigua selbst ist eine typische Streusiedlung mit mehreren dörflichen Zentren entlang der Carretera general del Norte. Rund 2100 Einwohner leben hier, ihre Häuser verteilen sich weiträumig an den Hängen der rund 6 km langen Schlucht. An den Hängen deshalb, weil die gut bewässerbare Talsohle den Bananenplantagen vorbehalten ist. Zwei bedeutendere Siedlungskerne sind schnell zu erkennen: das **Valle Alto** im oberen Talabschnitt, dessen Zentrum die kahle, neu gepflasterte *Plaza del General Victoriáno Darías Montesinos* nahe der ehemaligen Dominikanerkirche bildet, und das **Valle Bajo**, das untere Tal. Hier, an der weithin sichtbaren Pfarrkirche *Nuestra Señora de la Encarnación* mit der gleichnamigen Plaza, befinden sich auch die wichtigsten Einrichtungen des täglichen Lebens: ein öffentliches Telefon, der Taxistand, der Briefkasten und sogar ein Papierkorb.

Nur ein paar Schritte weiter kann man sich im Schatten eines dichtbelaubten Baumes, in dessen Rinde sich schon Generationen von Dorfjugendlichen verewigt haben, auf einer Bank hervorragend ausruhen und das meistens nicht besonders aufregende Dorfleben beobachten. Wer also ein mildes Klima stechender Sonne vorzieht, wer lieber wandert als sich bräunt und wer, auch ohne zu baden, am Donnern des Atlantiks seine Freude hat, der hat hier sein Urlaubsziel gefunden.

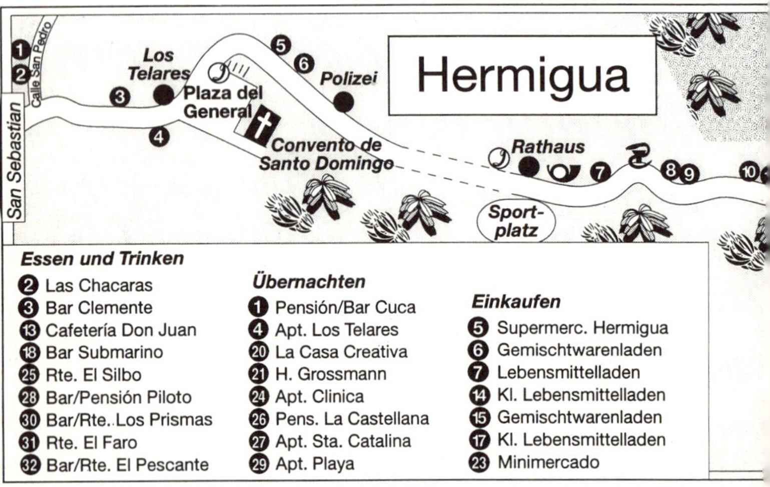

Essen und Trinken
- 2 Las Chacaras
- 3 Bar Clemente
- 13 Cafetería Don Juan
- 18 Bar Submarino
- 25 Rte. El Silbo
- 28 Bar/Pensión Piloto
- 30 Bar/Rte. Los Prismas
- 31 Rte. El Faro
- 32 Bar/Rte. El Pescante

Übernachten
- 1 Pensión/Bar Cuca
- 4 Apt. Los Telares
- 20 La Casa Creativa
- 21 H. Grossmann
- 24 Apt. Clinica
- 26 Pens. La Castellana
- 27 Apt. Sta. Catalina
- 29 Apt. Playa

Einkaufen
- 5 Supermerc. Hermigua
- 6 Gemischtwarenladen
- 7 Lebensmittelladen
- 14 Kl. Lebensmittelladen
- 15 Gemischtwarenladen
- 17 Kl. Lebensmittelladen
- 23 Minimercado

Apropos "finden": Wer in Hermigua bleibt, wird sich schnell über die Hausnummern an der Hauptstraße, der Carretera general del Norte, wundern. Denn häufig gibt es keine, und wo es welche gibt, da sind sie selten in einer erkennbaren Reihenfolge angebracht. Wenn wir sie dennoch soweit wie möglich im Serviceteil angeben, dann eher aus Gründen der Vollständigkeit als aus praktischen Erwägungen. Zur Orientierung sei deshalb auf unseren Stadtplan verwiesen.

Die alte Mole, an der früher die Bananendampfer anlegten, war noch vor wenigen Jahren die einzige Verbindung Hermiguas zur Außenwelt. In der **Bar Piloto** *(Lotse)* warteten die Lotsen auf die Ankunft der Schiffe. Bis zum Bau der Carretera general del Norte wurden Güter aller Art und sogar Kranke auf diese Weise transportiert. Heute ist die Mole nur noch ein Betongerippe, gründlich vom Atlantik benagt - ein warnendes Symbol für alle leichtsinnigen Schwimmer. Die kleine Schotterpiste zum Meerwasserschwimmbecken an den Resten der Mole, die gut 15 m über der Brandung verläuft, wurde bei den schweren Stürmen des Winters 1987/88 unterspült und fortgerissen. Mittlerweile ist sie wieder instand gesetzt. Die erneuerten Stellen erkennt man an der etwas dunkleren Färbung des Erdreichs.

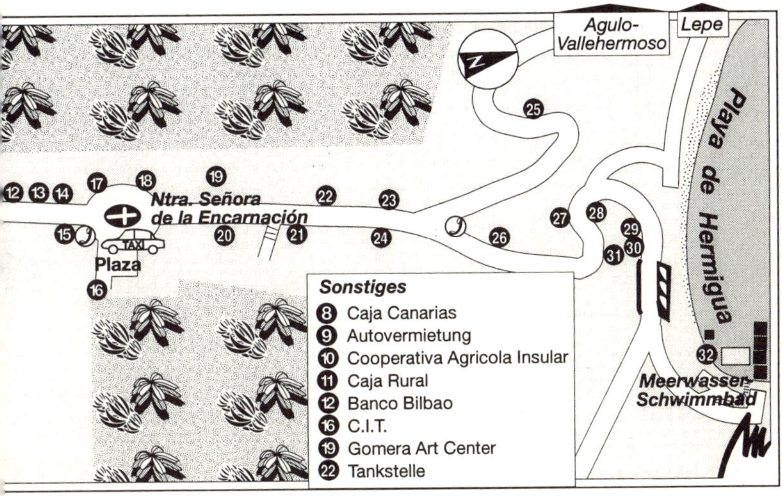

Verbindungen

• *Bus*: Die Busse halten auf der gesamten Strecke bei deutlichem (!) Handzeichen. Mitunter kommt es zu Verspätungen, manchmal ist der Bus dem Fahrplan aber um einiges voraus. Wer ihn unbedingt erwischen muß, sollte eine Viertelstunde früher an der Straße stehen und Wartezeit in Kauf nehmen.

Linie 3: Der Bus von **San Sebastián** nach **Vallehermoso** (über Hermigua, Agulo) fährt täglich etwa um 12.00, 14.30, 18.30 und 22.00 Uhr durch Hermigua.

Linie 3: Der Bus von **Vallehermoso** nach **San Sebastián** (über Agulo, Hermigua) fährt täglich etwa um 6.45, 8.45, 15.15 und 19.45 Uhr durch Hermigua.

• *Taxi*: Ein Taxistand befindet sich an der Pfarrkirche *Nuestra Señora de la Encarnación*; Tel. 880047 oder 880009.

Fahrpreise von Hermigua nach

San Sebastián	3000 Pts
Agulo	500 Pts
Vallehermoso	2500 Pts
El Cedro	3000 Pts
Valle Gran Rey	5500 Pts
Vom Valle Alto ins Valle Bajo und umgekehrt	600 Pts

Information/Adressen

• *Information*: Rathaus, Tel. 144082 (Auskünfte in spanischer und englischer Sprache), Fax88 0301, Carretera general del Norte 109, Publikumsverkehr Mo - Fr 8 - 15 Uhr (Juli bis Sept. 8 - 14 Uhr), Sa 8 - 12 Uhr.

• *Post*: Neben dem Rathaus, Carretera general del Norte 111. Geöffnet: Mo - Fr 8.30 - 14.30 Uhr und Sa 9.30 - 13 Uhr. Auch Postsparkasse.

• *Telefonieren*: Öffentliche Fernsprecher gibt es z.B. 100 m oberhalb des Rathauses (Carretera general del Norte 109), am Taxistand, an der Straßenkreuzung Playa del Hermigua/Carretera general del Norte Richtung Agulo und an der Plaza del General Victoriáno Darías Montesinos (Valle Alto). Telefonieren mit Zähler ist auch z.B. in der Bar Don Juán und in der Bar Piloto möglich (siehe "Essen").

• *Banken*: **Caja Canarias (8)** (Sparkasse), Carretera general del Norte 129. Geöffnet: Mo - Fr 8.30 - 14 Uhr und zusätzlich von Okt. bis Mai Do 17 - 19.30 Uhr.

Caja Rural (11), Carretera general del Norte 153. Geöffnet: Mo - Sa 8.30 - 14 Uhr.

Banco de Bilbao (12), Carretera general del Norte 159. Geöffnet: Mo - Fr 8.30 - 14 Uhr und Sa 8.30 - 13 Uhr.

• *Medizinische Versorgung*: **Arzt** im Médico Seguridad Social, Carretera general del Norte 105, Tel. 880727; immer geöffnet. Das neue Krankenhaus neben der Apotheke ist kurz vor der Fertigstellung.

• *Apotheke* (Farmacia): Carretera general del Norte 121, Tel. 880078. Geöffnet: Mo - Fr 9 - 13 und 17 - 20 Uhr; außerdem jeden zweiten Sa 9 - 13 Uhr. Außerhalb der Öffnungszeiten links an der Eingangstür klingeln.

• *Polizei*: **Guárdia Civil**, Carretera general del Norte 77, Tel. 880179.

Policía Municipal, Tel. 880105.

• *Tankstelle*: **Cepsa (22)**, Carretera general del Norte 213. Geöffnet: Mo - Sa 9 - 20.30 Uhr, So 10 - 14 Uhr.

• *Autovermietung*: **Autos Hermigua (9)**, Carretera general del Norte 129 (im selben Gebäude wie die Sparkasse), Tel. 880152. Es gibt ein sichtbares Schild am Eckgebäude: Klopfen Sie entweder an der Seitentür links von der Sparkasse, oder versuchen Sie es hinter dem Haus. Preise pro Tag bei freier

Hermigua mit herrlichen Terrasssenlandschaften

Kilometerzahl: Seat 2800 Pts und Opel Corsa 3300 Pts (gestaffelte Nachlässe für mehrtägige Buchung). Vollkasko kostet pro Tag 700 Pts zusätzlich. Der Besitzer ist begeisterter Restaurator alter Autos. Ein Blick in die Werkstatt lohnt sich.

Einkaufen

• *Lebensmittel*: Das größte Lebensmittelgeschäft ist der **Supermercado Hermigua (5)** an der Hauptstraße unterhalb des Ortsteiles El Convento im Valle Alto. Geöffnet: Mo - Fr 8.30 - 13 Uhr und 16 - 20 Uhr, Sa 8.30 - 13 Uhr. Weiter unten befindet sich direkt neben der Post ein weiterer Lebensmittelladen **(7)**, Carretera general del Norte 113. Geöffnet: Mo - Fr bis abends, Sa von 9 - 13 Uhr. Mehrere kleine und winzige Lebensmittelläden findet man überall an der Carretera general del Norte, z.B. gegenüber dem Taxistand (Hausnummer 175) und in den Hausnummern 199 u. 161. Alle sind nur von Mo - Fr geöffnet.

Der **Minimercado (23)** mit der Hausnummer 237, in dem man gerade das Allernötigste bekommen kann, hat auch an Samstagen, Sonntagen und Feiertagen von 7 - 12 Uhr geöffnet.

Metzgerei Carneceria Kiko, Carretera general del Norte 111 (nahe der Post). Frisches Fleisch und Geflügel, Schinken und Käse. Geöffnet: Mo - Fr 8 - 14 Uhr.

Frische Brötchen auf Bestellung - wer in Hermigua wohnt, hat's da gut. Der Bäcker bringt täglich die telefonisch (Tel. 880710) bestellten Frühstücksbrötchen vorbei. Ist der neue Kunde erst einmal lokalisiert, reicht es, eine Tüte mit der jeweiligen Bocadillo-Bestellung und dem nötigen Kleingeld an die Haustür bzw. gut sichtbar an den Hausaufgang zu hängen.

• *Vermischtes*: **Bazar Hermigua**, Carretera general del Norte 71. Größere Auswahl an Knopfbatterien, deutsche Zeitschriften und gelegentlich Wander-

Rucksäcke. Ein weiterer **Gemischtwarenladen (6)** (Carretera general del Norte 40) oberhalb der Kirche verkauft unter anderem Schreibwaren, Ansichtskarten, Souvenirs, Sonnenöl usw.

- *Souvenirs*: **Los Telares**, Carretera general del Norte 195 (s. "Sehenswertes").

Gomera Art Center (19), Carretera general del Norte, Kunsthandwerkszentrum mit Ausstellungen, selbst hergestelltem Schmuck, Töpferwaren und Kunstschnitzereien. Geöffnet: Mo - Sa 10 - 14 Uhr und 15.30 - 20 Uhr, So 10 - 14 Uhr.

Übernachten

C.I.T. - Ländlicher Tourismus im Norden: 1994 startete die Inititiative des "Centro de iniciativas y turismo del norte de la Gomera" – kurz: C.I.T. **(16)** Der gemeinnützige Verein unter der Leitung des Präsidenten Miguel Angel Amaya macht sich für ein naturverbundenes Tourismuskonzept stark; "Qualität statt Quantität" heißt die Devise des sonnenbenachteiligten Nordens der Insel. Über 200 Mitglieder zählte C.I.T. bereits nach einem Jahr des Bestehens. Vom kleinsten Laden und Appartementvermieter bis hin zu den "ganz Großen" wie Ferry Gomera, Trasmediterránea und Caja Canarias unterstützen alle die Idee des sanften Tourismus mit ihren Mitgliedsbeiträgen. Momentaner Schwerpunkt ist die **Zimmer- und Häuser-Vermittlung** für Gäste, die fernab vom Trubel ausspannen und Land und Leute kennenlernen wollen. Interessenten können aus einem Angebot von mehr als 20 altkanarischen Häusern und Fincas ihr Feriendomizil auswählen. Vom abgelegenen Landhaus mit Brotbackofen mitten in den Bergen bis zum blumenumrankten Häuschen in den Bananenplantagen reicht die Auswahl der renovierten und komfortablen Unterkünfte für 2 - 8 Personen. Die angebotenen organisierten **Wanderungen** und **Exkursionen** zu den Themen "Miél de Palma" (2000 Pts), "El Silbo" (2500 Pts), "El Cedro" (1500 Pts) und "Bananen" (1000 Pts) bringen dem Urlauber Land und Leute näher. Sie können ebenfalls in der Zentrale in Hermigua gebucht oder bereits von Deutschland aus über den Reiseveranstalter Gomera Trekking Tours zusammen mit den Unterkünften reserviert werden. Die Führer werden in Zusammenarbeit mit der ICONA und der Universität La Laguna/Ten. ausgebildet. Weitere Aktivitäten sind bereits in Vorbereitung: Fahrradausflüge, Ausreiten auf Eseln, Panoramaausflüge ab Hermigua, Agulo und Vallehermoso und Führungen durch das **Ethnographische Museum Virgilio Brito** in Hermigua.

Information und Buchung: C.I.T., Plaza de la Encarnación in Hermigua, Tel/Fax: 144101. Geöffnet: Mo - Fr 8 - 14 Uhr und 16 -

Bescheidenheit wird in Hermigua großgeschrieben

20 Uhr, Sa 8 - 14 Uhr. Vertretung in Deutschland: Gomera Trekking Tours, Sandstraße 1a, 90443 Nürnberg, Tel. 0911/20787, Fax 0911/ 20799.

Pensión Casino, Tel. 880163. Die Pension der sehr freundlichen ehemaligen Piloto-Bar-Betreiberin liegt an der Stichstraße, die zum Strand führt (ca. 200 m vor dem Strand), in einer scharfen Kurve. 4 einfache Zimmer mit Duschgelegenheit (kaltes Wasser) direkt neben der Bar. Preis für das Doppelzimmer 1500 Pts. Weitere 6 moderne, blitzsaubere 2-/3-Personen-Appartements mit Küche, Bad und Dachterrasse für 4000 Pts (ab 2 Tage günstiger) sind drei Häuser weiter gelegen. Deutsche Kontaktadresse: Gomera Trekking Tours, Sandstraße 1a, 90443 Nürnberg, Tel. 0911/20787, Fax 0911/20799.

Pensión La Castellana (28), Tel. 880008. Sie liegt ebenfalls an der Stichstraße, die zum Strand führt (ca. 400 m oberhalb der Bar Piloto). Preise: Einzelzimmer 1000 Pts und Doppelzimmer 2000 Pts (insgesamt 12 Betten). Etagendusche. Große Zimmer, leider etwas schmutzig – vor allem die sanitären Anlagen –,aber preiswert. Anmelden kann man sich auch in der Bar Don Juán.

Pensión-Bar Cuca (1), Calle San Pedro 7, Tel. 880229. Von San Sebastián kommend, findet man die Pension am Ortseingang des Valle Alto. Sie liegt weit vom Strand entfernt in einem linken Abzweig von der Durchgangsstraße (Carretera general del Norte) in einem mehrstöckigen Gebäude direkt neben der Bar/Rte. Las Chácaras. Anmeldung in der 50 m oberhalb der Pension gelegenen Bar Cuca. Die karg eingerichteten Räume strahlen wenig Gemütlichkeit aus. Auf den Zimmern gibt es nur ein Waschbecken, das Bad ist auf dem Flur. Nur als Notlösung zu empfehlen. Preise: pro Person 1000 Pts.

Mahlsteine einer Gofio-Mühle (drei gibt es noch auf La Gomera)

Apartamentos Los Telares (4), Tel. 880781, Carretera general del Norte (schräg gegenüber der Plaza del General Victoriáno Darías im Valle Alto). Zu buchen sind diese etwas in die Jahre gekommenen Appartements im Kunsthandwerksladen Los Telares. Sie befinden sich ausnahmslos im Valle Alto. Alle 28 Appartements sind mit Küche und Bad (warmes Wasser) ausgestattet. Zur Auswahl stehen Einzelzimmer (2500 Pts), Appartements mit 2 Betten (evtl. Zusatzbett möglich) für 3500 Pts, Appartements mit 3 Betten für 4000 Pts pro Nacht. Preis für 4 Personen 4500 Pts. Die Appartements mit Balkon sind meistens von einem Reiseveranstalter ausgebucht.

Apartemento Colegio, Carretera general del Norte (direkt neben der Schule), Tel. 880245. Ein 2-Personen-Appartement mit Küche im Dachgeschoß des Hauses für 4000 Pts, ab zwei Tagen für 3500 Pts.

La Casa Creativa (20), Carretera general del Norte 58, Tel. 881023, Fax 880751 oder 144057. Platz für mindestens 22 Gäste in 8 Appartements. Das 2-Personen-Studio inklusive Vollwertfrühstück, Lunchpaket und vegetarischem Abendmenü kostet pro Person und Tag 115 DM, bei Einzelbelegung 145 DM. Im Februar, Juni und in der ersten Dezemberhälfte ist es etwas preiswerter. Deutsche Kontaktadresse: Christa Zimmermann, Am Bürsteler Feldschlatt 15, 28816 Stuhr, Tel. 04206/9621. Wer erst direkt vor Ort bucht, schläft für 6000 Pts pro Person im Appartement (inklusive Vollwertfrühstück); je nach Saison auch Verhandlungssache. Hausgäste können auch den Pool, die Hausbücherei, die Vermittlung von Pkw-Verleih in Anspruch nehmen. Dem Haus ist auch eine nette Cafetería mit Terrasse angegliedert. Hier gibt es Vollwertkuchen, inseltypische Leckereien, frische Säfte und Tapas. Geöffnet: täglich 9-23 Uhr.

Apartamentos Playa (29), Tel. 144064, Fax 880276. Zu mieten sind die 6 Appartements und das eine Zimmer mit

Bad in der Bar Los Prismas (unterhalb der Bar Piloto nach einer scharfen Rechtskurve 100 m in Richtung Meeresschwimmbecken gelegen). Zwei Personen zahlen 3500 Pts, bei längerem Aufenthalt nur 3000 Pts.

Apartamentos Sta. Catalina (27), Tel. 880700. Liegt an der Stichstraße, die zum Strand führt, gegenüber der Bar Piloto. Die 3 schmucken Appartements mit Blick auf den Teide für 2 - 3 Personen kosten ab 3500 Pts, die 2 Zimmer 2.500 Pts. Deutsche Kontaktadresse: Gomera Trekking Tours, Sandstraße 1a, 90443 Nürnberg, Tel. 0911/20787, Fax 0911/20799.

Helga Grossmann (21) vermietet Zimmer in dem Gebäude schräg gegenüber der Tankstelle, Carretera general del Norte 72, Tel. und Fax 881040. Die ehemalige Clinica wurde liebevoll restauriert. Die 5 Zimmer für insgesamt 8 Personen (3 Doppelzimmer, 2 Einzelzimmer) kosten pro Person um die 20 DM. Benutzung der großen Gemeinschaftsküche, eines großen Gemeinschaftsraumes und des Gartens eingeschlossen.

Essen

Frühstückstip: *Bar Piloto* **(28)**, hier gibt es neben Bocadillos mit Schinken und Käse auch Spiegeleier (Huevos fritos) mit Schinken, Anis-Brot und Margarine – sehr preiswert und lecker.

Wer auf deutsches Vollwertfrühstück nicht verzichten mag, ist in der Casa Creativa gut und teuer aufgehoben: 1 Getränk, Schinken-, Käse- oder Salamibrötchen (Vollkorn) für 600 Pts. Oder 1 Getränk, Marmeladen- oder Honigbrötchen (Vollkorn) für 500 Pts. Mit Extras wie Frischaufstrich etc. kann man das Standardangebot ergänzen. Cappucino 250 Pts. Außerdem gibt es leckere Tapas.

El Silbo (25), Carretera general del Norte, Tel. 880304. Das Restaurant liegt am Ortsausgang in Richtung Agulo. Eine herrliche Aussicht auf das Meer und den Teide genießt man von der großzügig angelegten Terrasse unter Sonnenschirmen und Bananenstauden. Freundlicher Service. Der Fleischspieß mit kleiner Salatbeigabe und Papas arrugadas für 725 Pts; das Kaninchen in Weinsoße für 850 Pts blieb unter unseren Erwartungen (keine Soße – statt dessen paniert). Einheimische bevorzugen die Tapas. Auf alle Fälle sollte man sich auf der Aussichtsterrasse ein kleines Bier für 125 Pts gönnen. Geöffnet: außer So täglich von 13 - 15.30 und 19.30 - 22.30 Uhr.

Bar Piloto (28), Tel. 880163. Die ehemalige Lotsenbar ist nach jenen wagemutigen Seemännern benannt, die bei Wind und Wetter die Bananendampfer sicher an die Mole brachten, als es noch keine Straße nach Hermigua gab. Die Speisekarte ist eher ein grober Überblick, denn die frischen Spezialitäten ändern sich täglich. Zur Auswahl stehen z.B. Thunfischfilet, Kotelett oder Rindfleisch in würziger Soße, jeweils mit selbstgemachten Pommes in mächtigen Portionen zu günstigen Preisen. Zum leckeren Essen wird ein Schälchen mit roter Mojo gereicht. Dazu schmeckt ein einfacher, aber leckerer Salat. Empfehlenswert ist auch die gebackene Leber mit gerösteten Zwiebeln,

Bar Piloto: der Treffpunkt in Hermigua

Pommes und einer großen Salatbeilage. Viele aber kommen an die drei kleinen Tische oder die Theke aus Kiefernholz, um einfach nur ein kleines Bier für 100 Pts zu trinken. Die Bar ist fast immer voll. Geöffnet: 9 - 23 Uhr, So geschlossen. Außerdem kann man hier Zimmer mieten.

Bar/Rte. El Faro (31): Modernes, helles und sauberes Restaurant oberhalb der Bar Piloto mit weißen Tischdecken. Auf Wunsch (spätestens am Vormittag für den Abend bestellen) bereitet die Inhaberin eine reichgarnierte Fischpaella zu. Auch die anderen Speisen und Tapas waren vorzüglich. Eine Caña (0,2l) kostet 125 Pts, Kartoffelsalat mit Thunfisch (Ensalaria) 350 Pts, gefüllte Eier (Huevos relleno) 250 Pts, Lammfleisch mit Papas arrugadas und Salatbeigabe 1100 Pts. Geöffnet: außer Mi täglich 13 - 15 und 19 - 23 Uhr.

Bar Submarino (18), Carretera general del Norte (an der Pfarrkirche im Valle Bajo). Die winzige Bar ist Treffpunkt der Taxifahrer und Plantagenarbeiter. Die besonders freundliche Wirtin bietet ihren Gästen nur kleinere Gerichte an, z.B. Thunfischfilet oder Schnitzel. Auch zum Frühstücken gut geeignet. Geöffnet: außer So täglich 7 - 22 Uhr.

Caféteria Don Juán (13), Carretera general del Norte 161. Eine der schönsten Bars in Hermigua mit guten Frühstücksmöglichkeiten (Bocadillo mit Käse und Schinken 250 Pts, Café con leche 125 Pts). Zu den leckeren Tapas wie marinierte Sardinen, warme Schinkenscheiben mit Tomaten und köstlichen Jamón serrano (luftgetrockneter Schinken) bekommt man mit etwas Glück auch Vino del País vom Faß. Im Nebenraum steht ein Kicker. Geöffnet: Mo - Sa 8.30 - 22 und So 8.30 - 16 Uhr.

Bar Clemente (3), Carretera general del Norte 23 (Valle Alto), 100 m oberhalb von Los Telares. Geöffnet: täglich von 12 - 22 Uhr.

Bar/Rte. Las Chácaras (2), Ortsteil Lomo San Pedro. Holzhinweisschild an der Abzweigung von der Hauptstraße. Geräumiges, helles Restaurant mit Terrasse. Die Speisekarte in Deutsch und drei weiteren Sprachen bietet kanarische Küche: Die heimischen Eintöpfe Puchero und Rancho für 600 bzw 400 Pts, Fischsuppe zum Preis von 300 Pts und Ziegenfleisch in Soße für 800 Pts; allerdings sind nicht alle Gerichte täglich verfügbar. Geöffnet: täglich von 10 - 23 Uhr, die Bar bis 24 Uhr.

Los Prismas (30), rechts an der Straße in Richtung Meeresschwimmbecken. Die leckeren, wechselnden Tagesgerichte und Tapas sind an der Theke bei der freundlichen Besitzerin zu erfragen. Der Speiseraum mit schönem Meeresblick befindet sich erhöht links neben dem Tresen. Hühnersuppe 200 Pts, Thunfisch in Knoblauch eingelegt als Tapas 575 Pts. Geöffnet: außer So täglich 10 - 15.30 und 18 - 22.30 Uhr.

Bar/Terraza El Pescante (32), liegt direkt am Meeresschwimmbecken – mit Tischen auf der Terrasse. Geöffnet: Ende Juni bis September. Kleine Speisekarte mit frischem Fisch und Tapas (siehe auch "Treffpunkte")

Treffpunkte/Nachtleben

Bar/Terraza El Pescante (32): Wenn im Sommer die Sonne versinkt, dann ist sie **der** Treffpunkt in Hermigua für die jüngeren Gomeros und Urlauber. Allein das Ambiente in der Naturhöhlen-Bar ist eine Augenweide. Die Spannweite der Musik reicht von spanischer Folklore bis zu Discoklängen. Der freundliche Inhaber und Pop-Fan reist schon mal eben zum Genesis-Konzert nach Berlin. Man erreicht die Bar über die Straße, die zum Meeresschwimmbekken führt. Dort angekommen, liegt El Pescante die Stufen abwärts auf einer großen Plattform über den Klipppen zum Meer. Geöffnet: nur im Sommer ab Nachmittags und solange die Mehrzahl der Gäste bleibt (manchmal, bis die Sonne wieder aufgeht).

Der älteste Fischer von Hermigua

Sehenswertes

Los Telares, Carretera general del Norte, schräg gegenüber der Plaza del General Victoriáno Darías Montesinos (Valle Alto) gelegen. Die Kunstgewerbeausstellung "Los Telares" (die Webstühle) und der angeschlossene Souvenirverkauf sind auf jeden Fall einen Besuch wert.

Das hübsche Anwesen, eine Art Kulturzentrum für Hermigua, liegt in einer gepflegten Gartenanlage. Im Erdgeschoß stehen die alten Webstühle, die der Besucher noch in Aktion sehen kann, wenn auf ihnen die geschätzten Trapreras (Flickenteppiche) für den Kunsthandwerksladen hergestellt werden. Der Laden selbst befindet sich im ersten Stock. Außer den Flickenteppichen wird hier zu erschwinglichen Preisen auch Kunsthandwerkliches feilgeboten, darunter aus getrockneten Bananenblättern geflochtene Körbchen, Figuren und Taschen, gehäkelte und bestickte Deckchen und Tischdecken, Keramik und vieles mehr. Manchmal ist hier auch deutschsprachige Spezialliteratur zu Gomera vorrätig (z.B. über die Guanchen). Geöffnet: täglich 9 - 18 Uhr, Eintritt frei (ein Trinkgeld sollte aber drin sein).

In unmittelbarer Nachbarschaft, schräg gegenüber am Hang gelegen, findet man ein dem Los Telares angegliedertes, kleines **volkskundliches Museum**. Auch während der regulären Öffnungszeiten des Los Telares ist dieses Museum oft geschlossen. In diesem Fall hilft man in der Weberei gerne weiter.

In den beiden Räumen des Museums sind im wesentlichen alte Haushalts- und bäuerliche Arbeitsgeräte aus Hermigua und Umgebung ausgestellt. Dazu zählen u.a. Ton- und Holzgefäße, gewebte Stoffe, aber auch landwirtschaftliches Gerät wie Ochsenjoche und Heugabeln aus längst vergangenen Tagen. Weitere auffällige Exponate sind die formschönen Spinnräder, die nach Alter geordnet sind, darunter eine seltene Metallkonstruktion.

Museo Etnográfico, Tel. 880086. Señor Virgilio Brito, der Besitzer des relativ umfangreichen Privatmuseums hat dank seiner Sammelleidenschaft schon eine Menge Schätze aus der Vergangenheit Gomeras zusammengetragen. Mit Enthusiasmus und temperamentvollen Gebärden führt er diese nach telefonischer Anmeldung vor. Das Museum findet man in *Valle Alto*, dem oberen Ortsteil von Hermigua, an der Carretera general del Norte ca. 1000 m unterhalb der Plaza del General Victoriáno Darías Montesinos. Es beherbergt vielfältiges volkskundliches Material in einem einzigen großen Raum. Zu den interessantesten Ausstellungsstücken zählt ein erstaunlich gut erhaltener Guanchenschädel. Mit geschütztem Daumen demonstriert der versierte Heimatkundler und engagierte Sammler die Funktionsweise zweier in der Landwirtschaft eingesetzter Nagetierfallen. Darüber hinaus gibt es Pflanzstöcke, Heugabeln, Mühlsteine für die Herstellung von Maismehl bzw. Gofio, Ton- und Holzgefäße, Webstuhl, Eßgeschirr und Getreidekörbe zu sehen. Eine Bezahlung seiner Führung lehnte der Gastgeber entschieden ab. Nicht zuletzt der Persönlichkeit von Señor Virgilio Brito, der sich gestikulierend über alle Verständigungsprobleme hinwegsetzt, ist es zu verdanken, wenn der Besuch des Museo Etnográfico als eindrucksvolles Erlebnis im Gedächtnis bleibt.

Oberhalb der Plaza del General Victoriáno Darías Montesinos führt ein Gäßchen zur Klosterkirche **El Convento de Santo Domíngo** (Hinweisschild an der Plaza). Schon gegen Anfang des 16. Jahrhunderts stand ein bescheidener Vorläuferbau an gleicher Stelle. Die Kirche ist meist verschlossen. Die ehemaligen Klostergebäude befinden sich heute in Privatbesitz und sind bewohnt, folglich für Besichtigungen nicht zugänglich.

Ähnliches gilt für den gut 60 Jahre alten Bau der Kirche **Nuestra Señora de la Encarnación** an der gleichnamigen Plaza, dem Zentrum des unteren Dorfes. Auch sie ist in der Regel nicht für Besucher zugänglich.

Cooperativa Agrícola Insular an der Carretera general del Norte (mit Zweigstelle am Playa) – hier liefern die Bauern ihre frisch geernteten, noch grünen Bananen ab. Die teilweise über einen Zentner schweren Stauden werden in kleine Portionen zerteilt und für die Überfahrt aufs spanische Festland in Kartons verpackt. Die schlechten, d.h. zu reifen oder zu kleinen Früchte werden aussortiert. Normalerweise besteht hier kein Zutritt für die Öffentlichkeit, aber bei freundlichem Nachfragen gestatten die Arbeiter gerne einen Blick.

Strände/Sport

Direkt unterhalb von Hermigua liegt der ca. 500 m lange Steinstrand **Playa de Hermigua**, der weder zum Sonnen noch zum Baden besonders geeignet ist. Mehrere Schwimmer sind hier schon

Das Meerwasserschwimmbecken von Hermigua

umgekommen, weil sie die gefährlichen Strömungen und Sogwirkungen (auch bei relativ niedrigem Wellengang) unterschätzt haben. Einzige Bademöglichkeit ist das am östlichen Ende des Strandes gelegene **Meerwasserschwimmbecken** zwischen den Trümmern der alten Mole, an der einst die Bananendampfer anlegten. Das nur wenige Zentimeter über dem Meeresspiegel gelegene Betonbecken vermag allerdings vor der geballten Kraft des Atlantiks auch nur wenig Schutz zu bieten. Wer erst einmal aus dem Becken gespült wurde, hat es sehr schwer, wieder an Land zu kommen. Am sichersten ist man noch in der Beckenmitte, auf die sich alle Schwimmer hinbewegen, wenn eine größere Welle in Sicht kommt. Bei ruhiger See ist allerdings gut drin schwimmen.

Nur wenn das Meer einmal glatt wie eine polierte Tischplatte ist, was überaus selten vorkommt, wird auch außerhalb des Beckens gebadet - freilich ohne sich jemals weiter als einen Steinwurf von der Küste zu entfernen. Das Meerwasserschwimmbecken ist frei zugänglich und kostenlos zu benutzen.

Das nach 5-jähriger Bauzeit Ende 1994 fertiggestellte Freibad direkt am Meer, etwa in der Mitte der Bucht gelegen, läßt allerdings noch keine rechte Badefreuden aufkommen. Algen und technische

Probleme mit der Wasser-Zirkulation verhindern die Nutzung durch die breite Öffentlichkeit. Fest steht: Baden gingen bisher nur einige Bananenplantagen-Arbeiter in der Nacht der Eröffnungsfiesta – etwas Abkühlung von heißen Rhythmen und zuviel Barra.

Fiestas

Um den 8. August: **Fiesta de Santo de Domíngo**. Mehrtägiges Fest, das am Sonntag seinen Höhepunkt und sein Ende findet.

Jeweils am 8. September: **Nuestra Señora de la Encarnación**. Im Volksmund auch "Fiesta del Ocho" genannt, ebenfalls ein mehrtägiges Fest.

Am ersten Sonntag im Oktober: **Fiesta del Rosario**. Beginn einer mehrtägigen Fiesta.

Ausflüge/Wanderungen

Zum Playa de la Caleta

Eine sehr gute Bademöglichkeit in der Nähe Hermiguas bietet der Playa de la Caleta. Der in einer kleinen geschützten Bucht liegende, etwa 200 m lange, teils kiesige, teils sandige Strand eignet sich hervorragend zum Baden, bei entsprechendem Wetter auch für Kinder. Oberhalb des Strandes stehen einige Fischerhütten, die im Sommer bewohnt sind. Direkt am Meer liegt die kleine **Bar Rte. Kiosko María.** Auf der kleinen Speisekarte finden sich erfrischende Getränke und vorzügliche, preiswerte Fischgerichte. Geöffnet ist die "kulinarische Perle" von April bis Oktober immer den ganzen Tag über bis abends. Bei schlechtem Wetter wird die Bar manchmal aber auch einfach geschlossen.

Das offiziell nicht erlaubte Zelten wird hier von den Fischern in der Regel toleriert. Unterhalb des Parkplatzes (kleiner Wendekreis) besteht die Möglichkeit, sich bei einer Quelle mit frischem Trinkwasser zu versorgen.

Der Weg zur Playa de la Caleta beginnt wenige Meter oberhalb der Tankstelle von Hermigua und führt quer durch das mit Bananen bepflanzte Tal, bis er in die asphaltierte Straße auf der anderen Talseite mündet. Hier rechts abbiegen, nach weiteren 200 m geht

Playa de la Caleta – einer der schönsten Strände von La Gomera

links eine Schotterstraße auf den Berg hinauf. Oben angekommen, folgt man dem links abwärts führenden Weg zur Playa (rechts geht es Richtung San Sebastián). Die Gehzeit beträgt gut 60 Min. ab der Tankstelle (rund 6 km). Mit dem Auto ist der Strand dagegen in ca. 20 Min. zu erreichen.

Zum Weiler El Cedro

El Cedor ist ein verschlafenes, idyllisch am Rande des Regenwaldes gelegenes Nest, das mit dem Auto nur auf einer Lehmpiste zu erreichen ist. Diese gerade im Winter schwer zu befahrende Piste zweigt von der Verbindungsstraße zwischen Carretera general del Norte und Höhenstraße ab; El Cedro ist dort ausgeschildert. Wer zu Fuß gehen will, nimmt den Forstweg, der ebenfalls an der Abzweigung beginnt und durch den Regenwald bis nach El Cedro führt. Die Gehzeit beträgt ca. 1 Std ab Abzweig. Der Weg lohnt sich, denn der Weiler hat zwei ganz besondere gastronomische Anlaufstellen zu bieten.

Die eine ist die **Casa Prudencio**, ein kleine, urige Einkehr mit Sitzmöglichkeiten auf einfachen Bänken vor der Bar. Wanderer stärken sich mit einer kräftigen Suppe oder mit dem Tagesgericht für den weiteren Weg, wenn nicht gerade eine der großen organisierten Wandergruppen einfällt und Individualwünsche unerfüllt läßt. Spezialität des Hauses ist der Montañero, eine Mischung aus Kräuterlikör, Cola, Rum und weiteren geheimnisvollen Bestandteilen. Schon manche Wanderzeitplanung verschob sich nach reichlichem Genuß um mehr als 24 Std.

Gegenüber an der anderen Barrancoseite liegt die Herberge **La Cabaña** des Wahlgomeros Peter Barth. Schmackhafte Tagesgerichte, eiskalte Getränke, Most aus Äpfeln eigenen biologischen Anbaus oder ein Tee aus frischer Bachminze laden zum Verweilen ein. Derweil kann man von den Bänken vor der Hütte aus den Teide bewundern – natürlich nur bei freier Sicht, denn hier nehmen die Passatwolken Kurs auf den Regenwald. Wer das lauschige Plätzchen gar nicht verlassen möchte, dem steht eines der insgesamt 12 Betten in liebevoll renovierten Gemeinschaftshütten (mit Kaminen) als Nachtlager bereit. Schlafsäcke werden gestellt. Strom kommt übrigens aus der Solaranlage. Zeltbesitzer können auf einer der Terrassen auch ihr eigenes Nachtlager aufschlagen. Üppiges Frühstück mit Vollkornbrot, Marmelade, Kaffee, Tee, Obst und Radieschen (als Mäuschen dekoriert!) lassen den darauffolgenden Tag gut anfangen. Und den nächsten Tag ...

Von El Cedro ins grüne Tal von Hermigua

Der Abstieg vom Weiler El Cedro nach Hermigua dauert rund 2 Std. (plus 1 Std. Fußweg bei Anfahrt bis zur Abzweigung nach El Cedro) und gehört zu den landschaftlich schönsten Wanderrouten auf La Gomera. Er führt vorbei am einzigen ganzjährig wasserführenden Bach Gomeras (wie der Weiler auch El Cedro), durch schöne Bergwälder bis zu den kultivierten Terrassen von Hermigua mit ihrem herrlichen Panorama.

Die Wanderung beginnt in El Cedro an der **Bar Casa Prudencio**, auf deren Terrasse sich bei einem Cafe con leche die Schönheit und Stille des kleinen Weilers, der anmutig vom Regenwald umschlossen ist, gut genießen läßt. Nach El Cedro selbst nimmt man den Bus (aus Valle Gran Rey/Santiago bzw. San Sebastián) und steigt am Straßenkreuz *El Rejo* aus. Dann folgt man etwa 15 Min. der Straße in Richtung *Hermigua/El Cedro* bis zur Abzweigung (links) nach El Cedro und geht von dort noch ca. 1 Std. auf einem Forstweg bis zum Weiler. Die zweite Möglichkeit: Man fährt mit dem Auto zur Verbindungsstraße zwischen Carretera general del Norte und Höhenstraße bis zur Abzweigung El Cedro; von dort geht es, wie geschildert, zu Fuß auf dem Forstweg weiter.

Dieser Forstweg endet als Betonpiste unterhalb der Casa Prudencio vor einem umzäunten Anwesen. Man läuft auf einem schmalen Weg links an dem Anwesen entlang und folgt der Betonpiste links an einigen Wasserbecken des El Cedro vorbei zu einem auffälligen Gittermast. Von hier eröffnet sich ein herrlicher Blick in das Tal von Hermigua. Endlos scheinende Bananenplantagen reichen bis zum Meer. Die beiden spitzen **Vulkanschlote San Pedro** und **San Pablo** sind weit unten im Tal zu erkennnen.

Der weitere Weg führt anfangs treppenartig in kurzen, steilen Kehren abwärts; später wird er ebener, und es geht auch nicht mehr so steil bergab. Schon bald sieht man die ausgespülte Rinne des **Salto de Agua**, der als einziger Wasserfall der Insel ganzjährig Wasser führt. Ringsherum blickt man auf dichte Bergwälder und grüne Hangterrassen. Nach ca. 45 Min. erreicht man schließlich das Bachbett mit der großen Staumauer. Hier plätschern die Ausläufer des Wasserfalls über bemooste Felsen – ein schöner Platz zum Picknicken.

Der weitere Weg führt auf die linke Staumauerseite zu; hier geht man die Stufen hinunter, überquert den Bach und wandert auf der rechten Barranco-Seite weiter bergab. Nach ungefähr 20 Min. ab dem Staubecken passiert man ein großes Wasserbecken und überquert wieder den Bach. Kurz danach kommt man an einem verfallenen Haus vorbei, eine ehemalige Gofio-Mühle, wie man an den noch vorhandenen Mahlsteinen leicht erkennen kann. Der Weg schlängelt sich in Serpentinen weiter nach unten und wechselt öfter die Bachseite. Er verläuft entlang der Wasserleitungsrohre. Kurz bevor er nach rechts abzweigt, sieht man auf der rechten Seite zwei Ställe mit auffälligen Blechdächern. Man nimmt den rechten Abzweig und gelangt treppenartig durch die Bananenfelder steil abwärts bis in den mit dichtem Schilf bewachsenen Bachgrund. Wenig später kommt man auf einen asphaltierten Weg, der zu einer Brücke direkt vor den Vulkanschloten führt (ca. 35 Min. ab Staubecken).

Wenn man ins untere Tal von Hermigua will, folgt man der Höhenstraße links bergauf. Hier ist nämlich viel weniger Verkehr als auf der stark befahrenen Hauptstraße im Tal. Außerdem kann man

La Gomera – ein Wanderparadies

den herrlichen Blick auf das Hermigua-Tal mit seinen Bananenplantagen, verstreuten Häuschen und der Bergkette genießen, die das Tal umgibt. Man folgt der Straße und hält sich an einer Abzweigung (nach rund 20 Min. ab der Brücke) rechts talwärts. Nach weiteren 10 Min. trifft man auf die Hauptstraße an der Caja Canarias im Ortsteil **El Curato**. Hier kann man auf den Bus warten.

Wie ein Amphitheater umgibt ein großes Felsenrund den malerisch gelegenen Ort. Drei Wasserfälle stürzen hoch über der auf einem Plateau thronenden Siedlung den steilen Fels hinab. Fast schon arabisch mutet es an, das weiße Dorf mit Blick auf Meer und Teide:

Agulo

Zunächst springen die markanten Betonkuppeln der turmlosen Pfarrkirche San Marcos ins Auge. Eng schmiegen sich die niedrigen, meist zweistöckigen Wohnhäuser an ihre Flanken. In den winkligen, kopfsteingepflasterten Gassen, kaum breit genug für einen Kleinwagen, leuchten viele Häuser in frischgetünchtem Weiß, von dunkelbraunen Fensterrahmen und -läden deutlich kontrastiert.

Das anmutig rund 200 m über dem Meeresspiegel gelegene Agulo scheint sich für ein Schauspiel herausgeputzt zu haben. Vorhang auf - Amphitheater frei! Doch zuvor noch ein Blick hinter die Kulissen: Die dekorativen Wasserfälle, vor ein paar Jahren noch "Natur pur", sind heute der Überlauf von Auffangbehältern, die zur landwirtschaftlichen Bewässerung dienen. Und Bewässerung hat Agulo nötig, denn unterhalb der Siedlung sind fast alle Hänge terrassiert. Schon von weitem sieht man das üppige Grün der gedrungenen Bananenstauden, die einen immens hohen Wasserbedarf haben.

Frisches und klares Quellwasser sprudelt etwa 100 m vom Ortsausgangsschild in Richtung Hermigua links neben der Carretera general del Norte aus dem Fels. Viele fahren kilometerweit, um hier wohlschmeckendes Trinkwasser zu tanken.
Der berühmteste Sproß des Dorfes ist übrigens der kanarenweit bekannte zeitgenössische Maler und Schriftsteller José Aguilar.
Im Gemeindegebiet Agulos, dem kleinsten der sechs Bürgermeisterämter auf Gomera, leben heute annähernd 1200 Menschen. Neben Agulo gibt es weitere lohnenswerte Ziele in dieser Region: **Las Rosas** mit dem gleichnamigen Restaurant, einer Abfütterungs-

Die Brandgefahr ist gesunken, seit Palmblätter wieder als Viehfutter verwendet werden

station für die Touristenbusse aus Teneriffa, **La Palmita** mit dem benachbarten Informationszentrum der spanischen Umweltschutzbehörde, *Juego de Bolas*, und das idyllisch inmitten von viel Grün unterhalb von Agulo auf einem Felssattel an der schroffen Steilküste gelegene, winzige **Lepe**.

Verbindungen

• Bus: Halteplatz an der Carretera general del Norte bei dem kleinen, weißgetünchten Bushäuschen mit dem roten Ziegeldach an der Grünanlage. Die Busse halten aber auch entlang der gesamten Strecke auf deutliche Handzeichen. Wegen der Schwankungen in den Fahrtzeiten ist es auch hier angebracht, 15 Min. vor Abfahrt an der Haltestelle zu sein.

Linie 3: Der Bus von San Sebastián nach **Vallehermoso** (über Hermigua, Agulo) fährt täglich um ca. 12.15, 14.45, 18.45 und 22.15 Uhr durch Agulo.

Linie 3: Der Bus von **Vallehermoso** nach San Sebastián (über Agulo, Hermigua) fährt täglich um ca. 7 Uhr, 9 Uhr, 19.30 und 20 Uhr durch Agulo.

• *Taxi*: Es gibt insgesamt drei Taxis in Agulo. Zentrale Vermittlung über Tel. 880931. Vor dem ehemaligen Kunstgewerbeladen am Ortseingang (Plaza El Mantillo) befindet sich ein Taxistand.

Information/Adressen

• *Information:* Rathaus am Kirchplatz (Plaza Leónico Bento), Tel. 880932 oder 880951.(Alle Auskünfte zum Dorf gibt es nur auf Spanisch. Geöffnet: Mo - Fr 8 - 15 Uhr und Sa 9 - 13 Uhr.

• *Post*: Rechts vom Fußballplatz, der mittlerweile auch als Hubschraubernotlandeplatz ausgewiesen ist. Geöffnet: Mo - Fr 8 - 14 Uhr und Sa 9 - 14 Uhr. Ein Briefkasten befindet sich am Rathaus bei der Kirche. Keine Postsparkasse.

• *Telefonieren*: Vor der Schule und gegenüber ist jeweils ein Apparat angebracht. Außerdem gibt es in mehreren Bars Fernsprecher mit Münzeinwurf oder Zähler.

• *Bank*: **Sparkasse Caja Canarias**, Calle Pintor Aguilar 5, Tel. 880157. Geöffnet: Mo - Fr 8.30 - 14 Uhr, Oktober - Mai auch Do 17 - 19.30 Uhr.

• *Einkaufen*: **Bäckerei/Supermercado Elvira Medina Barrera**, von Hermigua kommend, gleich rechts am Ortseingang gelegen. Leckeres Brot, Gebäck, und mit etwas Glück ergattert man eines der begehrten und berühmten Brötchen. Der zweite große Supermarkt, der **Supermerdado Alameda**, befindet sich in der Calle del Pintor Aguilar; er ist bereits ab 6 Uhr morgens geöffnet (siehe auch "Essen"). Neben diesen beiden großen Supermärkten gibt es im Dorfzentrum noch mehrere kleine Lebensmittelgeschäfte. Und wer selber kocht, kann den **Fischwagen**, der morgens um 8 Uhr durch Agulo fährt und über Lautsprecher seine Tagesspezialitäten anpreist, mit Handzeichen stoppen. Der **Bazar Casa Aixa**, Carretera general del Norte 14, hat neben Kleidung, Spielsachen und Souvenirs auch Kamera-Filme.

• *Medizinische Versorgung*: Im **Centro Rural de Higiene** (vor der Post in der Calle Nueva, Tel. 880844) trifft man einen Arzt an oder findet einen schriftlichen Hinweis auf den nächsten Notdienst. Außerdem praktiziert in Agulo der Allgemeinmediziner Dr. Mario Perez Rizo, Tel. 880884. Die Besitzerin der **Apotheke Gonzalez Campora** in der Calle Pintor Aguilar, Tel. 880909, weiß Rat bei kleinen Wehwehchen. Geöffnet: Mo - Fr 9 - 13 und 17 - 20 Uhr sowie Sa 9 - 13 Uhr

• *Polizei*: Die örtliche Polizei residiert im Rathaus und ist über die dortigen Anschlüsse 880932 oder 880951 zu erreichen.

Übernachten

Wer sich nicht mindestens eine Woche hier aufhalten möchte, sollte besser in Vallehermoso oder Hermigua Quartier beziehen. Denn zur Zeit gibt es keine Pension in Agulo, und die dünngesäten Alternativen sind nur für Langzeitgäste geeignet:

Apartamentos Bajip, Tel. 880860. Großzügige Appartements mit Balkon und Dachterrasse in einem verwinkelten Wohnhaus in einer winzigen Querstraße der Calle Pintor Aguilar (hinter der Apotheke rechts). Preis eines 3-Bett-Appartements: 4500 Pts pro Nacht. Häufig ist alles belegt.

Petra und Pedro vermieten 4 einfache Doppelzimmer in der Sackgasse hinter der Bäckerei Elvira Medina Barrera. Es ist das letzte Haus links; davor steht ein Orangenbaum. Fragen Sie im Restaurant La Zula nach Petra und Pedro (siehe "Essen").

Kein Dorf ohne Basket, kein Dorf ohne Ball

Essen

Das **Restaurant La Zula** (Tel. 880775) liegt an der Carretera general del Norte am Ortsausgang. Mittlerweile haben die Inhaber, der Gomero Ramon und die Bayerin Marianne, ganz auf Busse umgestellt. Zwischen 10 - 16 Uhr werden täglich 200 bis 300 Gäste durchgeschleust. Bei entsprechendem Wetter hat man von der großen, sonnenbeschienenen Terrasse einen herrlichen Blick auf Agulo, das Meer und manchmal auch auf Teneriffas Teide. Geöffnet: täglich 10 - 16 Uhr.

Zum Ausgleich für hungrige Individualtouristen und Feinschmecker soll in Kürze die **Bar La Zula** in der Carretera general del Norte (gegenüber der Schule) eröffnen. Hoffen wir, daß die Köchin mit umzieht und wie in vergangenen Tagen leckeres Essen nach gomerischen Originalrezepten zubereitet.

Die **Bar Pepe** liegt an einer Querstraße der Calle Pintor Aguilar (hinter der Sparkasse rechts, nach 30 m auf der rechten Seite neben dem Centro de Amistad de Agulo). Das Reich Pepes besteht aus den drei Tischen vor der Theke. Hier trifft sich das halbe Dorf in familiärer Atmosphäre. Tagsüber gibt es Tapas wie z.B. Garbanzos (Kichererbsen) mit Räucherschinken in würziger Sauce. Abends stehen dann meist zwei Gerichte zur Auswahl: einfach, gut und preiswert. Dazu gibt es manchmal Gitarrenmusik.

Casa Agusto, Carretera general del Norte, Tel. 880954. Die kleine Bar direkt an der Hauptstraße gegenüber der Bushaltestelle übersieht man leicht. Bier, Spirituosen, Chips und einen sehr dünnen Brühkaffee kann man sich hier zu Gemüte führen.

Bar Rte. Alameda, Calle Alameda 4, Tel. 880989. Das Restaurant mit schöner, großer Außenterrasse bietet Fisch- und Fleischgerichte von 650 - 1250 Pts. Außerdem gutes Frühstück und Tapas. Im Sommer wird draußen auch der Grill angeworfen. Geöffnet: außer So täglich 7 - 22 Uhr.

Sehenswertes

Von außen wuchtig und gedrungen, wirkt die in den 30er Jahren dieses Jahrhunderts erbaute **Pfarrkirche San Marcos** im Inneren überraschend schmal und hoch. Schon von weitem fallen die dominanten weißen Betonkuppeln des turmlosen Gotteshauses auf. Den Hochaltar überspannt eine Baldachin-Konstruktion mit Marmorstützen. An den Seitenwänden drastisch-realistische Reliefs, die die Kreuzwegstationen darstellen. Interessant sind die zahlreichen Statuen und Statuetten auf den beiden Nebenaltären in den Seitenschiffen. In ihrer naturalistisch-naiven Machart nicht selten die Grenze zum Kitsch überschreitend, illustrieren sie deutlich die tiefe Volksfrömmigkeit dieser Region. Die große Männerstatue auf dem rechten Seitenaltar stellt den Schutzpatron der Kirche, den Heiligen Markus, dar, auf der linken Seite hat die Mercedesstatue (siehe "Veranstaltungen") ihren Platz. Eindrucksvoll ist auch das

Abbild des Erlösers in einem gläsernen Schrein, der in den rechten Seitenaltar eingelassen ist. Außerdem kann man im Kircheninneren ein steinernes Taufbecken bewundern.

Strände/Sport

Die Strandbucht **Playa de San Marcos** erreicht man vom Ortskern aus über Feldwege in rund 20 Min. Der Weg führt von der Pfarrkirche über den Friedhof am äußeren Ortsrand vorbei. Das Baden an dem zum größten Teil aus dunklem Sand bestehenden Strand ist auch für gute Schwimmer je nach Wetterlage und Seegang nicht ungefährlich.

Fiestas

Die **Fiesta de San Marcos** eine Woche nach Ostern ist ein Höhepunkt des dörflichen Lebens: Nach der Messe wird die San-Marcos-Statue aus der Pfarrkirche getragen und im Freien aufgestellt. Mehr als 20 rund um die Kirche aufgeschichtete und mit duftenden Essenzen durchtränkte Scheiterhaufen beginnen nun hell zu lodern. Und wenn die Flammen endlich die richtige Höhe erreicht haben, machen sich die jungen Männer des Dorfes bereit für eine Mutprobe ganz besonderer Art. In einem symbolischen Akt der Reinigung springen sie mehrmals durch das Feuer. Ist dieses schließlich heruntergebrannt, wagen auch Frauen, ältere Männer und zum Schluß selbst Väter mit ihren Kindern auf dem Arm den großen Sprung. Ist das Feuer erloschen und die Statue an ihren Platz in der Kirche zurückgestellt, beginnt die eigentliche Fiesta. Die rund um den Kirchplatz aufgestellten Buden öffnen, die Musiker beginnen zu spielen, das Tanzbein wird geschwungen, und der Alkohol fließt in Strömen ...

Fiesta de La Mercedes (letzte Septemberwoche): Zu Ehren der Schutzpatronin des Dorfes wird auf dem Kirchplatz kräftig gefeiert: Umzüge, Kapellen, Tanz und Buden ...

San Andrés (30. November): Am Namenstag des Heiligen Andreas darf nach einem alten Brauch erstmals der heurige Wein probiert werden. Der Weinanstich wird auf der ganzen Insel gefeiert, vor allem in Bars mit eigenem Weinanbau.

Ausflüge/Wanderungen

Juego de Bolas/Las Rosas

Das großzügig angelegte **Informationszentrum** der spanischen Umweltschutzbehörde *ICONA* (Instituto Nacional para la Conservación de la Naturaleza) zum Nationalpark Garajonay wurde am 10. Mai 1987 in Juego de Bolas eröffnet. Eine vorbildliche Einrichtung, die in einzigartiger Weise Lehrreiches und Unterhaltsames über diese Insel bereithält. Das Besucherzentrum ist deshalb ein unbedingtes Muß für alle Gomera-Urlauber, deren Interesse über Strände und Kneipen hinausgeht. Oberstes Ziel der ICONA ist die Bewahrung bzw. - wo nötig - die Zurückgewinnung des Laurisilva, des typisch kanarischen Lorbeerwaldes, sowie die Pflege der endemischen, d.h. der ausschließlich auf den Kanaren vorkommenden Pflanzenarten überhaupt. Im Rahmen dieser Zielsetzung geht es u.a. um so praxisnahe Dinge wie die Entwicklung von Maßnahmen zur Vermeidung von Waldbränden; es werden aber auch wissenschaftliche Forschungsprojekte duchgeführt.

Erste Anlaufstation im **Informationszentrum Juego de Bolas** ist der Schalter im Hauptgebäude, wo auch Englisch gesprochen wird. Hier kann man Prospekte, Bücher (zum Teil günstiger als in Läden) und Karten zum Nationalpark kaufen, und hier liegen die (auch deutschsprachigen) Führer durch das Besucherzentrum aus. Außerdem erfährt man, wann die nächste Filmvorführung beginnt. Der sehenswerte, 20-minütige Videofilm über Gomera und den Nationalpark Garajonay dokumentiert in eindrucksvollen Bildern die Entwicklung der Insel, ihre Fauna und Flora und nicht zuletzt die Besonderheiten ihrer Bewohner. Er wird stündlich mit deutschem oder englischem Kommentar gezeigt, je nachdem, welche Nachfrage gerade besteht. In Zukunft soll der Film übrigens per Kopfhöher via Multivisionsanlage allen Gästen gleichzeitig in ihren jeweiligen Muttersprachen vorgeführt werden können. Darüber hinaus findet man im Hauptgebäude eine umfangreiche Ausstellung zu den unterschiedlichsten Themenbereichen. Zahlreiche Schaukästen informieren über Klima, Vegetationszonen, Landwirtschaft, Infrastruktur und Volkskunst im Kernland Gomeras.

Töpfervorführung in Juego de Bolas

Nach der Filmvorführung geht es in den **Garten des Besucherzentrums**, wo man seltene Gewächse der Insel bewundern kann. Mit lateinischen Namensschildern versehen, demonstrieren sie den großen Artenreichtum des Archipels. Besondere Aufmerksamkeit bei allen botanisch interessierten Besuchern finden die endemischen Pflanzen. Hat man sich deren Aussehen erst einmal eingeprägt, dann fällt es leicht, sie bei späteren Wanderungen durch den Lorbeerwald wiederzuerkennen.

Ein weiterer Höhepunkt des Besucherzentrums sind die **Werkstätten**, in denen Könner ihres Faches die traditionellen Handwerkskünste auf Gomera vorführen. Mittlerweile werden hier sogar junge Gomeros in den alten, fast vergessenen Künsten ausgebildet. Neben dem Brennofen, wo Töpferwaren über einem großen Holzfeuer gehärtet werden, befindet sich die erste Werkstatt, in der hölzerne Gebrauchsgegenstände wie Schöpfkellen, Trinkgefäße und Gabeln sowie geflochtene Körbchen hergestellt werden. In der zweiten Werkstatt entstehen Musikinstrumente und Webarbeiten. Besonders auffällig sind die mit Ziegenleder bespannten Tambourins und die für diese Region typischen Chácaras, überdimensionale Kastagnetten aus einem Stück Maulbeerbaum. Aber auch die Flickenteppiche und -decken, die oft als Türvorhänge gebraucht werden, können durchaus überzeugen. In der dritten Werkstatt schließlich werden von Frauen Körbe in allen Größen und Formen geflochten. Wer etwas Zeit mitbringt, kann das langsame Entstehen der kunstgewerblichen Gegenstände von Anfang an verfolgen. Übrigens: Das Fotografieren der Volkskunstwaren ist erlaubt, hingegen lassen sich deren Produzenten nur ungern ablichten, was man respektieren sollte.

Direkt neben den Werkstätten liegt ein Haus, in dem die **meteorologische Meßstation** des Wetteramtes von Teneriffa untergebracht ist. Außerdem findet man hier die Ausstellungsräumlichkeiten eines kleinen **volkskundlichen Museums**, das Trachten, Ackerbaugeräte, Volkskunstgegenstände und eine originalgetreu eingerichtete Steinhütte der Gomera-Ureinwohner enthält.

Die ICONA bietet von Juego de Bolas aus jeden Freitag **geführte Exkursionen** in den Nationalpark Garajonay an - bislang kostenlos! Interessenten sollten sich mindestens 2 Tage vorher bei der ICONA in San Sebastián (Tel. 870105) bzw. direkt in Juego de Bolas (Tel. 800993) telefonisch anmelden. Dauer der Führung: ab 2 Std.; Mindestteilnehmerzahl 2 Personen.

Öffnungszeiten: Di - So 9.30 - 16.30 Uhr, Mo geschlossen.

▸**Anfahrt**: Von Agulo in Richtung Vallehermoso, nach rund 5 km am Ortseingang von Las Rosas links in Richtung La Palmita/Juego de Bolas abbiegen, dann sieht man nach knapp 3 km das Besucherzentrum auf der linken Seite.

Von Valle Gran Rey und Santiago nimmt man die Abzweigung von der Höhenstraße bei La Laguna Grande und fährt dann die Stichstraße 9 km bis zum Besucherzentrum.

• *Essen/Trinken*. Das anmutig gelegene **Restaurant Las Rosas** im gleichnamigen Weiler ist kein lohnenswerter Zwischenstopp: Hier halten fast alle Ausflugsbusse von Teneriffa, was einen ziemlichen Massenbetrieb zur Folge hat, dem man sich nicht ohne Not aussetzen sollte. Zumal es leicht passieren kann, daß man als "Gruppenloser" nicht zur Kenntnis genommen wird, wenn die Gruppenreisenden beköstigt werden.

Empfehlenswert dagegen ein weiteres Restaurant, das - nicht verwirren lassen - ebenfalls den Namen **Las Rosas** trägt (gleichzeitig auch Poststation und Supermarkt). Neben leckeren Speisen kann man hier auch den tollen Ausblick vom Wintergarten genießen. Carretera general del Norte Richtung Vallehermoso und dann kurz nach der Abzweigung La Palmita/Juego de Bolas die nächste rechts und dieser bergauf ca. 1 km folgen. Geöffnet: täglich von 8 - 22 Uhr.

Von der Terrasse der kleinen **Bar/Rte. El Tambur** direkt neben dem Besucherzentrum hat man bei gutem Wetter einen einmaligen Blick auf Teneriffas Teide und die Möglichkeit, sich nach dem Museumsbesuch zu erfrischen. Allerdings sehr teuer, Kaffee aus Thermoskannen und unfreundliche deutsche Besitzerin. Die Bar hat dieselben Öffnungszeiten wie das Informationszentrum (Di - So 9.30 - 16.30 Uhr, Mo geschlossen).

Zur roten Erde von Juego de Bolas

Die Rundwanderung von Agulo hinauf bis zum Besucherzentrum der ICONA und - nach einem Marsch durch die rote, zerfurchte Erde der Hochebene - wieder hinab dauert ca. 2 ½ Std. Trittsicherheit und Schwindelfreiheit sind Voraussetzung. Die Wanderung beginnt am Ortsausgang von Agulo an der Carretera general del Norte in Richtung Vallehermoso zwischen dem *Restaurant Zula* und dem *Bazar Aixa*. Der Weg zweigt von der Carretera ab, führt zunächst durch Terrassenfelder und gabelt sich bald vor einer querverlaufenden, dicken Wasserleitung. Hier steigt man rechts bergauf und gelangt nach ca. 5 Min. in einem Bogen zurück auf die Carretera.

Dort angekommen, sieht man auf der gegenüberliegenden Strassenseite einen Weg, der in Richtung *La Palmita* führt. Dieser Weg geht steil bergauf durch weitere Terrassenfelder, an einem Maulbeerbaum vorbei, und schlängelt sich dann in kurzen, steilen Kehren die **Steilwand von Agulo** hinauf. Man passiert den ersten von zwei Eukalyptusbäumen und findet direkt vor dem zweiten in einer Aushöhlung genügend Platz zur Rast. Unten sind jetzt die drei Ortsteile von Agulo deutlich zu erkennen. Nach ca. 40 Min. und 250 Höhenmetern steigt man, vorbei an Binsen und Gräsern, oberhalb eines (oft recht dürftigen) Wasserfalls aus der Wand aus. Hier zieht sich der Weg zwar weiter bergauf, aber lange nicht mehr so steil wie vorher. Schon sehr bald stößt man auf die Staumauer der **Talsperre Embalse de las Palmitas**, die (neben der chronischen Wasserknappheit) für den bisweilen doch sehr beklagenswerten Zustand des eben passierten Wasserfalls verantwortlich ist. Der Weg verläuft weiter rechts entlang der Staumauer, und einige Zeit später trifft man auf den nächsten Wanderpfad, dem man ebenfalls nach rechts folgt. Auf diesem Pfad geht es weiter, bis man nach ca. 20 Min. die Weggabelung nach *La Palmita* und *Juego de Bolas* erreicht.

Dort angekommen, folgt man der Forststraße in Richtung Juega de Bolas rechts bergauf auf die Meerseite zu, läßt die nach weiteren 10 Min. links abzweigende asphaltierte Straße zunächst außer acht und gelangt auf diese Weise schließlich zu einem angelegten Mirador mit herrlichem Blick auf Agulo und Lepe sowie auf den majestätischen Teide auf Teneriffa. Danach geht man wieder zurück bis zur eben ignorierten Asphaltstraße und biegt dort rechts ein; ca. 25 Min. später erreicht man das Besucherzentrum der ICONA und befindet sich dann bereits in 750 m Höhe.

Links an den Gebäuden entlang, kommt man zum Haupteingang. Entweder sofort oder nach einem ICONA-Besuch geht man den Weg ca. 20 m wieder zurück bis zum Grundstücksende und biegt an den Natursteinmauern links ein in eine bergauf verlaufende, asphaltierte Straße, die in eine rote Fahrpiste übergeht. Man folgt der Piste rund 10 Min. und schlägt dann an einer Gabelung den schmaleren linken, leicht ansteigenden Pfad in Richtung Nordosten ein. Dieser durch weiß bemalte Steinmännchen markierte Pfad führt bald bergab durch graues Tuffgestein, dann durch erodierte Flächen in kräftigen roten Farben. Man wandert weiter bergab links entlang eines in Violett- und Rottönen gefärbten Grabens, bis sich die Erde wieder grau in grau gibt.

In Blickrichtung nach vorne sieht man den Weiler *Las Rosas*. Kurz darauf verläßt man die Hochebene und folgt den Steinmännchen in Serpentinen abwärts. Dabei durchquert man eine üppige, von den Passatwolken mit Feuchtigkeit versorgte Vegetation; neben Gagelbäumen gedeiht hier vor allem Baumheide. Unterschiedlichste Dickblattgewächse zieren die Felsen, und Kanarische Kiefern verströmen ihr Aroma. Etwa nach 15 Min. gelangt man zu einer Gabelung neben einer Kieferngruppe oberhalb eines langgestreckten Hauses. Dort nimmt man den rechten Weg entlang einer Natursteinmauer auf gelbem Tuffgestein. Nach ca. 40 Min. Serpentinenabstieg erscheint wieder die Carretera del Norte, die rechts nach Agulo führt. Nach ca. 10 Min. Fußmarsch hat man den Ort erreicht.

Auf Dschungelpfaden durch den subtropischen Lorbeerwald aus dem Tertiär

Der Nationalpark **Parque Nacional de Garajonay** zählt zu den interessantesten und landschaflich schönsten Wandergebieten La Gomeras. Dank der reichlichen Niederschläge und der Nebelkondensation breitet sich hier ein dichter, dschungelartiger Lorbeerwald aus, der noch aus dem Tertiär stammt.

Bitte unbedingt die Bestimmungen des Nationalparkes beachten:

- nicht von den Wegen abkommen, keine Abkürzungen gehen
- keine Pflanzen pflücken
- außer auf den dazu ausgewiesenen und markierten Stellen kein Feuer entzünden (Rauchverbot!)
- keine Abfälle hinterlassen
- keinen Lärm verursachen (auch keine laute Musik hören)
- nicht die Forstwege befahren

Fährt man mit dem Bus von Valle Gran Rey oder San Sebastián, muß man am Straßenkreuz **Pajarito** aussteigen und folgt dann etwa 10 Min. der Straße in Richtung La Laguna Grande, bis man an den **Parkplatz Alto de Contandero** kommt. Gleich hinter dem Parkplatz beginnt der Wanderweg am Wegweiser *Alto de Contandero - El Cedro 5 km*. Die Wanderung dauert ca. 2 Std.

Der ausgetretene Pfad führt anfangs durch strauchförmige Baumheide, die später bis zu einer Höhe von 15 m anwachsen wird. Der Weg geht stetig abwärts und taucht immer tiefer in den eindrucksvollen **Lorbeerwald** ein. Neben Lorbeerbäumen (die eßbaren haben in den Winkeln der Blatternerven punktförmige Einsenkungen) wachsen hier Gagelbäume mit kleinen, schwarzen Früchten und weißen, sternförmigen Blüten, Kanarische Stechpalmen mit roten Früchten und die auffallenden Saudisteln, die wie eine Mischung aus kleinen Palme und Farnen aussehen.

Nach ungefähr 20 Min. überquert man ein ausgetrocknetes Bachbett. Eine weitere Dreiviertelstunde später ist das Plätschern des *El Cedro* zu hören, an dessen Ufer bald darauf riesige Farne auftauchen.

Danach passiert man eine mächtige Eßkastanie und kommt nach etwa 1 Std. ab Parkplatz an eine kleine Lichtung mit Papierkorb, umrahmt von Brombeersträuchern und gelbblühenden ginsterähnlichen Sträuchern. Hier schlägt man den Weg nach rechts ein, biegt kurz darauf nochmals rechts ab und kommt schließlich zu einem herrlichen Picknickplatz direkt am El Cedro. An dieser Stelle überquert man den Bach. Der nun folgende Dschungelpfad schlängelt sich durch den beeindruckenden Regenwald. Kurz darauf überquert man den Bach über eine kleine Holzbrücke und gelangt auf einen breiten Weg. Diesem Weg folgt man rechts, und schon bald stößt man auf den Forstweg von El Cedro nach *Los Aceviños* (auch hier wieder ein Parkplatz). Dort geht man rechts über den Bach und biegt links in den ausgeschilderten Weg *Sendero Forestal al Ermita* ein.

Über eine kleine Holzbrücke führt der Weg wieder über den Bach, und nach ca. 1 ¼ Std. ab Wanderungsbeginn erreicht man nach erneutem Überqueren des Baches einen idyllisch gelegenen Rast- und Grillplatz mit einer Trinkwasserquelle. Dahinter leuchtet die kleine weiße Kapelle **Ermita Nuestro Señora de Lourdes**, die 1964 von einer damals in El Cedro wohnenden Engländerin gestiftet wurde. Nach einer Rast führt der Weg weiter an der Kapelle vorbei und geht gleich dahinter links bergab. Der Wanderweg verläuft rechts des Baches, dessen Wasserstand langsam zunimmt. Nach ca. 10 Min. verläßt man den dichten Wald und blickt in den Talgrund von El Cedro. Man folgt dem Weg weiter nach rechts und kommt an verstreuten Häuschen mit Liliengewächsen, Obstgärten und kultivierten Terrassen vorbei. Kurze Zeit später trifft man auf einen Forstweg und folgt ihm am Trafohäuschen rechts vorbei, bis man zur **Bar Casa Prudencia** mit ihren einladenden Holzbänken und Holztischen gelangt. Hier kann man einkehren und die Stille des Regenwaldes genießen (siehe auch "El Cedro").

Von hier aus ist eine Anschlußwanderung nach Hermigua möglich.

Ein immergrünes Tal. Mittendrin ein titanischer Felsbrocken, der Roque Cano. Zu seinen Füßen, sanft an den Hang geschmiegt, ein schläfriges Städtchen, das im Laufe der Jahrhunderte die Angst verloren hat, der gigantische Fels könnte eines Tages kippen und alles zermalmend bis ins Meer rollen:

Vallehermoso

Vallehermoso – das schöne Tal. Kaum ein Name könnte treffender sein. Rechts hinter dem Spielplatz am Ortseingang beginnend, führt ein lohnenswerter Spaziergang in gut zehn Minuten zur Aussichtsterrasse hoch über Vallehermoso. Hier oben eröffnet sich ein fabelhafter Blick auf die weißen Häuser der Stadt, die gischtsprühenden Schaumkämme des entfernten Ozeans und das von hohem, steil aufragendem Fels weiträumig umschlungene Tal mit seinen ausgedehnten Bananenplantagen, verstreuten Palmenhainen und den niedrig gebauten Einzelgehöften.

Die schier endlosen Reihen der Bananenstauden täuschen. Auch Tomaten, Wein und Kartoffeln werden hier geerntet. Und immer wieder Obstbäume, vor allem Birnen, Pfirsiche, Pflaumen, Äpfel und Orangen. Kaum ein Monat, in dem keine Frucht reif wird – vom Baum direkt auf den Tisch.

Das Herz der Kleinstadt ist die runde Plaza de la Constitución, in deren erhöhter Mitte sich weiße Steinbänke um einen Springbrunnen gruppieren: Symbol für Wasserreichtum und Wohlstand. Hier spielt sich fast das gesamte Leben von Vallehermoso ab. Grauhaarige Greise beobachten die mit hochfrisierten Mopeds und Ghettoblastern ausgestatteten Jungen bei ihrer Balz, junge Mütter mit Kindern und Einkaufstüten legen eine kurze Rast ein, und hin und wieder speien Ausflugsbusse aus Teneriffa ihre vollklimatisierte, mit kurzen Shorts bekleidete Fracht aus, die in Windeseile ausschwärmt,

Vallehermoso – das heißt "schönes Tal"

vor dem Springbrunnen (mit Blitz!) das obligate Erinnerungsfoto knipst und dann fast ebenso schnell wieder verschwindet. Auch die wichtigsten Einrichtungen des öffentlichen Lebens findet man hier an der Plaza: das Rathaus, ein Telefon, die Bushaltestelle, einige Bars und Unterkünfte.
Wo sich die Menschen treffen, liegt auch der Verkehrsknotenpunkt des Ortes: Die Calle Triana mit der gleichnamigen Bar (beliebt wegen der schönen Terrasse) und mehreren Lebensmittelgeschäften trifft auf die Calle Major mit ihren Souvenirläden, auf die Carretera general del Norte, die Verbindung mit der Inselhauptstadt und Lebensnerv von Vallehermoso, und auf die Avenida Guillerno Ascanio Moreno, über die man nach einem gut halbstündigen Spaziergang durch die grünen Felder unterhalb des Ortskerns den Strand erreicht, wo die ungestümen Brecher des Atlantiks nur selten Gelegenheit zum Baden geben.

Und über alledem thront majestätisch der *Roque Cano*. Sein Name bedeutet übrigens soviel wie "der Weißhaarige", denn sein Gipfel liegt häufig im weißen Nebel verborgen. Wohl niemand profitierte davon so sehr wie der vor wenigen Jahren verstorbene *Don António "El Cabezudo"*. Mehr als zehn Jahre hatte er sich in den Bergen vor den Faschisten, die über ihn die Todesstrafe verhängt hatten, versteckt, unter anderem auch auf dem *Roque Cano.*

Weniger als 800 Einwohner hat das Dorf Vallehermoso – die gleichnamige Gemeinde allerdings, deren Gebiet sich von hier aus über Chipude im Inselinneren bis nach Dama und Rajita an der Südküste erstreckt und damit zu den größten Gomeras gehört, zählt insgesamt rund 2870 Seelen. Obwohl eigentlich agrarisch geprägt, stieg die Arbeitslosigkeit im Gemeindegebiet drastisch an, als im Jahre 1983 die Fischkonservenfabrik von Rajita schließen mußte. Heute liegt die Erwerbslosenquote bei rund 20 Prozent.

Verbindungen

• Bus: Die Bushaltestelle befindet sich direkt unterhalb der Plaza auf der rechten Straßenseite. Die Busse verkehren nur selten pünktlich, deshalb ist es auch hier ratsam, mindestens 15 Minuten vor der Abfahrt an der Haltestelle zu sein. Tickets gibt es im Bus.

Linie 2: Vallehermoso - **San Sebastián** (über Agulo, Hermigua). Dauer der Fahrt: ca. 90 Min.; Abfahrt von Vallehermoso täglich um 6, 8, 15 und 19 Uhr. Rückfahrt von San Sebastián: täglich um 11.30, 14, 18 und 21.30 Uhr (wartet auf die Fähre).

• Taxi: Der Taxistand befindet sich direkt an der Plaza de la Constitución vor der Bar Amaya, Tel. 800279.

Fahrpreise von Vallehermoso nach:

Valle Gran Rey	4000 Pts
Hermigua	2500 Pts
San Sebastián	4000 Pts
La Laguna Grande	2500 Pts
Playa de Santiago	4500 Pts
Alojera	2500 Pts
Playa de la Alojera	3000 Pts
Playa de Vallehermoso	400 Pts

Information/Adressen

• Information: Ayuntamiento (Rathaus), Plaza de la Constitución 1, Tel. 800000. Geöffnet: 9 - 13 Uhr. Auskünfte auf spanisch.

• Post: Calle Triana 6. Kein Telegrafenamt. Geöffnet: Mo - Fr 8 - 12 Uhr und Sa 8 - 13 Uhr.

• Telefonieren: Öffentliche Münztelefone gibt es z.B. an der Plaza rechts neben dem Rathaus und rechts neben der Tankstelle.

• Tankstelle: **Cepsa** direkt am Ortsausgang in Richtung Agulo. Geöffnet: Mo - Sa 7.30 - 21 Uhr.

• Banken: **Caja Canarias**, Plaza de la Constitución 5. Geöffnet: Mo - Fr 8.30 - 14 Uhr und Do zusätzlich 17 - 19.30 Uhr). **Banco de Santander**, Plaza de la Constitución 4. Geöffnet: Mo - Fr 8.30 - 14 Uhr und Sa 8.30 - 13 Uhr; im Sommer von 1.6. - 30.8. Sa geschlossen. Weniger Betrieb und freundlicherer Service.

• Medizinische Versorgung: **Centro Salud (24)**, Plaza de la Constitución (bei der Bushaltestelle), Tel. 801186. Immer mit einem Arzt für Allgemeinmedizin besetzt. Vormittags ist der Haupteingang geöffnet, nachmittags rechts am Nebeneingang klingeln.

• Apotheke: Calle Mayor 17, Tel. 800028. Geöffnet: Mo - Fr 8.30 - 14 und 17 - 19 Uhr sowie Sa 9 - 14 Uhr.

• Polizei: **Policía Municipal** im Rathaus, Plaza de la Constitución 1, Tel. 800000. **Guárdia Civil**, Calle Rosales, Tel. 800027.

Einkaufen

Entlang der Calle Mayor und der Calle Triana gibt es viele kleine Lebensmittelläden mit guter Auswahl an frischem Obst und Gemüse sowie Möbelgeschäfte und Bekleidungsläden.

Die beste Auswahl haben der **Supermercado Triana (15)** (Calle Triana 15) und der **Supermercado Cordobes (11)** (Calle Triana 18). Geöffnet: Mo - Sa 8 - 14 und 16 - 20 Uhr.

Die **Bäckerei (17)** in der Calle Triana 3 rechts neben der Banco de Santander ist ein kleines Geschäft, in dem Gebäck, Eier, Brot und Brötchen verkauft werden. Geöffnet: Mo-Sa 8-13 Uhr.

Die **Metzgerei Carniceria Charcuteria Kiko** findet man in der Calle del Mayor 5 (neben der Hamburguersia). Geöffnet nur vormittags.

Die kleine **Markthalle Mercadillo del Agriculto (23)** befindet sich im Untergeschoß des Rathauses an der Plaza de la Constitución 1. Eine Treppe führt rechts am Gebäude hinunter zu den Verkaufsständen mit frischem Fisch aus Santiago, Fleisch, Gemüse, Obst und gomerischen Spezialitäten. Geöffnet: Mo-Sa 8-13 Uhr.

Einen **Souvenirladen (7)** gibt es im Haus der Bar Central (links neben dem Eingang) an der Plaza. Miél de Palma, hervorragender Queso del País (gomerischer Ziegenkäse), Tambourins und Chacáras (eine kleine Einführungslektion gibt's gratis dazu), Obst, Zigarren und Spirituosen. Hier kaufen auch viele Einheimische. Der freundliche, ältere Besitzer arbeitete lange Jahre in den traditionellen Auswanderungsländern Venezuela und Kuba sowie auf dem spanischen Festland. Geöffnet: täglich 9 - 17 Uhr. Ein zweiter Souvenirladen **(19)** liegt in der Avda. Guillerno Ascanio Moreno 6. Keramik, Ansichtskarten, T-Shirts, Miél de Palma, Gomerón (weißer Rum mit Palmenhonig), manchmal Ziegenkäse und viel Kitsch.

Im **Textil- und Kramladen Yayo (9)** in der Calle Triana 2 bekommt man tolle Gomera-T-Shirts, Knopfbatterien für Kameras und Kodak-Filme. Auch ein Kopierer steht zur Verfügung. Geöffnet: Mo - Fr 8.30 - 13 Uhr, 16 - 20 Uhr, Sa nur vormittags.

Wanderkarten, Fotobände u. Postkarten gibt es in den **Restaurants Amaya (8)** und **Triana (14)** (jeweils im Speiseraum).

Übernachten

Pensión Casa Bernardo (10), Calle Triana 4, Tel. 800849. Bernardo, in Venezuela geboren und aufgewachsen, sorgt eifrig dafür, daß die Pension in seinem Elternhaus nie leersteht. Schon an der Bushaltestelle pflegt er Neuankömmlinge abzupassen, die sich dann wenige Augenblicke später in der sauberen und zentral gelegenen Herberge wiederfinden. Insgesamt gibt es 12 Betten. Bad und Toilette findet man auf dem Gang. Küche und Kühlschrank der Familie können fürs Frühstück mitbenutzt werden. Die Atmosphäre ist freundlich und entspannt. Und Bernardo spricht passabel Englisch. Allerdings sind mindestens 3 Übernachtungen erwünscht. Preise: Einzelzimmer 1300 Pts, Doppelzimmer 2500 Pts (mit Küchenmitbenutzung 2800 Pts), Dreibettzimmer und Appartement je 3000 Pts.

Pensión Amaya (8), Plaza de la Constitución, Tel. 800073 und 800077. Die sauberen Doppelzimmer mit Etagenbad kosten für eine Nacht 2400 Pts. Wer länger bleibt, zahlt nur noch 2000 Pts.

Apartamentos Paco el Taxista, Tel. 800211 und 801069. Die beiden Häuser liegen sehr schön und ruhig etwa 500 m oberhalb vom Kiosco Garajonay (s. "Frühstückstip"). Am Kiosk kann man

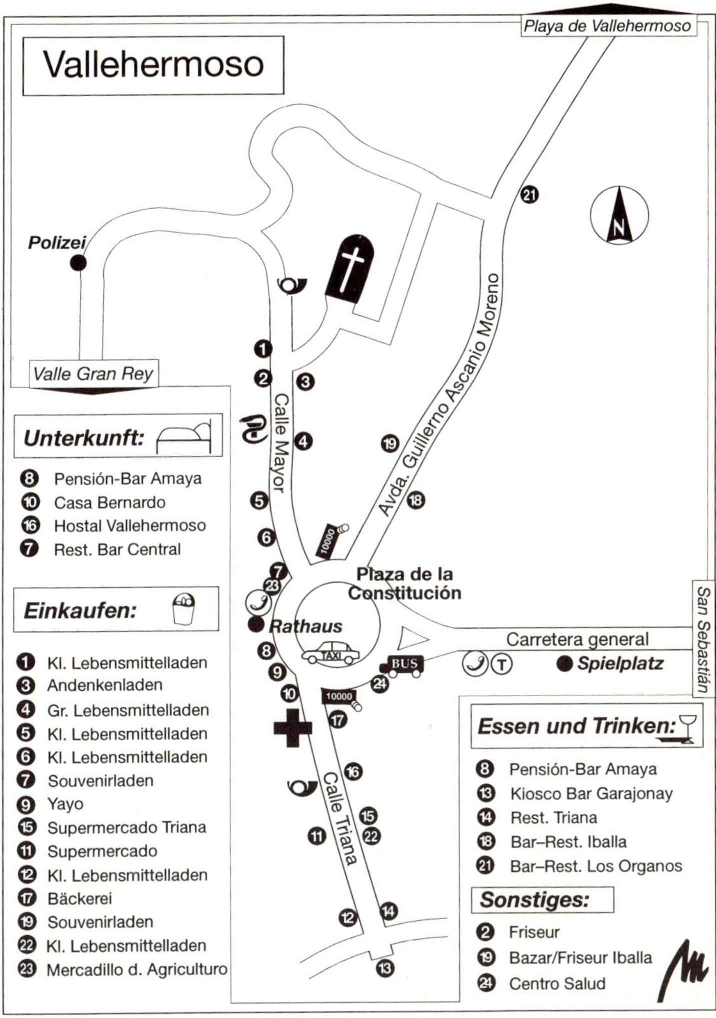
Vallehermoso
Playa de Vallehermoso
Polizei
Valle Gran Rey
Calle Mayor
Avda. Guillerno Ascanio Moreno
Plaza de la Constitución
Rathaus
TAXI
BUS
10000
Carretera general
Spielplatz
San Sebastián
Calle Triana
Unterkunft:
8 Pensión-Bar Amaya
10 Casa Bernardo
16 Hostal Vallehermoso
7 Rest. Bar Central
Einkaufen:
1 Kl. Lebensmittelladen
3 Andenkenladen
4 Gr. Lebensmittelladen
5 Kl. Lebensmittelladen
6 Kl. Lebensmittelladen
7 Souvenirladen
9 Yayo
15 Supermercado Triana
11 Supermercado
12 Kl. Lebensmittelladen
17 Bäckerei
19 Souvenirladen
22 Kl. Lebensmittelladen
23 Mercadillo d. Agriculturo
Essen und Trinken:
8 Pensión-Bar Amaya
13 Kiosco Bar Garajonay
14 Rest. Triana
18 Bar–Rest. Iballa
21 Bar–Rest. Los Organos
Sonstiges:
2 Friseur
19 Bazar/Friseur Iballa
24 Centro Salud

auch gleich reservieren und buchen. Die Quartiere sind mit 1800 Pts fürs 2-Personen-Appartement und 2600 Pts fürs 3-Personen-Appartement recht günstig.

Hostal Vallehermoso (16), Calle Triana 13, Tel. 800283. Übernachtung pro Person 1500 Pts.

Pensión Central (7), Plaza de la Constitución, Tel. 800023. Es gibt nur Doppelzimmer mit Etagenbad. Preis: 2500 Pts (auch für Einzelpersonen). Anmeldung in der Bar Central. Die Zimmer liegen etwa 10 Min. entfernt in einer ruhigen Seitenstraße.

Essen

Frühstückstip: Der *Kiosco Garajonay* am Ende der Calle Triana kann mit flinkem und freundlichem Service, leckeren Bocadillos und einem Kickerautomaten aufwarten. Täglich von 9.30 - 23 Uhr geöffnet, manchmal auch etwas früher. Frühaufsteher können bereits ab 5.30 Uhr in der Bar Central frühstücken (auch getoastetes Weißbrot mit Butter und Marmelade).

Bar/Rte. Triana (14), Calle Triana 27, Tel. 800305. Geöffnet: täglich 7 - 22 Uhr. Das relativ geräumige Restaurant 100 m oberhalb der Plaza bietet mit seiner Terrasse einen schönen Ausblick auf die Stadt, die umliegenden Felder und die steil abfallenden Hänge der Talschlucht samt Roque Cano. Besonders bei Sonnenuntergang läßt es sich hier in wahrlich königlicher Umgebung speisen. Die Einrichtung ist ansonsten eher kühl und schlicht, aber sauber. Unterstützend zur Speisekarte sind die täglich wechselnden Gerichte auf einer Tafel verzeichnet - dort schrumpft ihre Zahl im Laufe des Tages immer weiter zusammen. Zu den empfehlenswerten Standardessen zählen unter anderem Bistec de res (Rindfleisch mit Pommes für 600 Pts), Pollo (Hähnchen mit Pommes für 500 Pts) und Tortilla de la española (Omelett mit Zwiebeln und Kartoffeln für 450 Pts). Sehr preisgünstig ist hier auch die Sopa de verduras (Gemüsesuppe) für 250 Pts. Dazu ein ausgefallener Drink gefällig? Zu den Spezialitäten des Hauses zählen Gomerón, ein Cognacschwenker mit zwei getrennten Flüssigkeiten, Miél de Palma und weißem Rum (umrühren und fertig!), und Mistela, eine lieblich schmeckende, bernsteinfarbene Mischung aus Miél de Palma und Parra de Gomera, einem starken einheimischen Weinbrand. Wohl bekommt's! Wer Gefallen daran findet, kann sich mit Vorräten für das heimische Getränkefach eindecken: Mistela (kleine Flasche 350 Pts und große Flasche 1000 Pts), Miél de Palma (kleine Flasche 500 Pts und große Flasche 1000 Pts) und Miél de Abeja (Bienenhonig 650 Pts) werden angeboten. Außerdem gibt es Wander- und Ansichtskarten.

Bar/Rte. Amaya (8), Plaza de la Constitución. Geöffnet: täglich 7.30 - 23 Uhr (siehe auch "Übernachten" und "Treffpunkte"). Der Bar ist ein großer Speiseraum angegliedert. Hier kann man sich auf eine umfangreiche, deutschsprachige Speisekarte mit empfehlenswerten Hauptgerichten zwischen 500 und 1000 Pts freuen. Zur leckeren Potaje de berros (Kressesuppe) für 300 Pts wird Gofio gereicht. Sehr lecker ist auch das Rindfleisch in würziger Soße mit

Frisches Obst und Gemüse vom mercadillo del agriculto

Producto de las
Islas Canarias
PRODUCTOS CANARIOS

Pommes für 650 Pts. Zu vielen anderen Hauptgerichten gibt es als Beilage Papas arrugadas. Außerdem kann man hier zum Frühstück Butter, Marmelade und frischgepreßten Saft bekommen.

Bar/Rte. Los Organos (21), Avda. Guillerno Ascanio Moreno. Geöffnet: täglich 10 - 23 Uhr. Die kleine Bar liegt 300 m unterhalb der Plaza auf dem Weg zum Strand. Hier gibt es das preiswerteste Essen im Dorf. An warmen Abenden kann man es auf der Sitzterrasse am Straßenrand zu sich nehmen, während man die Vorbeischlendernden beobachtet. An der Theke erfährt man, welche Gerichte noch vorrätig sind. Das leckere Carne en salsa (Rindsgulasch mit Pommes) war uns mehrere Besuche wert.

Bar/Rte. Iballa (18), Avda. Guillerno Ascanio Moreno 8. Geöffnet: außer So täglich 6.30 - 21.30 Uhr. Die ehemalige Spielhalle an der Straße, die zum Strand führt, ist heute leider nur noch ein Restaurant (was haben wir hier seinerzeit für Spaß gehabt!), und zwar das größte im Dorf. Während im vorderen Teil Einheimische und Individualreisende an weißen Tischdecken essen, ist der hintere, größere Raum den Teneriffa-Tagesausflüglern vorbehalten, was bekanntlich eher ein Indiz für die Geschäftstüchtigkeit der Inhaber als für die Qualität der Küche ist.

Hamburguersia, Calle Mayor 1. Geöffnet: außer So täglich 6 - 22.30 Uhr. Der Name ist etwas irreführend, denn man kann sich in der Stehbar lediglich mit Toasts und Bocadillos stärken.

Bar/Rte. Central (7), Plaza de la Constitución. Geöffnet: außer So täglich 5.30 - 23.00 Uhr. Tapas-Spezialitäten, Suppen und Hausmannskost. An drei kleinen Tischen direkt vor der Bar läßt sich auch gut Eis essen, und die beiden häufig frequentierten Telefonzellen bieten Gelegenheit, die Telefongewohnheiten der einheimischen Jugend zu studieren.

Treffpunkte/Nachtleben

Bar Amaya (8), Plaza de la Constitución. Der zentrale Treffpunkt direkt an der Plaza. Hier wartet man bei einem Café con leche auf alles mögliche: die Ankunft des Busses, ein freies Taxi, auf besseres Wetter, das Ende des Tages. Sich auf den Barhockern an der Theke lümmelnd, kann man durch das weitgeöffnete Tor der Bar das rege Leben auf der Plaza beobachten, hin und wieder ein paar Tapas oder einen frisch gepreßten Saft genießen und dann und wann ein paar Münzen in den flipperähnlichen Geldspielautomaten werfen. An den wenigen Tischen lassen sich gut Postkarten schreiben oder die nächsten Tagestouren planen. Und bei alledem hat man noch das Gefühl, mittendrin zu sein, nichts zu verpassen.

Sehenswertes

Pfarrkirche: Die große Kirche mit dem gedrungenen Glockenturm stammt aus der zweiten Dekade dieses Jahrhunderts. Im Inneren wirkt sie recht hoch und breit. An den Seitenwänden befinden sich interessante Kreuzwegreliefs. Im linken Seitenschiff ist ein Reliquienschrein mit der Holzstatue des Erlösers untergebracht.

Nein, zur Abwechslung mal kein Kolumbus-Denkmal

Vallehermoso macht den Weg frei für den Tourismus

Strand

Ein gut halbstündiger Spaziergang führt von der Plaza über die Avenida Guillerno Ascanio Moreno sanft bergab durch Bananen- und Palmenhaine zum rund dreieinhalb km entfernten Playa de Vallehermoso. Wo sich einst der überaus feinkörnige Kiesstrand rund 150 m lang bis zu den alten Anlegekais erstreckte und man sich etwas oberhalb gefahrlos im Meeresschwimmbecken abkühlen konnte, herrscht jetzt rege Bautätigkeit. Hier sollen bis Mitte 1996 gomerischer Zeitrechnung ein großer Sandstrand mit Wellenbrechern, Umkleidekabinen und Duschen und ein neues Schwimmbad sowie eine Promenade mit Cafetería, Läden etc. entstehen. Ca. 200 m oberhalb der Küste ist ein botanischer Garten mit ansprechendem Gebäude (ging sogar durch die deutsche Architekturpresse) inklusive einer Bar bereits im Bau. Wer trotz Absperrung ein Bad nehmen will, sollte äußerst vorsichtig sein: Die hohen Wellen, die sich erst kurz vor dem Strand brechen, und die dadurch entstehenden unberechenbaren Strömungen lassen es nur sehr selten ratsam erscheinen, hier mehr als eine Fußwäsche zu wagen. Nur wenn bei spiegelglatter See die Mehrzahl der Einheimischen ein Bad wagt, ist Entwarnung angesagt. Meiden diese jedoch das Meer - was die Regel ist -, dann springt nur derjenige ins Wasser, der mit Vorsatz die Unfallstatistik nach oben treiben will.

Fiestas

Fiesta Los Reyes am 7. Januar auf der Plaza ab etwa 22 Uhr. Auf der Tribüne vor dem Rathaus sorgt eine Kapelle für Stimmung.

San Andrés am 30. November: Der Weinanstich des Heurigen wird hier vor allem in den Bars mit eigenem Weinanbau groß gefeiert.

Eine nächtliche **Weihnachtsfiesta** auf der Plaza findet am 24. Dezember statt.

Ausflüge/Wanderungen

Von Vallehermoso zur schroffen Nordküste und zurück

Für die Rundwanderung von Vallehermoso über den Bergkamm des Cumbre de Chigueré und die farbenprächtige "Mondlandschaft" der Hochebene bis zu Nordspitze der Insel und von dort zurück nach Playa de Vallehermoso muß man gute 3 Std. veranschlagen.

Die Wanderung beginnt an der Plaza von Vallehermoso. Von hier biegt man in die Calle Major ein, der man geradeaus bis zur Hauptstraße folgt, die nach Valle Gran Rey führt. An der Hauptstraße geht man links, passiert die Guardia Civil und biegt schließlich rechts in Richtung Friedhof ein (etwa 10 Min. ab der Plaza).

Direkt vor dem Friedhof verläuft ein schmaler, betonierter Weg rechts abwärts über eine Brücke und steigt auf der anderen Seite als alter Dorfverbindungsweg wieder an. Links vom Weg breitet sich dichtes Schilf aus Spanischem Rohr aus. Man hält sich rechts und wandert an einigen kultivierten Terrassen und Gehöften vorbei, bis sich der Weg an der rechten Seite des **Barranco de la Era Nueva** in Serpentinen aufwärts schlängelt. Schaut man sich hier um, erhascht man einen schönen Ausblick auf das Tal von Vallehermoso und den **Roque El Cano** (650 m hoch). Im Tal sind noch große Bestände von Phönizischem Wacholder zu sehen, vergleichbar mit

Die schroffe Felsküste im Norden und der Teide auf dem nahen Teneriffa

dem Sabinar auf El Hierro. An den Hängen wachsen Wolfsmilchsträucher, Agaven und vereinzelt Kanarische Dattelpalmen.

Der Weg zieht sich immer weiter leicht ansteigend den Barranco entlang. Abzweigungen nach links ignoriert man. Bald erkennt man links unterhalb des Weges einen früherer Dreschplatz und kommt etwas später kurz nacheinander an zwei verlassenen Gehöften vorbei, das zweite von großen Wacholderbäumen umsäumt. Nachdem der Weg kurzzeitig zu einem schmalen Pfad geworden ist, geht es durch dichtes Schilf links entlang einer großen Steinmauer weiter; ab hier wechselt der Wanderweg dann auf die linke Barranco-Seite.

Begleitet vom intensiven Duft des Kanaren-Beifuß, gelangt man zusehens in eine immer üppiger werdende Vegetation aus Brombeerhecken, Baumheide, Gagelbäumen, Farnen und Lorbeergewächsen. In Richtung des Bergkamms **Cumbre de Chigueré** geht es in Serpentinen immer steiler bergauf in die stetig dichter werdende **Fayal-Brezal-Region**, bis man nach etwa 1½ Std. ab dem Friedhof

auf dem Bergrücken ankommt. Bei gutem Wetter hat man von hier aus einen wunderbaren Ausblick auf das Tal und kann sogar den Teide auf Teneriffa sehen.
Knapp unterhalb des Kammes verläuft dann der Höhenweg weiter, und nach weiteren 10 Min. trifft man auf die *Ermita Santa Clara*, eine hübsch anzuschauende, kleine Kapelle. Von hier kann man bereits einen ersten Blick auf die faszinierende Küstenlandschaft des Nordens werfen, und bei klarer Sicht erkennt man sogar die Nachbarinsel La Palma. (Es lohnt sich aber, kurz nach der Ermita einen kleinen Abstecher über den Hügel zu machen, denn von dort wird die Aussicht auf die schroffe Nordküste noch besser.)
Von der Ermita folgt man rechts einem breiten Forstweg, der bequem auf der **Hochebene von Chigueré** zur Nordspitze der Insel führt. Dabei durchquert man eine von der Erosion geprägte, fast wüstenartig erscheinende "Mondlandschaft" mit leuchtenden Farbtönen von Gelb, Braun bis Rot, unterbrochen von grünen Farbtupfern der immer spärlicher werdenden Vegetation. Ungefähr 20 Min. nach Verlassen der Ermita Santa Clara stößt man auf eine weitere Kapelle, die *Ermita Coromota*, die von einem Gomero als Dank für seinen erworbenen Reichtum in Venezuela gestiftet wurde. Kurz darauf sieht man linker Hand in der Ferne den kleinen Weiler *Chigueré*, unterhalb dessen sich die wie Orgelpfeifen geformten Basaltsteinsäulen **Los Organos** befinden, die jedoch nur vom Wasser aus zu bestaunen sind. Etwa 10 Min. später stößt man auf eine steinernde Wegmarkierung, die zum **Buenavista/Montaña de Alcala** weist. Wer einen traumhaften Ausblick auf die Nordküste, die kleine Ortschaft *Tamargada* und den Roque el Cano genießen möchte, folgt dem Hinweis und macht einen kurzen Abstecher von der Hauptroute. Wer lieber auf direktem Weg weiter möchte, ignoriert den Hinweis und wandert bis zur nächsten steinerne Wegmarkierung, die den in steilen Serpentinen verlaufenden Abstieg nach Playa de Vallehermoso anzeigt. Was beim Abstieg besonders auffällt, ist die blattlose Wolfsmilch, die sich über den ganzen Hang ausbreitet. Nach ca. 45 Min. trifft man auf das erste Haus und gelangt im Barranco-Bett über Steinstufen zur Straße. Dieser folgt man rechts noch etwa 30 Min, bis man in Vallehermoso wieder auf die Hauptstraße nach Valle Gran Rey kommt.

Alojera

Die Höhenstraße von Vallehermoso nach Valle Gran Rey zweigt in der Nähe des **Ausflugsrestaurants Chorros de Epina** nach Alojera ab. Durch die Panoramafenster des großen Speisesaals bietet das geräumige Lokal eine beeindruckende Aussicht auf die Landschaft. Das Essen ist durchaus nicht zu verachten, aber ziemlich teuer. Um unliebsame Überraschungen zu vermeiden, empfiehlt es sich, die Preise der einzelnen Gerichte zu erfragen, denn diese werden pfiffigerweise auf der Speisetafel verschwiegen. Sehr oft sorgt der Ausflugsverkehr für einen ziemlichen Rummel, von dem die Bar und der Speiseraum in gleicher Weise betroffen sind. Ein Souvenirstand mit viel Ramsch rundet das Bild ab. Unweit des Restaurants befinden sich übrigens die drei Quellen, die ihm seinen Namen gegeben haben. Traditionell trinken die Gomeros von jeder einzelnen, wenn sie hier Station machen. Denn die linke soll vor Krankheiten schützen, die mittlere für eine erfüllte Ehe sorgen, und das Wasser der rechten soll sogar einen Menschen verhexen können.

Die Straße von Chorros de Epina hinab nach Alojera ist sehr schmal und mit Schlaglöchern gepflastert. **Alojera** ist eine idyllisch gelegene Streusiedlung, die sich mit mehreren Bebauungsschwerpunkten über den gesamten Verlauf des **Barranco del Mono** erstreckt. Tourismus ist in dieser abgelegenen, von den öffentlichen Verkehrmitteln noch völlig ignorierten Region bislang nur im Sommer angesagt, im Winter wirkt sie wie ausgestorben. In erster Linie sind es spanische Familien von Teneriffa und den anderen Inseln, die hier Urlaub machen und so den Strukturwandel des vor allem landwirtschaftlich geprägten Tales unterstützen.
Die Straße wird auf der letzten Strecke hinab zum *Playa de Alojera*, einem etwa 250 m langen, dunklen Sandstrand, der im Winter vom Atlantik "weggefressen" wird, so katastrophal, daß man besser das Auto abstellen und zu Fuß weitergehen sollte. Direkt oberhalb des Strandes wird hektisch gebaut. Wer hier in den nächsten Jahren Quartier bezieht, wird wohl öfter vom Baulärm als von der Brandung geweckt werden. Das eigentliche Zentrum des Tales findet man ein paar Kilometer oberhalb des Strandes bei der *Bar Ossorio*. Die nette Wirtin Susana Perdono Bello serviert - falls vorrätig - lekkere Fischgerichte zu vernünftigen Preisen. Vor dem Braten kann man sich den frischen Fisch hier zeigen lassen und das appetitlichste

Stück auswählen. In der Bar und im Lebensmittelladen nebenan vermietet Señora Perdono Bello Appartements (Tel. 800334). Das ortsübliche Preisniveau ist dabei nicht gerade besonders niedrig: Kleine Appartements für 2 Personen bekommt man ab 2000 Pts. Zum Schluß noch zwei Rufnummern für Appartements in Strandnähe (einen Kilometer oberhalb): Tel. 800054 und 800259.

Nackter, sonnenbeschienener Fels und bizarre Gesteinsformationen. Jahrmillionen erdgeschichtlicher Entwicklung - zu Stein gewordene Zeugen unglaublicher Kräfte, aufgeschnitten wie von Titanenhand: Feuer und Wasser, Gewalt der Erosion. Stille. Kaum jemand kann sich der einzigartigen Stimmung entziehen, hier im Barranco de Arure, auf dem Weg ins Tal des Großen Königs, ins

Valle Gran Rey

Wie ein Fächer öffnet es sich den Ankommenden - über endlos scheinende Serpentinen eilen Bus, Taxi und Mietwagen talabwärts, während sich die Passagiere an den Fenstern ihre Nasen plattdrücken: Nach jeder Kurve eröffnet sich ein neuer, atemberaubender Ausblick auf die Bananenplantagen im Talgrund, wo hohe Palmen ihre von der Sonne ausgezehrten Blätter in den Himmel recken.

Orangen-, Avocado- und Papayabäume huschen zum Greifen nahe vorbei, während man langsam tiefer gleitet. Vom nagelneuen *Mirador César Manrique* eröffnet sich eine einmalige Aussicht auf das Tal, denn das Restaurant mit Aussichtsterrasse und Panoramafenstern befindet sich nur ein Stückchen unterhalb der über 800 m hoch gelegenen Ortschaft Arure.

Guadá – so heißt das obere Tal: einsame, kleine Streusiedlungen mit verschlossenen, aber herzlichen Menschen. Leuchtend weiße Häuser, umgeben von einer Orgie in Grün: Terrassen, so weit das Auge reicht – aus der Ferne wie eine asiatische Hochgebirgslandschaft.

Jenseits der Baumgrenze ragt massiver Fels steil empor, überschattet bis zum Nachmittag die linke Talseite, die sich nur wenige Stunden am grellen Sonnenlicht erwärmen darf. Fast hat es den Anschein, als wolle sich die Schlucht mit ihren Felswänden, die Hunderte von Metern beinahe senkrecht abfallen, niemals öffnen, doch dann geht es vorbei an *Calera*, einem Juwel von Dorf, und endlich das Meer ...

Aussteigerparadies mit angekratztem Charme

Längst sind die Zeiten vorbei, als langmähnige Freaks ein verschlafenes Fleckchen Erde hinter den Bergen entdeckt hatten, wo es sich zwischen Bananenplantagen und dem Meer wunderbar träumen ließ, während daheim der Nieselregen tropfte. Herrlich billig lebte es sich damals, und der Schlafplatz im Besucherzimmer einer Campesinokate oder in einem baufälligen Ziegenstall war noch für ein paar freundliche Worte zu haben.

So schön war das Valle Gran Rey, daß sich das in Windeseile herumsprach und aus dem einsamen Tal blitzschnell ein Szenetreff wurde. Die ersten Gomeros erkannten den Boom, eröffneten einfache Bars und Pensionen, während in Berlin und Frankfurt das Valle als Geheimtip gehandelt wurde. Andere sahen dem Trubel mit gemischten Gefühlen zu: Da saßen nun diese verwegenen, ausländischen Gestalten im Dorf ihrer Väter, arbeiteten nicht, verschliefen den halben Tag, badeten nackt mit unvorstellbar verdorbenen Frauen, waren außerdem noch aggressiv und chronisch abgebrannt – und jeden Winter kamen mehr.

Während einige die sittliche Verderbnis der Dorfjugend schon deutlich vor Augen hatten, setzten andere auf wachsenden Wohlstand. Sie bauten Appartements und Restaurants, setzten beharrlich auf die nächste, zahlungskräftigere Generation von Gomera-Urlaubern. Vor ihren Häusern steht heute statt eines Esels ein Mercedes, statt El Silbo gibt es nun Telefon, und den Feierabend versüßt der Fernseher.

Die beinharten Freaks aber sind nur noch nostalgische Relikte, wehmütige Erinnerungen an die touristische Pionierzeit im Valle. Statt dessen überwintern heute Jungakademiker, die an ihrer Dissertation schreiben, im Tal des Großen Königs, holen sich die Eltern und braven Geschwister der nach El Hierro, La Palma und Nepal geflüchteten "Chaoten" in drei Wochen ihren Wintersonnenbrand unter Palmen – ein Hauch von Luxus und Exklusivität auch für Budget-Reisende ...

Die Gemeinde Valle Gran Rey liegt im Westen Gomeras und kann als einzige Verwaltungseinheit der Insel mit steigenden Einwohnerzahlen aufwarten; heute leben rund 3100 Menschen hier. Den Siedlungsschwerpunkt bildet das gleichnamige fruchtbare Tal, das lange Zeit nur über den Seeweg zu erreichen war. Rund 40 Jahre hatte es gedauert, bis Valle Gran Rey in den 70er Jahren endlich an die Straße nach Arure angeschlossen wurde. Beim Bau dieser Verkehrsanbindung gab es über Jahrzehnte ungeheure Probleme. So stürzten im Jahr 1941 nach starken Regenfällen die Wassermassen den Barranco herunter und rissen alles bis dahin Gebaute mit sich. Schließlich hat man die Schwierigkeiten aber dann doch weitgehend in den Griff bekommen.
Zu den auffälligsten Großprojekten der letzten Zeit zählt zum einen der komplette Aus- bzw. Umbau der Straßenführung von Calera durch Bobalán nach Vueltas (mit bislang zwei Verkehrskreiseln!), im Rahmen dessen auch eine großzügige Beschilderung angebracht wurde. Zum anderen die noch andauernde Befestigung der Uferpromenade auf der gesamten Strecke von La Playa bis Vueltas, die ebenfalls an den Verkehrskreisel in Calera angebunden wurde. Nicht zu vergessen schließlich die 1995 fertiggestellte neue Trasse von Arure nach Valle Gran Rey, die durch zwei neue Tunnels führt und vor allem den Einwohnern sichtbare verkehrstechnische Erleichterung bringt: Waren früher auf der schmalen Straße mit freiem Blick auf den Abgrund insbesondere sensibilisierte Ohren für Hubsignale gefragt, um rechtzeitig den Rückwärtsgang vor dem entgegenkommenden Bus einzulegen, so kann man sich auf der komfortablen Piste heute ganz allein auf seine fahrerischen Künste verlassen. Allerdings haben die Verantwortlichen sogar fast zu viel des Guten getan, denn an manchen Stellen nimmt die Straße reichlich überdimensionierte Ausmaße an.

Sitz der Gemeindeverwaltung ist **La Calera**, ein anmutiges Dorf mit herrlichem Panorama. Gut zehn Fußminuten vom Meer entfernt, gibt es hier eine Vielzahl von privaten Unterkünften, wo Familienanschluß keine Ausnahme ist. Nur wenige Boutiquen und Andenkenläden findet man zwischen den schmalen, mitunter steil ansteigenden Gäßchen und Treppen. So ist der Ort weit davon entfernt, städtisches Zentrum des Tales zu sein. Im Gegenteil, wer hier seinen Urlaub verbringt, der schätzt die niedrigen, strahlendweißen Häuser, die spielenden Kinder in den Gassen, die für

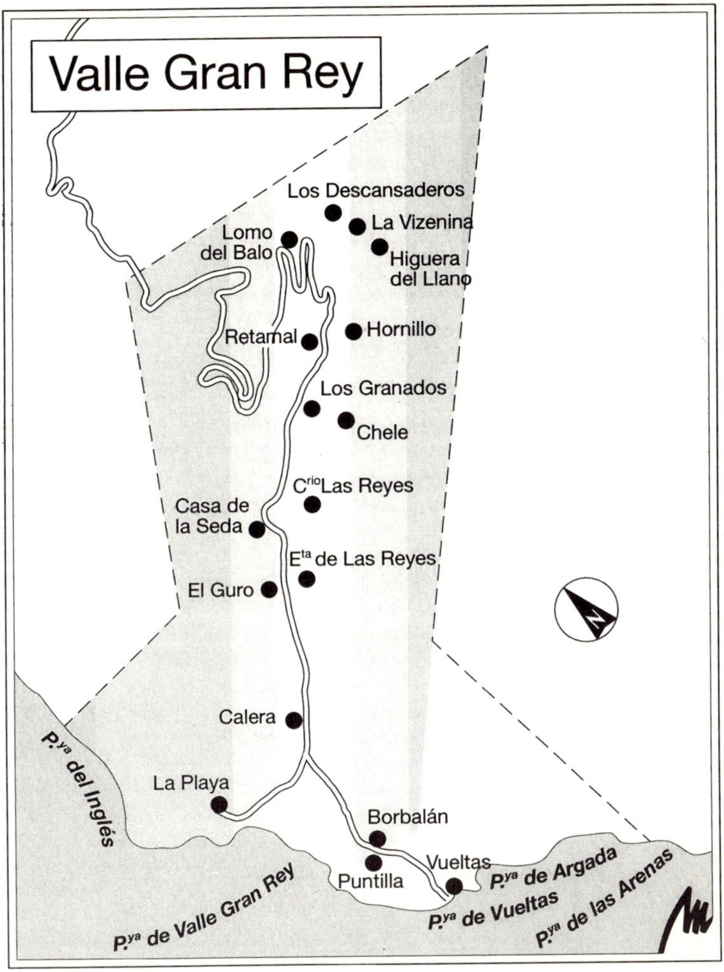

Autos zu schmal sind, das rege Dorfleben und – nicht zuletzt – die beeindruckende Aussicht.

Ein weiterer touristischer Schwerpunkt ist die Siedlung **La Playa**, wenig unterhalb von La Calera direkt am Meer gelegen. Wer hier wohnt, wird von der Brandung des Atlantiks in den Schlaf gesungen. In den letzten Jahren hat sich allerdings einiges geändert.

Zahlreiche Appartements und Shops sind neu gebaut worden, und diverse Restaurants und Bars haben ihre Pforten geöffnet. Kein Wunder, schließlich ist La Playa tagsüber der lebendigste Teil des Tales: Man trifft sich an der Strandpromenade und knüpft Kontakte.

Borbalán und **La Puntilla**, die beiden kleinen Siedlungen auf der Achse Calera – Vueltas (bzw. La Playa – Vueltas), liegen inmitten ausgedehnter Bananenplantagen. Zum nächsten Badestrand, zum Essen oder Einkaufen ist ein kurzer Fußmarsch unumgänglich. Übrigens, die Blocks in Borbalán, die wie Kasernen aussehen, sind als sozialer Wohnungsbau für die Bewohner des Dorfes La Rajita entstanden, denen mit der Schließung der dortigen Fischfabrik die Erwerbsgrundlage genommen wurde.

Vueltas, der Hafensiedlung, sind die Folgen des florierenden Tourismus im Valle am deutlichsten anzumerken. Quaderförmige Betonbauten und Appartementsilos fallen hier als erstes ins Auge. Immerhin verfügt der Ort aber auch über eine relativ gut entwikkelte Infrastruktur (Supermärkte, Bushaltestelle, Unterkünfte etc.). Hierher sind in den letzten Jahren neben der Diskothek Paco's Club (ehemals Quasimodo) immer mehr Szenekneipen und Cafes verlegt worden.

Wer schließlich lieber wandern als baden will, wer sich statt Kontakten zu anderen Urlaubern Einsamkeit und "Landschaft pur" wünscht, wer abends in der Bar um die Ecke fast ausschließlich Einheimische treffen möchte, der ist im oberen Bereich des Tales, in **Guadá**, am besten aufgehoben.

Der Wasserkrieg I.

La guerra del agua, so nennen die Einwohner des Valle Gran Rey die alljährlich im Sommer ausbrechenden Streitigkeiten um das knapper werdende, kostbare Bewässerungsnaß. Und dieser Streit hat Tradition. Schließlich stammt das heute gültige Wasserrecht aus dem Jahr 1927, als im oberen Tal (Guadá) noch die reichen Bauern und im unteren Tal (Calera) die armen Fischer lebten. Damals wurde unter anderem festgelegt, daß man für den Boden, der schon vor 1927 Ackerland war, das zur Bewässerung notwendige Wasser umsonst bekommen sollte, während es für den anderen Grund zu bezahlen war. Auch wurde vereinbart, daß das Wasser aus dem Speicher tagsüber dem oberen Tal und in der Nacht dem

Calera ist ein Juwel unter den Dörfern Gomeras

unteren gehören sollte. Wenn nun in den trockenen Sommern die wertvolle Flüssigkeit spärlicher fließt und die Bananenstauden zu vertrocknen drohen, dann wird um jeden Liter gestritten. Dabei wird den Leuten von Guadá oft vorgeworfen, Wasser zu stehlen, das eigentlich Calera gehört. Diese Auseinandersetzung eskalierte einmal sogar so weit, daß dabei eine Frau von der Guardia Civil erschossen wurde.

Wie genau es die Gomeros mit dem Wasserrecht nehmen, können Frühaufsteher noch heute an jedem Morgen sehen. Eine halbe Stunde vor Sonnenaufgang wird die *farol*, eine Laterne auf einem im ganzen Tal sichtbaren Felsen, von Tonio aus Los Granadas angezündet. Erst in diesem Augenblick dürfen die Bewohner von Guadá das Wasser in ihre Tanks einlaufen lassen. Abends kommt dann ein Mann aus dem unteren Tal und leitet das Wasser an den Tanks vorbei nach Calera.
Und in jedem Sommer bricht dann *la guerra del agua* aufs neue aus.

Wer Los Organos sehen will, muß einige Schaukelei in Kauf nehmen

Der Wasserkrieg II.

Nicht nur um das landwirtschaftlich genutzte Wasser wird heftig gestritten, auch die Trinkwasserversorgung war schon mehrmals ein Grund für Auseinandersetzungen zwischen oberem und unterem Tal. So wird oben das gute Wasser der Quelle von Guadá ins Trinkwassernetz eingespeist, während sich Calera stets mit Brunnenwasser weit geringerer Qualität begnügen mußte. 1972 besetzten deshalb einige Männer aus Calera das Brunnenhaus, wo das Quellwasser in die Trinkwasserleitung von Guadá eingespeist wurde. Ihr Ziel war es, das Wasser, das ihnen nach dem geltenden Wasserrecht eigentlich nicht zustand, nach Calera zu leiten.
Doch schon bald versammelten sich die Frauen von El Hornillo, einem Weiler in Guadá, mit ihren Kindern um das Brunnenhaus, weil sie befürchteten, daß es beim zu erwartenden Aufeinandertreffen der hitzköpfigen Männer aus oberem und unterem Tal zu Gewalttätigkeiten kommen könnte. Nach einigem Hin und Her und nach mehreren Tagen der Blockade und Gegenblockade wurde der Streit schließlich juristisch geklärt, und zwar mit dem Ergebnis,

daß das alte Wasserrecht in Kraft blieb und Calera folglich weiterhin auf das Brunnenwasser angewiesen war. Dessen Qualität verschlechterte sich in den folgenden Jahren allerdings so gravierend, daß in den 80ern enorme Schadstoffkonzentrationen im Trinkwasser von Calera nachgewiesen wurden – in einer Gegend, wo besonders viele Familien mit kleinen Kindern Urlaub machen! Man mußte also unbedingt Konsequenzen ziehen, tat das aber reichlich spät: Erst im Sommer 1988, als das Wasser im unteren Tal eigentlich schon längst nicht mehr genießbar war, wurde im oberen Talbereich ein neu gebohrter Trinkwasserbrunnen für Calera in Betrieb genommen.

Verbindungen

- *Bus*: Normalerweise hält der ankommende Bus an der Plaza von Calera (beim Rathaus), vor der Bar Las Jornadas in La Playa und an der Hafenmole in Vueltas. Für die Abfahrt ab Calera wartet man am besten an der Mauer gegenüber der Zumeria an der Plaza. In der Hauptsaison kommt es allerdings vor, daß der Bus nach San Sebastián von Playa via Vueltas in Calera wegen Vollbesetzung gar nicht mehr hält. Wer also die Fähre sicher erreichen will, sollte in La Playa zusteigen. Die Busse verkehren auch hier selten pünktlich. Wie immer ist es ratsam, mindestens 15 Minuten vor der Abfahrt an der Haltestelle zu sein. Tickets gibt es im Bus.

Linie 1: Valle Gran Rey - **San Sebastián** (über Arure, Las Hayas, El Cercado, Chipude, Igualero, Cruce Bajarito). Dauer der Fahrt: ca. 135 Min.; Preis: 675 Pts. Abfahrt von Valle Gran Rey: täglich 4.30, 8, 14.30 und 19 Uhr. Rückfahrt von San Sebastián: täglich 11.30, 14, 18 und 21 Uhr (wartet auf die Fähre).

- *Taxi*: Der zentrale Taxistand befindet sich an der Pfarrkirche von Calera (Tel. 805058). Nach Möglichkeit sollte man sein Taxi schon tags zuvor bestellen, denn hin und wieder sind alle Wagen, gleichzeitig unterwegs. Wenn man pünktlich die Fähre erreichen muß kann es dann knapp werden.

Fahrpreise von Valle Gran Rey nach:

San Sebastián	5500 Pts
Playa de Santiago	4500 Pts
Arure	2000 Pts
Las Haya	3000 Pts
Chipude	3500 Pts
Vallehermoso	4000 Pts
Hermigua	5000 Pts

Seemannsgarn im Hafenviertel

Als *Capitano Claudio* ist er im Valle bekannt, der gestandene Seebär mit den sonnengebleichten Haaren und dem meereswindgegerbten Gesicht. Seit 1985 gehört er zu den "Institutionen" im Hafenviertel. Auf dem Weg von Florida nach Brasilien sorgten widrige Winde dafür, daß er hier vorbeikam und hängenblieb. *"Von dem Heizöl, das ich hier nicht verbrauche, kann ich schon fast leben"*, erzählt er nicht ohne Augenzwinkern.

Überhaupt kann er so manche Geschichte aus seinem bewegten Leben zum besten geben, von seinen Jobs in der Werbe- und Musikindustrie zum Beispiel oder von der Zeit als Segellehrer in Florida. Meist gutgelaunt, spinnt er sein Seemannsgarn im Cacatua und, seit neuestem, in seinem **Bait & Tackle-Shop** in Vueltas. Ein wenig wehmütig denken wir zurück an die guten alten Zeiten, als seine *MS Alcatraz* noch den Linien-Schiffsverkehr zwischen San Sebastián und Valle Gran Rey aufrechterhalten hat: Wie bei etwas stärkerem Seegang alle Passagiere die Fische fütterten und lustige Delphine das Boot begleiteten. Ein schwarzer Tag, als uns Capitano Claudios Brief erreichte: "*Sie ist an Altersschwäche ein- bzw. untergegangen. Eine lange, abenteuerliche Geschichte . . .*" – noch eine! Seinem Tatendrang hat das zum Glück keinen Dämpfer versetzt. Seit August '91 trifft man ihn täglich außer sonntags von 9 bis 12 und von 17 bis 19 Uhr in seinem Shop. "*Schließlich gehört ein Laden für Angelbedarf in jeden Hafen.*" Und warum der Schlitten vor der Tür, den man auch mieten kann? "*Wenn es mal schneit, bin ich saniert!*" Ach so.

Außer Spaß, Informationen und Geschichten gibt es im Shop natürlich auch Waren und Dienstleistungen. So kommen noch immer viele Urlauber hierher und wollen mit der Alcatraz nach San Sebastián zurückfahren. Da hat Capitano Claudio ganz einfach aus der Not eine Tugend gemacht und eine **Mitfahrzentrale** (kein Scherz!) eingerichtet. **Sportfischertouren** und **Bootsausflüge** in enger Zusammenarbeit mit hiesigen Fischern bietet er natürlich auch noch an. Nach Absprache ist fast alles möglich: Hochseeangelfahrten mit der *Vienna* für bis zu 4 Personen (pro Person 10.000 Pts; je nach Jahreszeit Thunfisch, Barrakuda, Gabelmakrele oder Hammerhai – nur zum Eigenverzehr oder bei größeren Portionen, beispielsweise einem 200 kg schweren Blue Marlin, als Spende für soziale Einrichtungen), Segelturns nach Hierro und La Palma (eine Strecke dauert etwa 8 - 10 Std.; Hin- und Rückfahrt bei diesem 2-Tages-Turn inklusive Kost und Logie kommen auf 12.000 Pts pro Person bei maximal 6 Mitfahrern), Ausflugsfahrten nach Los Organos mit der *Alcajuma* jeden Tag von 10 - 13 Uhr (ein tolles Erlebnis für 3500 Pts pro Person – volle Seetüchtigkeit vorausgesetzt!), ganztägige Bootsausflüge zu abgelegenen Buchten und Stränden für 4000 Pts pro Person

Spinnt Seemannsgarn wie kein anderer: Capitano Claudio

und bei geeignetem Wetter auch ganztägige Touren rund um die ganze Insel für 8000 Pts pro Person. Wal- und Delphin-Gucken mit der *Triana* oder der *Ascension del Señor* kostet 3500 bzw. 5000 Pts. Allerdings ist, wie bei freien Tieren üblich, "Angucken-lassen-Wollen" nicht garantiert. Richtig ausgelassen wird es auf den sporadisch stattfindenden Vollmondfahrten, die stets mit einem handfesten Gelage verbunden sind. Mindestens 8 Tage vorher sollte man sich für alle diese Trips mit Capitano Claudio in Verbindung setzen.

Wie immer sprüht Capitano Claudio auch vor neuen Projekten: Der Yachtclub "Club de Mar Valle Gran Rey e.V" veranstaltet demnächst in den angrenzenden Räumen der ehemaligen Serena-Bar Dia- und Filmvorträge. Eine vierwöchige Gastmitgliedschaft im Verein kann man für 1000 Pts bei Capitano Claudio bekommen.

Bei aller Umtriebigkeit bleibt eines jedoch für ihn wichtig: "*Meine Angebote sind stets auf Individualisten zugeschnitten. Am schlimmsten wäre es für mich, wenn hier der Massentourismus wie auf Teneriffa Fuß fassen würde.*"

Information/Adressen

• *Information:* Rathaus an der Hauptstraße kurz vor der Gabelung Puerto/Playa, Tel. 805000. Geöffnet: Mo - Fr 9 - 12 Uhr. Auskünfte nur auf spanisch. **Die besten Informationsquellen** etwa bei der Suche nach einem freien Appartement sind meistens **andere Reisende**. Bei speziellen Problemen kann man sich auch an die Deutschen wenden, die schon lange im Valle leben. Eine gute Anlaufstation ist der Fotoladen von Thomas Müller in La Playa (el fotógrafo; siehe auch "el fotógrafo: Chronist und Entdecker"). Dabei sollte man aber immer beachten, daß Auskünfte eigentlich nicht der Job dieser Leute sind und "daß Dutzende von mitunter ziemlich unhöflichen Dauerfragern am Tag ganz schön nerven können".
Eine andere Möglichkeit, Auskünfte einzuholen, ist die Lektüre von **Info-Zeitungen**. Alles über Kulturveranstaltungen, Freizeitangebote, Restaurants und Bars, Fiestas in Valle Gran Rey, wichtige Adressen mitsamt Telefon-Nummern (Rückbestätigungen!) sowie Fahrpläne für Busse und Fähren bietet das deutschsprachige Magazin **Aktuelle Ferien-Tips La Gomera**, das für 250 Pts beim el fotógrafo zu kaufen ist. Die zweite Infoquelle für Deutsche ist **Der Valle-Bote**, der mit spitzer Feder Inselinternes aufgreift und aus dem Nähkästchen "der Insel der Beknackten" (Zitat des Herausgebers Capitano Claudio) plaudert. Zu erwerben für 175 Pts in vielen Läden und Restaurants.

• *Hilfe in Notfällen*: Unterstützung, z.B. bei Verlust der Reisedokumente, gewährt der Vertrauensmann des deutschen Vizekonsulats, W. Reinhold. Er ist während der Bürozeiten (Mo - Fr 9 - 13 Uhr) an der Rezeption des Casa Rudolfo (La Playa, Strandzeile) anzutreffen (Tel. 805195).

Endlose Terrassen – ganz oben zeigt sich das Valle Gran Rey von seiner schönsten Seite

• *Post*: An der Straße von Calera nach Vueltas ca. 100 m hinter der Tankstelle auf der linken Seite. Keine Postsparkasse! Öffnungszeiten: Mo - Fr 8 - 13 Uhr und Sa 9 - 12 Uhr.

• *Telefonieren*: In allen Ortsteilen gibt es mehrere Telefonzellen. Man kann entweder mit Münzen oder mit Telefonkarten telefonieren. Telefonkarten gibt es für 1000 bzw. 2000 Pts zu kaufen, z.B. beim el fotógrafo in La Playa. Telefonkabinen hat Auto Piñero in Vueltas und Auto Garajonay zwischen La Calera und La Playa. Hier kann man ungestört telefonieren, weil erst nach dem Gespräch bezahlt wird.

• *Fax-Service:* Fax-Empfang und Senden beim el fotógrafo in La Playa. Empfangen mit Aufbewahrungs-Service kostet 100 Pts pro Seite, Senden 20 Pts pro Telefoneinheit (Fax-Nr. 805654). Fax-Service in Vueltas im Esoterik-Laden gleich neben dem Bio-Laden Ansiria (Fax-Nr. 805739).

• *Banken*: Die **Caja Canarias** hat den einzigen Geldautomaten in Valle Gran Rey und befindet sich neben der Bar Parada an der Plaza von Calera. Der Neubau, 30 m unterhalb gelegen, bringt vielleicht Entspannung in die Wartezeiten. Geöffnet: Mo - Fr 8.30 - 14 Uhr und Sa 9 - 13 Uhr. Von Oktober bis Juni zusätzlich auch Do 17 - 20 Uhr

Banco de Santander, ca. 150 m oberhalb der Caja Canarias an der Hauptstraße von Calera. Geöffnet: Mo - Fr 8.30 - 14 Uhr. Zusätzlich Oktober bis Mai Sa 8.30 - 13 Uhr.

Wechselstuben gibt es außerdem im Büro von Ultramar Express an der Strandpromenade von Vueltas neben der Zumeria La Condesa. Geöffnet: Mo - Fr 9.30 - 12 Uhr und 16 - 19 Uhr, Sa nur vormittags. Ähnliche Einrichtungen findet man in Vueltas noch im TUI-Büro, in Borbalán bei der Información und in La Playa beim el fotógrafo. Geöffnet: Mo - Sa 10 - 14 und 16 - 20 Uhr.

- *Wäscherei*: Der **Waschsalon Lavandería Waltraud** in La Playa wird mittlerweile von Silke geführt. Die Falttechnik von der Socke bis zum Strandtuch ist Meisterklasse. Eine Maschine kostet 900 Pts, Trocknen 600 Pts. Geöffnet: Mo - Sa 10 - 16 Uhr, im Sommer 10 - 15 Uhr. Tel. 805660. Darüber hinaus kann man seine Schmutzwäsche auch in der **Boutique Mosquito** (La Puntilla) abgeben. Geöffnet: außer sonn- und feiertags täglich 10 - 14 und 17 - 20 Uhr. Im Winter 17 - 21 Uhr.
- *Kurse*: **Spanischunterricht** erteilt die **Sprachenschule La Palmera** in La Playa (siehe "Habla Español").

Die **Casa Blanca** in Vueltas bietet Kurse bzw. Einzelsitzungen in **Shiatsu-Massage**, **Akupunktur** und **Reiki** an. Außerdem im Programm: täglich um 19 Uhr verschiedene **Meditationstechniken** zum Kennenlernen. Gyan und Nirvesh sind ausgebildet in Akupunktur und Reiki. Tel. 805540.

Ingeborg Sinkendonk aus Los Granados (Guadá) bietet von Zeit zu Zeit **Bioenergetik-Selbsterfahrungskurse** und Charakterarbeit in Einzel- und Gruppensitzungen an. Gebühr je nach Gruppengröße (maximal 15 Teilnehmer) pro Tag und Person ab 50 DM. Einzelstunden 60 DM. 14-tägige Kurse inklusive Wohnung 990 DM. Kontakt: in Deutschland 05251/63662, auf Gomera 805542 oder über Manuel Trujillo, den Wohnungsvermittler in La Puntilla.

Weitere aktuelle Kursangebote wie **Theatergruppe**, **Massage**, **Kindergruppen** etc. hängen im el fotógrafo, bei Silke im Waschsalon oder in Vueltas in verschiedenen Läden aus.

- *Friseur*: **Peluqueria Fernando** in Calera. Ein normaler Haarschnitt kostet etwa 800 Pts. Geöffnet: Mo - Fr 9 - 14 Uhr. Außerdem gibt es in La Playa die **Peluqueria Margari** neben den Apartamentos Eladio.
- *Medizinische Versorgung*: Das **Centro Sanitario De Higiene Rural** (Tel. 805804) liegt am oberen Ortsrand von Calera an der alten Dorfstraße. Drei Ärzte wechseln sich rund um die Uhr ab. Bei akuten Zahnproblemen und schlimmeren Erkrankungen bleibt allerdings nur der Weg nach San Sebastián. Tel. 870450.
- *Apotheke*: Etwa 100 m unterhalb vom Centro Sanitario an der alten Hauptstraße von Calera findet man die Apotheke von Jose Eugenio Piñero Correa. Sie ist Mo - Fr von 9 - 13.30 und von 17 - 19 Uhr sowie samstags von 9.30 - 12 Uhr geöffnet (Tel. 805158). Außerdem gibt es eine Notklingel. Salben gegen Verbrennungen, die durch zu langes Sonnenbaden entstanden sind, finden hier reißenden Absatz.
- *Polizei*: Die **Policia Municipal**, Tel. 805000, verweist bei Diebstählen und ähnlich schweren Delikten immer gleich an die Guardia Civil in Vallehermoso (Tel. 800027) oder San Sebastián (Tel. 870255).
- *Tankstelle*: Sie liegt ein wenig unterhalb der Plaza von Calera in der Nähe der Pfarrkirche. Geöffnet: Mo - Sa 7 - 20.30 Uhr, So 8 - 14 Uhr.
- *Werkstatt*: In Borbalán gegenüber der Villa Aurora.

Mietwagen

Um auf Gomera ein Auto mieten zu können, muß man mindestens 2 Jahre den Führerschein besitzen. Zur Wagenmiete (meist inkl. Haftpflichtversicherung) kommen noch die sehr zu empfehlende Vollkaskoversicherung, in der Regel 4 Prozent Steuern und zum Teil noch eine Kaution. Bei mehr als 2 Tagen Mietdauer erhält man rund 10 Prozent Rabatt, bei mehr als 14 Tagen bis zu 30 Prozent.

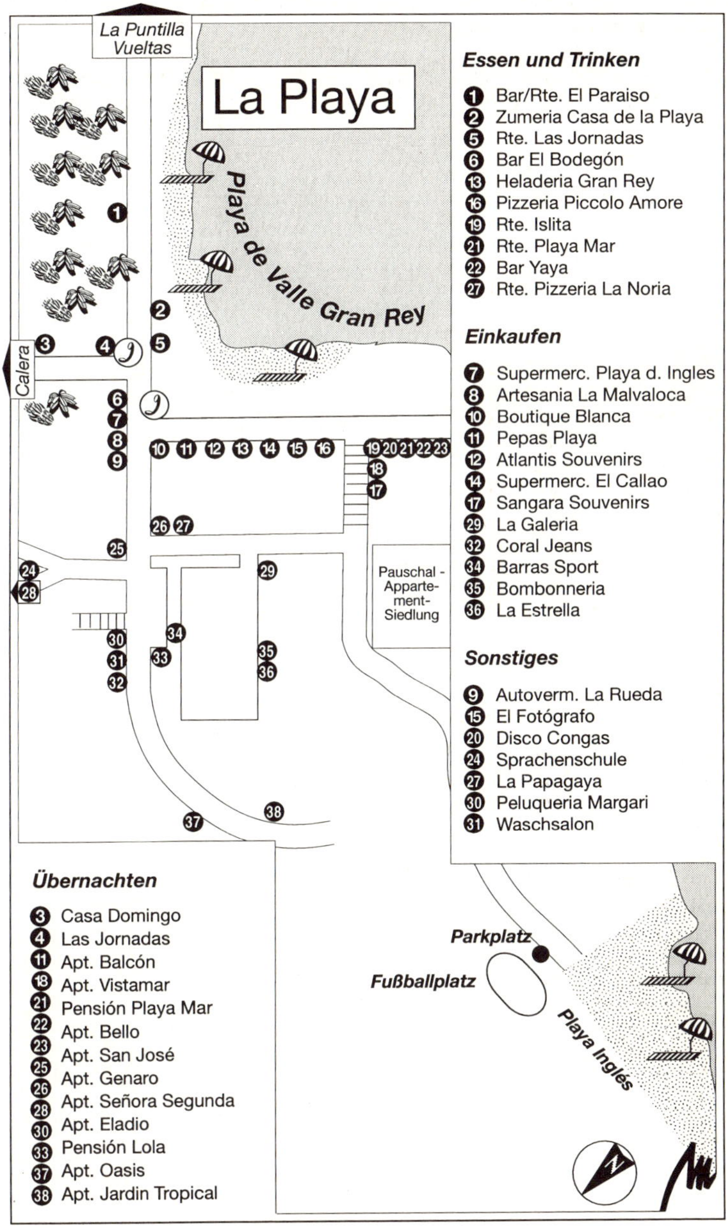
La Puntilla
Vueltas
La Playa
Playa de Valle Gran Rey
Calera
Pauschal - Apparte- ment- Siedlung
Parkplatz
Fußballplatz
Playa Inglés
N
Essen und Trinken
1 Bar/Rte. El Paraiso
2 Zumeria Casa de la Playa
5 Rte. Las Jornadas
6 Bar El Bodegón
13 Heladeria Gran Rey
16 Pizzeria Piccolo Amore
19 Rte. Islita
21 Rte. Playa Mar
22 Bar Yaya
27 Rte. Pizzeria La Noria
Einkaufen
7 Supermerc. Playa d. Ingles
8 Artesania La Malvaloca
10 Boutique Blanca
11 Pepas Playa
12 Atlantis Souvenirs
14 Supermerc. El Callao
17 Sangara Souvenirs
29 La Galeria
32 Coral Jeans
34 Barras Sport
35 Bombonneria
36 La Estrella
Sonstiges
9 Autoverm. La Rueda
15 El Fotógrafo
20 Disco Congas
24 Sprachenschule
27 La Papagaya
30 Peluqueria Margari
31 Waschsalon
Übernachten
3 Casa Domingo
4 Las Jornadas
11 Apt. Balcón
18 Apt. Vistamar
21 Pensión Playa Mar
22 Apt. Bello
23 Apt. San José
25 Apt. Genaro
26 Apt. Señora Segunda
28 Apt. Eladio
30 Apt. Eladio
33 Pensión Lola
37 Apt. Oasis
38 Apt. Jardin Tropical

Señora Segunda baut noch ihren eigenen Kaffee an

TIP: Genau über die Vertragsbedingungen informieren, denn die Mietverträge weichen inhaltlich zum Teil drastisch voneinander ab. So kann es passieren, daß die nicht gerade billige Vollkaskoversicherung nicht gilt, wenn man von der Straße abkommt. Außerdem sollte man "seinen" Wagen ausgiebig probefahren, schleifende Bremsen und ausgeleierte Stoßdämpfer sind nämlich keine Seltenheit!

Auto La Rueda in Playa (Tel. 805197 und 805517) ist eine der begehrtesten Adressen, denn der große Fuhrpark und die Auswahl des freundlichen Besitzers Roberto lassen selten den Wunsch nach einem fahrbaren Untersatz unerfüllt. Abgabemöglichkeit im Büro in San Sebastián (siehe auch "San Sebastián/Mietwagen"). Preise pro Tag inkl. Haftpflichtversicherung: Seat Panda/Marbella 3400 Pts, Opel Corsa 3700 Pts, Renault Clio 3800 Pts, Seat Ibiza 3600 Pts, Hyundai 1.3 3900 Pts, Mitsubishi Montero 8700 Pts. Ab 3 Tagen wird es nochmal billiger. Zusätzliche Vollkasko 1000 Pts. Geöffnet: Mo - Sa 8 - 13 und 16 - 19 Uhr.

Autos El Carmen, direkt an der Hafenmole von Vueltas, Tel. 805029 oder 805474. Preise pro Tag inkl. 4 Prozent Steuern: Seat Marbella 2150 Pts, Peugeot 205 2650 Pts. Hinzu kommen noch 1350 Pts Haftpflichtversicherung, eine Vollkasko-Versicherung und eine Kaution von 5000 Pts. Geöffnet: Mo - Sa 8 - 13 und 16 - 20 Uhr.

Autos Garajonay, zwischen La Calera und La Playa, Tel. 805112. Hat weitere Büros in Alajero und San Sebastián. Preise pro Tag: Seat 3180 Pts, Moke Cabrio 3290 Pts, Ford Fiesta 3500 Pts, Citroen BX 5-Türer 4940 Pts, Jeep Zusuki 5400 Pts, Minibus 12500 Pts. Versicherung 1400 und 2100 und 5000 Pts Kaution. Geöffnet: Mo - Fr 8.30 - 13 und 16 - 20 Uhr.

Rent a Car Piñero in Vueltas (Tel. 805397), in Puntilla (Tel. 805686) und

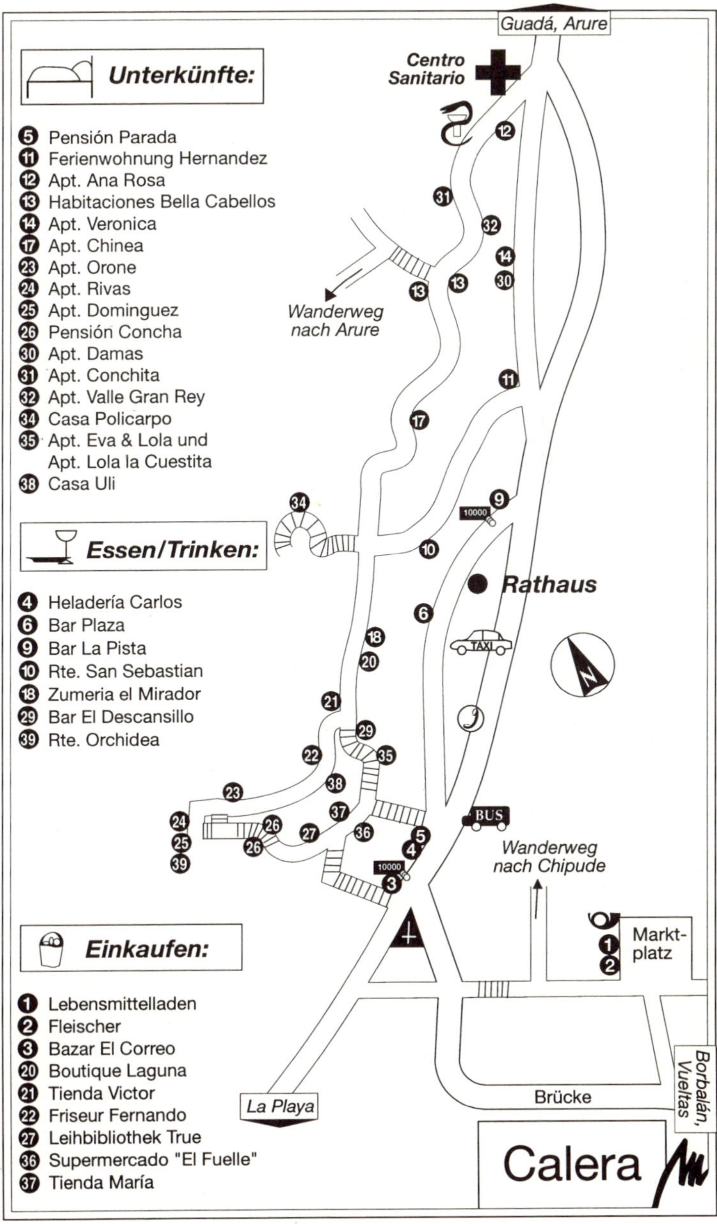
Unterkünfte:
5 Pensión Parada
11 Ferienwohnung Hernandez
12 Apt. Ana Rosa
13 Habitaciones Bella Cabellos
14 Apt. Veronica
17 Apt. Chinea
23 Apt. Orone
24 Apt. Rivas
25 Apt. Dominguez
26 Pensión Concha
30 Apt. Damas
31 Apt. Conchita
32 Apt. Valle Gran Rey
34 Casa Policarpo
35 Apt. Eva & Lola und Apt. Lola la Cuestita
38 Casa Uli
Essen/Trinken:
4 Heladería Carlos
6 Bar Plaza
9 Bar La Pista
10 Rte. San Sebastian
18 Zumeria el Mirador
29 Bar El Descansillo
39 Rte. Orchidea
Einkaufen:
1 Lebensmittelladen
2 Fleischer
3 Bazar El Correo
20 Boutique Laguna
21 Tienda Victor
22 Friseur Fernando
27 Leihbibliothek True
36 Supermercado "El Fuelle"
37 Tienda María
Guadá, Arure
Centro Sanitario
Wanderweg nach Arure
Rathaus
TAXI
BUS
Wanderweg nach Chipude
Markt-platz
La Playa
Brücke
Borbalán, Vueltas
Calera

in La Playa im Casa Rudolfo (Tel. 805195). Weitere Büros in Santiago (im Weiler Tecina) und San Sebastián. Preise pro Tag (und ab 7 Tage): Peugeot 106 3000 Pts (2800), Opel Corsa 3200 Pts (2900), Peugeot Cabrio 6000 Pts (55400) und Toyota 8-Sitzer 10500 Pts (9800). Dazu kommen noch 1750 - 4680 Pts Vollkasko und 4 Prozent Steuern. Abgeben in San Sebastián kostet nochmals 2000 Pts extra. Geöffnet: täglich 8 - 13 und 16 - 20 Uhr.

Autovermietung **Avis** in La Puntilla, Tel. 805621. Preise pro Tag: Ford Fiesta 4794 Pts inkl. Vollkasko. Geöffnet: Mo - Fr 8 - 13 und 17 - 20 Uhr, Sa 8 - 12 Uhr.

Bikes, Barrancos und Berge

Die Bike-Station in La Puntilla bietet Mountainbike-Verleih und Tagestouren an. Ein Drahtesel kostet pro Tag 2000 Pts, bei längerer Mietdauer nur 1500 Pts. Einen Beach Cruiser ohne Gangschaltung gibt es ab 900 Pts, Kindersitz 500 Pts, Anhänger 700 Pts, Sturzhelm 250 Pts. Die Versicherung für das Fahrrad kostet ebenfalls extra. Bei Verlust durch Diebstahl (kommt leider immer öfter vor!) sind ohne Versicherungsschutz um die 70.000 Pts zu berappen.

Geführte Ausflüge mit Shuttle-Bus und Bike in die Bergwelt Gomeras können ab 4500 Pts gebucht werden. Die jeweils nächsten Touren werden auf der Tafel vor dem Laden bekanntgegeben. Neben dem Termin finden Sie dort auch den jeweiligen Schwierigkeitsgrad verzeichnet. Öffnungszeiten des Shops: Mo - Sa 10 - 13 und 17 - 19 Uhr.

Einkaufen

• *Lebensmittel*: In **La Playa** gibt es drei Supermärkte. Der größte ist der **Supermercado Genaro** gegenüber Autos Rueda. Aber auch der freundliche **El Callao** direkt an der Strandpromenade und der **Supermercado Playa del Ingles** (neben El Bodegón) haben von frischem Brot und Croissants bis zu Obst, Wurst und Toilettenartikeln alles, was man so braucht. Der Supermercado del Ingles hat durchgehend von 8 - 20.30 Uhr geöffnet. Die anderen Mo - Sa 8 - 14 Uhr und 16 - 20 Uhr, So geschlossen.

Im unteren Ortsteil von **Calera** finden Sie den großen **Supermercado El Fuelle**. Geöffnet Mo - Sa 8 - 13.30 Uhr und 16 - 20 Uhr, So geschlossen. Schauen Sie aber auch mal gegnüber bei der **Tienda Maria**, einem kleinem Lebensmittelladen, vorbei. Die sehr freundliche Besitzerin hat auch Appartements in Calera. Der kleine **Supermercado Tienda Victor** neben dem Friseur ist der Treffpunkt der Einheimischen. Aber auch zahlreiche Touristen tummeln sich hier, was natürlich bedeuten kann, daß man schon mal eine Viertelstunde auf knusprige Croissants warten muß. Geöffnet: Mo - Sa 8 - 13.30 und 17 - 20 Uhr. Weiter oben liegt der **Supermercado El Chorro**, der auch mal zur Abwechslung kalten Braten und Roquefort-Käse bietet.

In **Vueltas** gibt es den **Supermercado El Puerto**. Er hat durchgehend geöffnet und befindet sich oberhalb von Capitano Claudios Shop. Man bekommt hier auch frisches Fleisch. Außerdem findet man in Vueltas noch zwei kleine Lebensmittelgeschäfte, den **Supermarket Valle Gran Rey** (siehe Stadtplan) und **den Supermercado Jonay & Olivier**, wo man neben Obst, Gemüse, Käse, Wurst, Milch und Joghurt auch tiefgefrorenes Fleisch kaufen kann. Geöffnet: täglich 8 - 13 und 16 - 21.30 Uhr. Jonay & Olivier ist im übrigen auch die beste Anlaufstation für Tabakraucher: Ein Päckchen Samson mit Blättchen kostet hier 275 Pts und ist damit billiger als z.B. in der Bar El Eden oder in der Bar/Rte. Playa Mar.

Im **Supermercado La Palomera** in **Borbalán** gibt es neben den üblichen Lebensmitteln auch Erdinger Weißbier, Drogerieartikel und Spielzeug. Geöffnet: täglich 8 - 14 und 16 - 20 Uhr.

Frischer Fisch: Der Fischwagen fährt jeden Tag zwischen 8 und 9 Uhr durchs Tal. Durch den Lautsprecher preist er laut dröhnend seinen Fisch an; zwischen den Ansagen wird - nicht minder laut - kanarische Musik zum besten gegeben. Am Hafen kann man frischen Fisch aber auch direkt an der Quelle bei den Fischern kaufen. Je nach Sorte kostet er etwa 500 - 1000 Pts pro Kilo. Die Fischer laufen in der Regel gegen 8 Uhr und zwischen 14 und 15 Uhr mt ihrem Fang ein.

Metzgerei: Die **Chacutaria El Puerto** in Vueltas neben Autos Piñero bietet frisches Fleisch, Wurst und Käse. Geöffnet: Mo - Sa 9 - 13 und 17 - 20 Uhr. Ebenfalls frisches Fleisch (und Gemüse) bekommt man auf dem Marktplatz zwischen Calera und Borbalán neben der Post.

Vollkornbäckerei: Biobrot wird im Dorf oberhalb von Calera (Casa de la Seda) gebacken - der Verkauf ist in der Bäkkerei **El Guro**. Ein Fußweg (5 Min.) ist von der Tienda an der Hauptstraße ausgeschildert. Das leckere Brot wird aber auch in den meisten ortsansässigen Lebensmittelgeschäften verkauft.

- <u>Souvenirs, Boutiqen und Vermischtes (La Playa)</u>: **Oro y fotógrafia** im Haus von Casa Rudolfo: Goldschmiede und Meisterwerkstatt, handwerklicher Gold- und Silberschmuck, Uhren, Parfüms und Accessoires, Geschenkideen. Geöffnet: Mo - Fr 10 - 14 und 17 - 21 Uhr, Sa 10 - 14 Uhr. Visa- und Mastercard werden akzeptiert.

Atlantis an der Strandpromenade: Souvenirs, große Auswahl an Reiseführern und Büchern, Satelliten-Fotos von La Gomera als Poster, Schmuck, lustig bedruckte T-Shirts, Strandartikel, ständige Fotoausstellung eines Schweizer Fotografen. Buchung von Wanderungen und Delphin-Bootsfahrten.

Boutique Blanca an der Ecke gegenüber dem Supermercado Playa del Inglés. Spanische und deutsche Tageszeitungen und Zeitschriften, Telefonkarten, Spielzeug, Schuhe, Mode, Bademode etc.

Pepas Playa führt Sommermode und Strandartikel. Große Auswahl an Gomera-T-Shirts, Sonnenhüten, Uhren, Strandmatten und Sonnenbrillen.

Barras Sport, gegenüber dem Waschsalon Waltraud. Marken-Sportgeschäft mit großer Auswahl an Sportschuhen, Jogginghosen, T-Shirts, Sporttaschen und viel Bademode.

La Estrella in dem auffälligen, gelben Klotz hinter der Strandpromende. Auch Elke hat sich dem Trend, von La Calera nach La Playa umzusiedeln, angeschlossen. Etwas einsam wirkt der Laden noch in der großangelegten Ladenzeile, die sich jedoch bestimmt bald füllen wird. Ausgestattet ist das Geschäft mit viel Liebe, und man bekommt Spiel- und Schreibwaren, Kinderbücher, Holzspielzeug, Mode, Schmuck, Mineralien und schöne, ausgefallene Karten. Elke verleiht auch Kinderrükkentragen.

Im gleichen Gebäude finden sich auch noch der Schmuckladen **Tara** (im Angebot spanischer Gold- und Silberschmuck sowie Uhren mitsamt Reparaturwerkstatt) und eine **Bomboneria**, über die sich die Kids bestimmt freuen, denn es gibt täglich frische Waffeln und Popcorn und jede Menge Süßigkeiten aller Farbrichtungen.

Sangara in der kleinen Gasse, die zwischen der Pizzeria und La Islita verläuft. Hier findet sich bestimmt ein Mitbringsel für Zuhause. Schmuck, Gürtel, Masken, bunte Mode, Souvenirs.

Artensia Malvaloca neben Autos La Rueda. Keramik, Kunsthandwerk, schöne Deckchen, Handarbeitswaren, Stikkereien, Taschen, Teppiche und allerlei Krimskrams.

Zwischen La Playa und La Caleria liegt die Zappateria **Taller de Artesanía.** Schuster, Schuhmacher und Lederhandwerk. Die zwei freundlichen Besitzer weiten auch schon mal Schuhe aus, die beim Wandern oder anderen Gelegenheiten unangenehm drücken. Alle angebotenen Schuhe und Ledersandalen sind handangefertigt - auf Wunsch auch auf Maß. Ein Paar kostet knapp 100 DM. Auch noch erhältlich: Ledergürtel, Taschen und Lederhüte.

Coral Jeans bietet Sportbekleidung, Freitzeitmode und Diesel-Jeans.

• *Souvenirs, Boutiqen und Vermischtes (La Calera)*: Vom ehemals großen Angebot an Boutiquen und Souvenirgeschäften ist in Calera nur noch die **Boutique Laguna** übriggeblieben. Zu kaufen gibt es schöne Kleider und Hosen, T-Shirts, Modeschmuck, Lederbänder sowie handgefertigte und -bemalte Sandalen, Postkarten und Schmuck. Geöffnet: Mo - Sa 9.30 - 13.30 und 17 - 21 Uhr.

Wer Luftpostumschläge, Filme, Kosmetik, Strandartikel oder Schuhe braucht, findet im **Bazar el Correo** neben der Caja Canarias das Nötige. Weiter oben an der alten Dorfstraße liegt die **Casa Marie**, ein Bekleidungs- und Haushaltswarengeschäft.

• *Souvenirs, Boutiqen und Vermischtes (Borbalán)*: Die **Boutique Alibaba** bietet ausgefallene Kleidung und Schmuck.

On line Shirts: Eine weitere Marktlücke ist geschlossen! Eine Schweiz-Kanadierin stellt Airbrushed-T-Shirts her. Dabei wird die Textilfarbe auf das Kleidungsstück aufgespritzt; für die sauberen Formen sorgen Schablonen. Obwohl jede Menge flippige und originelle Motive ständig vorrätig sind, bevorzugen es die meisten Kunden, ihren eigenen Namen verewigen zu lassen. Für Erwachsene kostet der Spaß ab 2500 Pts je nach Motiv und Stoffqualität, Kindershirts sind etwas billiger. Geöffnet: Mo - Sa 10 - 13 und 17 - 20 Uhr.

Bazar Esther: Wolle, Karten, Schuhe, Spielzeug, Babywindeln (!) etc. Geöffnet: Mo - Sa 8 - 13 und 16 - 20 Uhr.

Ferretería Pepe: Elektro- und Haushaltswaren, Euro-Stecker und Sonnenschirme.

• *Souvenirs, Boutiqen und Vermischtes (Vueltas)*: **Bioladen Ansiria**, Naturkostwaren, Naturkosmetik, Körner, Kräuter, Gewürze und Bio-Gemüse, Trommeln, positive Wellen und alles, was die Bio-Esoterik-Szene sonst noch so braucht. Geöffnet: außer So täglich 9.30 -13 Uhr und 18 - 21.30 Uhr.

Der **Esoterik-Laden** gleich neben dem Bioladen bietet eine Verkaufsbörse, tibetanische Mondkalender, Bücherverleih und einen irdischen Fax-Service (Fax-Nr. 805739). Geöffnet: Mo - Fr 10 - 13 Uhr, 17 - 20 Uhr und Sa 10 - 13 Uhr.

Die Boutique **El Baul** liegt direkt an der Hauptstraße und bietet T-Shirts, Kleider, Flicken-Latzhosen, Schmuck und Souvenirs.

Videoladen: Verkauft werden neben Videos auch Fotoapparate, Agfa- und Kodak-Filme, Kamerabatterien, Wekker, Uhren, Gomera-T-Shirts und hübsche Kinder-Espandrillos. Geöffnet: Mo - Sa 9 - 13 und 16 - 20 Uhr.

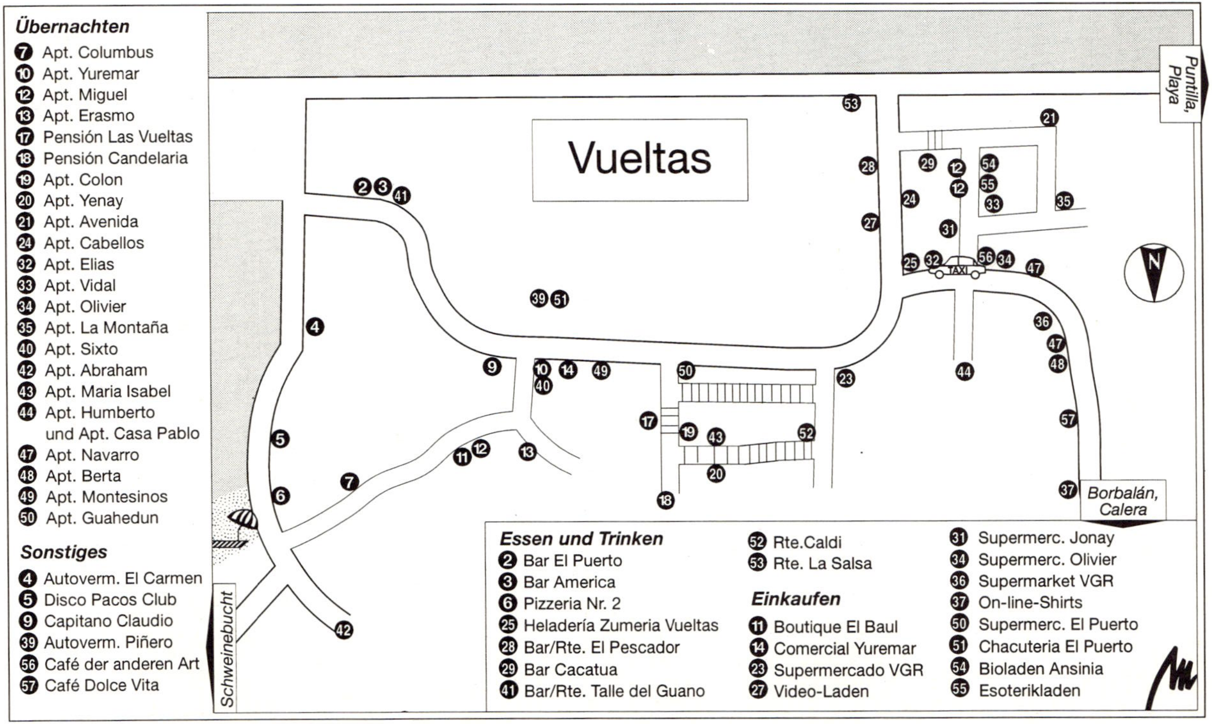
Übernachten
7 Apt. Columbus
10 Apt. Yuremar
12 Apt. Miguel
13 Apt. Erasmo
17 Pensión Las Vueltas
18 Pensión Candelaria
19 Apt. Colon
20 Apt. Yenay
21 Apt. Avenida
24 Apt. Cabellos
32 Apt. Elias
33 Apt. Vidal
34 Apt. Olivier
35 Apt. La Montaña
40 Apt. Sixto
42 Apt. Abraham
43 Apt. Maria Isabel
44 Apt. Humberto und Apt. Casa Pablo
47 Apt. Navarro
48 Apt. Berta
49 Apt. Montesinos
50 Apt. Guahedun
Sonstiges
4 Autoverm. El Carmen
5 Disco Pacos Club
9 Capitano Claudio
39 Autoverm. Piñero
56 Café der anderen Art
57 Café Dolce Vita
Vueltas
Puntilla, Playa
Borbalán, Calera
Schweinebucht
TAXI
N
Essen und Trinken
2 Bar El Puerto
3 Bar America
6 Pizzeria Nr. 2
25 Heladería Zumeria Vueltas
28 Bar/Rte. El Pescador
29 Bar Cacatua
41 Bar/Rte. Talle del Guano
52 Rte.Caldi
53 Rte. La Salsa
Einkaufen
11 Boutique El Baul
14 Comercial Yuremar
23 Supermercado VGR
27 Video-Laden
31 Supermerc. Jonay
34 Supermerc. Olivier
36 Supermarket VGR
37 On-line-Shirts
50 Supermerc. El Puerto
51 Chacuteria El Puerto
54 Bioladen Ansinia
55 Esoterikladen

Die **Galerias Guahedun** findet man im selben Haus wie den Supermercado El Puerto: Bilder, Spielzeug, Kleidung, Souvenirs und viel Kitsch. Geöffnet: Mo - Sa 10.30 - 14 und 16 - 21 Uhr.

Comercial Yuremar: Luftmatratzen, Kühlboxen, Holzkohle . . .

• *Souvenirs, Boutiqen und Vermischtes (Puntilla)*: In der **Boutique Aladdin** gibt es ausgefallene Hemden, Blusen und T-Shirts. Außerdem Modeschmuck, Hosen und Kleider.

Estanco Tamaragua neben der Boutique Mosquito. In diesem kleinen Laden werden Souvenirs, Ansichtskarten und Sonnenmilch verkauft.

• *Lesefutter*: **Libreria/Papeleria Puntilla**: Hier werden deutsche Zeitschriften wie Stern und Bunte, Donald Duck, Schreibwaren, deutschsprachige Bücher sowie Reiseliteratur zu den Kanaren verkauft. Außerdem gibt es Sonnenmilch, Ansichtskarten, Briefmarken, Spielzeug und Andenken. Geöffnet: Mo - Sa 10 - 13 und 17 - 19 Uhr.

Siehe auch "Sehenswertes/el fotógrafo: Chronist und Entdecker" und den Kasten "True Stories in True's Store".

True Stories in True's Store

1953 kam die Familie True aus Amerika nach Teneriffa, wo es zwar schon damals viele englische Touristen, aber nur wenig fremdsprachigen Lesestoff gab. Also kauften die Trues en gros Bücher in Second-Hand-Läden und brachten sie kofferweise auf die Kanaren. Als Mrs. True's Tochter dann einen Deutschen heiratete, wurde auch die Bibliothek immer internationaler. Seit 1970 auf Gomera, eröffneten die Trues schließlich Mitte der 70er Jahre die hier einmalige **Leihbibliothek**. Heute ist der beachtliche Fundus auf beeindruckende 5000 englische, 3000 deutsche, 500 französische, 75 holländische, 30 spanische und immerhin noch 3 italienische Bücher angewachsen. Da steht Sartre neben Mickey Mouse und Joyce neben Konsalik. Ob Krimi, Science-fiction oder Südsee-Abenteuer – kein Problem für Mrs. True. Nicht nur der deutschen Ausgabe des *Herrn der Ringe* sieht man deutlich an, daß sie schon durch viele Hände gegangen ist. Und ist der Himmel einmal wolkenverhangen, dann drängeln sich die Leselustigen in Mrs. True's Leihbücherei. Kenner haben sich jedoch schon längst vorher in aller Ruhe mit Lesefutter eingedeckt. Manche stehen gar täglich bei ihr auf der Matte, denn in den Regalen wartet so mancher Schatz auf seinen Entdecker. Insgesamt zwischen 3000 und 5000 Bücher verleiht Mrs. True in jedem Jahr.

Leihbedingungen: Nur jeweils ein Buch kann pro Person zur selben Zeit entliehen werden. Name und Adresse müssen ebenso wie eine Kaution zwischen 500 und 2000 Pts hinterlegt werden. Die Ausleihgebühr beträgt pro Buch und bis zu 2 Wochen 100 Pts. Wenn es der Entleiher nicht persönlich zurückbringt, wird eine Extra-Gebühr erhoben, denn weiterverleihen ist verboten. Geöffnet: Di, Mi, und Do 17.30 - 19.30 Uhr.

Viele kommen auch einfach hierher, um ein wenig mit Mrs. True zu schwatzen und dabei das eigene Englisch aufzupolieren. In den fast vier Jahrzehnten, die sie nun auf den Kanaren lebt, hat Mrs. True so manche Geschichte erlebt, die sie nur zu gern in ihrer unnachahmlichen Art zum besten gibt. Zum Beispiel: "Anfang der 70er Jahre, es muß so gegen 1972/73 gewesen sein, entdeckten die Hippies Gomera. Schmutzig, zerlumpt und ungewaschen, wurden sie von den Einheimischen zunächst mit Erstaunen und Mitleid betrachtet. So sagte eine Nachbarin zu meinem Mann, als sie ein besonders heruntergekommenes Exemplar dieser Gattung gesehen hatte: "*Bitte sagen Sie ihm, er soll mir seine zerrissenen Hosen zum Flicken vorbeibringen, denn seine Mutter ist ja nicht hier, um ihn zu versorgen, und er soll doch nett (!) aussehen.*" - that's True!

La Playa ist tagsüber der lebendigste Teil des Tales

Habla Español?

"Hätte ich doch den Volkshochschulkurs mitgemacht!" – so oder ähnlich denken viele Gomera-Urlauber, wenn sie sich einmal mehr nur unter größten Schwierigkeiten beim Vermieter, im Restaurant oder am Strand haben verständlich machen können. Wer der Kultur und Lebensart der Gomeros näherkommen und als Freund dieser einzigartigen Menschen die Insel verlassen möchte, der wird ohne ein paar Brocken Spanisch kaum erfolgreich sein. Denn damit die anfängliche Reserviertheit der herzlichen Freundlichkeit weichen kann, ist Kommunikation nun einmal unverzichtbar. Und nicht jeder versteht die Kunst, mit Händen und Füßen gestikulierend Freunde zu gewinnen ...

Doch es ist noch nicht alles zu spät, denn in La Playa gibt es die **Sprachenschule La Palmera**, die ganzjährig spanische Sprachkurse anbietet. Hinter der GmbH stecken der Deutsche Karl Zeine und die Spanierin Marisa Blanco Pérez, die gemeinsam mit mehreren Lehrerinnen die Sprachkurse leitet. Ingesamt gibt es drei Kursniveaus, wobei die Anfängerkurse alle 2 Wochen neu beginnen. Natürlich ist das Lerntempo in den hiesigen Intensivkursen weitaus flotter, als vielleicht von daheim gewohnt. Der Unterricht findet täglich von Montag bis Freitag statt, und zwar im wöchentlichen Wechsel entweder von 9.30 bis 13 Uhr oder von 17 bis 20.30 Uhr. Dabei ist die Unterrichtszeit jeweils in zwei Blöcke à 90 Minuten unterteilt. In mehreren Bundesländern ist La Palmera bereits als Bildungsurlaub anerkannt. Der Vorteil: Arbeitnehmer können so unter bestimmten Voraussetzungen eine zusätzliche Woche Urlaub bekommen. Bei Bildungsurlaub werden je nach Bundesland 6 bis 8 Unterrichtsstunden pro Tag angerechnet. Die Gruppenstärke liegt bei maximal 9 Teilnehmern. Normalerweise werden die Sprachkurse bereits von Deutschland aus pauschal mit Unterkunft gebucht. Häufig ist aber auch bei direkter Nachfrage vor Ort ein Quereinstieg in die Kurse ohne Voranmeldung möglich.

Die Preise: Ein zweiwöchiger Sprachkurs inklusive Lehrmaterial kostet 500 DM, Bildungsurlaub 750 DM. Die Verlängerungswoche ist für 200 DM, beim Bildungsurlaub für 300 DM zu haben. Die Unterkunft wird vor Ort in Peseten bezahlt: Für 2 Wochen im 2-Personen-Appartement sind das pro Person 21.000 bzw. 28.000 Pts je nach Saison. Besondere Appartementwünsche können zu manchen Zeiten bei frühzeitiger Anmeldung berücksichtigt werden. Die angebotene Kinderbetreuung während der Unterrichtszeiten kostet pro Kind und Unterrichtsstunde 500 Pts.

Nähere Information bekommt man entweder direkt in La Playa (Tel. 805608) oder in Deutschland unter folgender Adresse: La Palmera, Klosterstraße 3, 48143 Münster, Tel. 0251/47365, Fax 0251/518409

Übernachten

Die Entfernungen zwischen den einzelnen Siedlungen im Valle Gran Rey sind zum Teil beträchtlich. Deshalb lohnt es sich, zunächst über den besten Standort nachzudenken:

Wer einen Großteil seines Urlaubs am traditionellen Nacktbadestrand, dem *Playa del Inglés*, verbringen möchte, der sollte sich besonders auf die Siedlung **La Playa** konzentrieren. Hier trifft man

Fischerboote im Hafen von Vueltas

sich in den guten Restaurants mit Meerblick, knüpft Kontakte und spielt ganz relaxt mit beim Sehen-und-Gesehen Werden. Tagsüber der lebendigste Teil des Tales, bis die glutrote Sonne im Meer versinkt . . .

Das Dorf **La Calera**, gut 10 Fußminuten von La Playa entfernt, krallt sich mit seinen schmalen Gäßchen und weißgetünchten Häusern an den steil aufragenden Fels. Obschon reich an Appartements hat das Dorf nur wenig von seinem Charme, von seiner stimmungsvollen Atmosphäre verloren. Die Strände, In-Plätze und Szenekneipen sind zudem in nicht allzu langen Fußmärschen zu erreichen. Wer etwas Dorfleben schätzt, den Atlantik nicht unter dem Balkon braucht, sich statt dessen nach einem erhebenden Panorama mit dem leuchtenden Grün der Bananenplantagen und dem tiefen Blau des Ozeans sehnt, der mag hier seinen Platz gefunden haben.

In **Vueltas**, dem Hafenviertel, ist nachts am meisten los, von der *Discothek Paco´s Club* über Liveacts im *Café der anderen Art* bis hin zum "Szenetreff" *Cacatua*. Tagsüber geht es dagegen sehr geruhsam zu, doch immerhin versprechen die abgelegenen Strände *Playa de Argada* und *Playa de las Arenas* und die *Schweinebucht*, die in einem viertelstündigen Spaziergang zu erreichen sind, textilfreies Bade- und Sonnenvergnügen.

Borbalán und **La Puntilla**, die beiden kleinen Siedlungen auf der Achse *Calera – Vueltas* bzw. *La Playa – Vueltas*, sind gute Kompromißlösungen: Das Meer zwar praktisch vor der Haustür, muß man dennoch bis zum nächsten Badestrand einige Minuten laufen – immerhin ohne Steigungen. Auch zum Essen nach Calera oder ins Nachtleben von Vueltas sind es kaum mehr als ein paar Katzensprünge.

Vorsicht – in Valle Gran Rey ist Campen verboten

Wer schließlich lieber wandern als baden will, wer sich statt Kontakten zu anderen Urlaubern Einsamkeit und "Landschaft pur" wünscht, wer abends in der Bar um die Ecke fast ausschließlich Einheimische treffen möchte, der ist im oberen Bereich des Tales, in **Guadá**, am besten aufgehoben. Die in den vielen kleinen Dörfern vermieteten Anwesen sind noch immer in der Regel deutlich billiger als die in Strandnähe, die Abstände zu den Nachbarn sind oft groß, und häufig gehört auch ein hübscher Garten dazu. Beliebt bei Individualisten, die die weiten Wege und das spürbar kühlere Klima nicht scheuen. Traumunterkünfte, aber nicht immer ganz leicht zu beschaffen.

Quartier auf Bestellung: Vermittler

Der rechte Weg für alle, die die mühsame Suche nach einer Unterkunft vermeiden wollen, führt zu Manolo Piñero oder Manolo Trujillo. Dort muß der Mietpreis nicht unbedingt höher sein als bei den privaten Anbietern, denn die Vermittlungsprovision übernimmt der Vermieter, auf den wiederum

die Vermittler Druck ausüben, seine Preise zu senken, um selbst konkurrenzfähig zu bleiben. Die Betreuung geht außerdem bei beiden Unternehmen über die reine Quartierbeschaffung hinaus.
In der Regel werden hier Unterkünfte für mindestens eine Woche fest gebucht, die die wenigsten Gäste je zuvor gesehen haben. Um Mißverständnisse und Enttäuschungen weitgehend zu vermeiden, sollte man schon bei der rechtzeitig zu erledigenden Reservierung möglichst detailliert seine Wünsche in bezug auf Ortsteil, Lage, Ausstattung, Bettenzahl, sanitäre Anlagen, Kochmöglichkeiten, kindergerechte Unterbringung, Gartenbenutzung etc. schriftlich fixieren. Denn wer später unzufrieden ist und reklamieren will, vorher aber schon seinen Paß abgegeben oder eine Vorauszahlung geleistet hat, der sitzt immer am kürzeren Hebel.

• *Borbalán*: **Viajes Gran Rey**, Tel. 805480, Fax 805293. Die Privatfirma des promovierten Mediziners Manolo Piñero ist auch unter dem irreführenden Namen "Oficina Información" bekannt. Man findet sie etwa auf halbem Weg an der Straße von Calera nach Vueltas auf der linken Seite. Der gebürtige Gomero vermittelt seit 1982 Häuser, Zimmer und Appartements im Valle. Das Büro ist normalerweise von Mo - Sa 10 - 14 und 17 - 19 Uhr geöffnet. Gäste können hier auch Geld wechseln, ihre Rückflüge bestätigen, Taxis vorbestellen und Auskünfte jeder Art einholen. Alle Unterkünfte sind mit Bad ausgestattet und verfügen über warmes Wasser. Je nach Saison und Aufenthaltsdauer werden Preisnachlässe gewährt. Pro Wohnung ist in jedem Fall ein Paß zu hinterlegen. Buchungen/Reservierungen sollten normalerweise 3 Wochen vor Urlaubsbeginn vorgenommen werden. Zu Ostern und Weihnachten sind 4 - 8 Wochen empfehlenswert. Meistens bekommt derjenige die schönsten und preisgünstigsten Unterkünfte, der am frühzeitigsten reserviert.

Privatzimmer stehen mittlerweile nur noch selten auf Manolos Liste: Die Doppelzimmer kommen auf 2500 Pts bis 4000 Pts. Der Preis ist abhängig von der Zimmergröße, der Lage, dem Komfort und vor allem der Saison.

Häuser werden 5 vermittelt, von denen die meisten im unteren Bereich des Tales stehen (vor allem in La Playa, Calera und Borbalán). Die Häuser für 4 Personen kosten 4000 - 6000 Pts pro Nacht, und 6 Personen zahlen zwischen 5000 und 7000 Pts. Die Preise für Häuser sind in besonderem Maße saisonabhängig.

Appartements gibt es insgesamt rund 100 in Manolos Angebot. Die Preise: eine Person zahlt pro Nacht ebensoviel wie 2 Personen, nämlich 2500 - 4000 Pts. Für 4 Personen muß man 4000 - 6000 Pts rechnen und für 6 Personen 5000 - 7000 Pts. Der preiswerteste Weg für Alleinreisende: Im voraus ein großes Appartement buchen und anderen Urlaubern schon auf der Fähre das Mitwohnen anbieten. Wer nicht gerade kontaktscheu ist, bekommt im Nu sein Quartier voll und wohnt ziemlich günstig. Manolos Appartements liegen übrigens im ganzen Tal verstreut, wobei natürlich der größte Teil direkt am Meer zu finden ist.

• *La Puntilla*: **Manuel Trujillo y Trujillo**, Tel. 805129. Seit 1978 vermittelt der Jurist Manolo Trujillo Häuser, Bungalows und Appartements zu Preisen von 3500 - 12.000 Pts im Valle Gran Rey. Sein Haus mit Garten findet man in La Puntilla nahe der Bar El Eden (auf halbem Weg zwischen La Playa und Vueltas). Telefonische Buchungen sind einfach, denn Herr Trujillo spricht fließend Deutsch. Besonders wichtig ist ihm eine persönliche Beziehung zu seinen Gästen, die er in rühriger Weise betreut. Da er insgesamt 30 Appartements und Häuser vermietet, von denen 6 ihm selbst gehören, ist sein Betrieb alles andere als anonym. So verläßlich Herr Trujillo als Vermittler ist, so sehr erwartet er auch von seinen Gästen, daß diese ihre Termine und Buchungen einhalten. Auch hier ist übrigens eine Mindestmietdauer von einer Woche zwingend vorgeschrieben. Buchungen für Weihnachten und Ostern sollten nach Möglichkeit schon im August des vorausgehenden Jahres eingehen - außerhalb dieser Hochsaison reicht meist eine Frist von 2 Monaten. Besonders angenehm: bei Herrn Trujillo gibt es keine durchhängenden Betten! Alle Unterkünfte verfügen über Badezimmer mit Dusche und WC sowie Küchen mit Gasherd und Sitzgelegenheit. Außerdem haben alle einen Platz zum Draußensitzen im Garten oder Hof. Der Großteil der Unterkünfte liegt in La Puntilla und Borbalán. Aber es gibt auch ein sehr einsam gelegenes Quartier im oberen Teil des Tales, das vor allem von Wanderern bevorzugt wird, und ein Haus in La Calera. Das Aufstellen von Kinderbetten ist nicht in allen Unterkünften möglich, deshalb diesen Wunsch unbedingt bei der Buchung mit angeben. Auch hüllenloses Sonnenbaden an geschützten Freiluftplätzen ist auf nur wenige Wohnungen beschränkt. Dagegen verfügen alle Quartiere über eine Außendusche. Auf Wunsch werden Herrn Trujillos Gäste mit dem Taxi von der Fähre abgeholt und bis zum Wohnungseingang gefahren. Ein willkommener Service, besonders für diejenigen, die mit der Abendfähre auf Gomera eintreffen.

Appartements für 2 und 3 Personen kosten ab 3500 Pts, die **Bungalows und Häuser** sind zwischen 4000 und 12000 Pts zu haben. Einzelreisende müssen in jedem Fall mindestens ein 2-Bett-Appartement nehmen und auch voll bezahlen - ein Mitbewohner ist jedoch in der Regel bald gefunden.

Übernachten in La Playa

Die große Appartementsiedlung am Weg zum *Playa del Inglés* bietet ausschließlich Pauschaltouristen Unterkunft.

Pensión Lola, Tel. 805148. Zimmer und Appartements in einem etwas zu groß geratenen, klobigen Haus. Vorhanden sind 12 Zimmer und 7 Appartements, dazu 4 weitere im Anbau. Die Unterkünfte fallen ziemlich klein aus - einige Zimmer sind fensterlos, und in manchen Appartements ist die Küche in das Schlafzimmer integriert. Es lohnt sich also, vor einer definitiven Zusage das Gewünschte genau in Augenschein zu nehmen. Am billigsten wohnt man in den fensterlosen Doppelzimmern für 2000 Pts, beliebt vor allem bei preisbewußten Einzelreisenden, die nicht zu Depressionen neigen. Die nicht viel größeren Dreibettzimmer kommen auf 3000 Pts. Außerdem gibt es Appartements für 2, 3 und 4 Personen (je nach Ausstattung zwischen 2500 und 3000 Pts), in denen z.T. Klappbetten und Sofas als Schlafstätten herhalten müssen. Immerhin ist die Wirtsfamilie sehr nett, und die Unterkünfte sind (dem Standard entsprechend) relativ preisgünstig und sauber.

Übrigens hält man hier viel auf Moral: Damen- bzw. Herrenbesuche sind auf den Zimmern nicht erwünscht. Anmeldung nur auf spanisch.

Pensión/Apt. Las Jornadas, Tel. 805047. Die legendäre Unterkunft von Maria liegt im Herzen von La Playa. Das Meer ist nur einen Steinwurf entfernt, und abends wiegt einen die Brandung in den Schlaf. Dreibettzimmer kosten 3000 Pts. Für die einfachen Doppelzimmer, mit denen auch Einzelreisende vorlieb nehmen müssen, zahlt man ab 2500 Pts. Eine Dusche und ein Waschbecken haben gerade noch Platz darin. Die sanitären Anlagen, die etagenweise genutzt werden, sind einfach. Alle Zimmer haben entweder einen kleinen Balkon oder direkten Zugang zur großen Dachterrasse. Kleine Mängel werden gerne in Kauf genommen, denn schließlich fühlt man sich hier im Mittelpunkt des Geschehens. Das Restaurant im Erdgeschoß stört übrigens kaum, weil es relativ früh schließt. Frühstück oder gar Vollpension lassen sich mit der Hausherrin vereinbaren. Die gleichnamigen komfortablen 2-/3-Personen-Appartements im Eckhaus neben der Casa Rudolfo können ebenfalls in der Bar erfragt werden. Zu Ostern und Weihnachten ist eine telefonische Reservierung mindestens 6 Wochen vor Urlaubsbeginn unumgänglich. Jimmy, der Sohn des Hauses, spricht fließend Englisch, ist aber nicht immer anwesend.

Casa Rudolfo, Tel. 805195. Rudolf Türksch, einer der touristischen Pioniere auf Gomera, hat mit seinem Appartementbau an der Strandzeile von La Playa auch sein Ehrenamt als Vertrauensmann des deutschen Vizekonsulats an seinen Nachfolger W. Reinhold übergeben. Die 11 Appartements im oberen Preis- und Komfortbereich sind heute häufig von Pauschaltouristen, die den Neckermann-Katalog gründlich studiert haben, belegt. Auf stolze 40 qm Fläche kommen die mit deutscher Gründlichkeit geführten 2-Bett-Appartements, die pro Nacht 4000 Pts kosten – Meeresblick inklusive. Einzelreisende sollten mindestens 4 - 6 Wochen vor Reisebeginn wegen freier Kapazitäten anfragen, aber auch direktes Nachfragen vor Ort kann manchmal von Erfolg gekrönt sein. Die Rezeption ist immer deutschsprachig besetzt (Mo - Fr 9 - 13 Uhr).

Apartamentos Eladio, Tel. 805124. Angenehmes Haus mit einer Handvoll Appartements schräg gegenüber der Pensión Lola. Kleine Kinder sind besonders willkommen. In der Rezeption wird man in der Regel nicht von der freundlichen Wirtin, sondern von einer Lichtschranke empfangen, die erstere rasch alarmiert. Der Preis für die 2-Bett-Appartements beträgt je nach Saison und Komfort (z.T. mit Balkon) um 3000 Pts, der der 3-Bett-Appartements um 3500 Pts. Zumindest rudimentäre spanische Sprachkenntnisse sind notwendig.

Casa Domingo, Tel. 805131 oder 805336. Hier handelt es sich um den etwas unharmonisch in die Bananenfelder gebauten Wohnblock hinter der Pensión Las Jornadas am Weg nach Calera. Nur ein Teil der Wohnungen in diesem Haus wird als Appartements an Urlauber vermietet, der Rest wird von Gomeros bewohnt. Auch wenn das mehrstöckige Gebäude von außen keinen sehr einladenden Eindruck macht, die Wohnungen selbst wirken ganz hübsch und sind großzügig geschnitten: große, helle Wohnküchen, saubere, gekachelte Bäder und alle mit Balkon und Meeresblick. Preise je nach Saison und Größe (2 - 5 Personen): 3500 - 4000 Pts. Für die Monate Dezember und Januar sollte man mindestens 4 Wochen vor Urlaubsbeginn reservieren. Reservierung ist in Deutsch möglich.

Apartamentos San José, Tel. 805493. Appartement für 2 Personen 3000 Pts, für 3 Personen 3500 Pts.

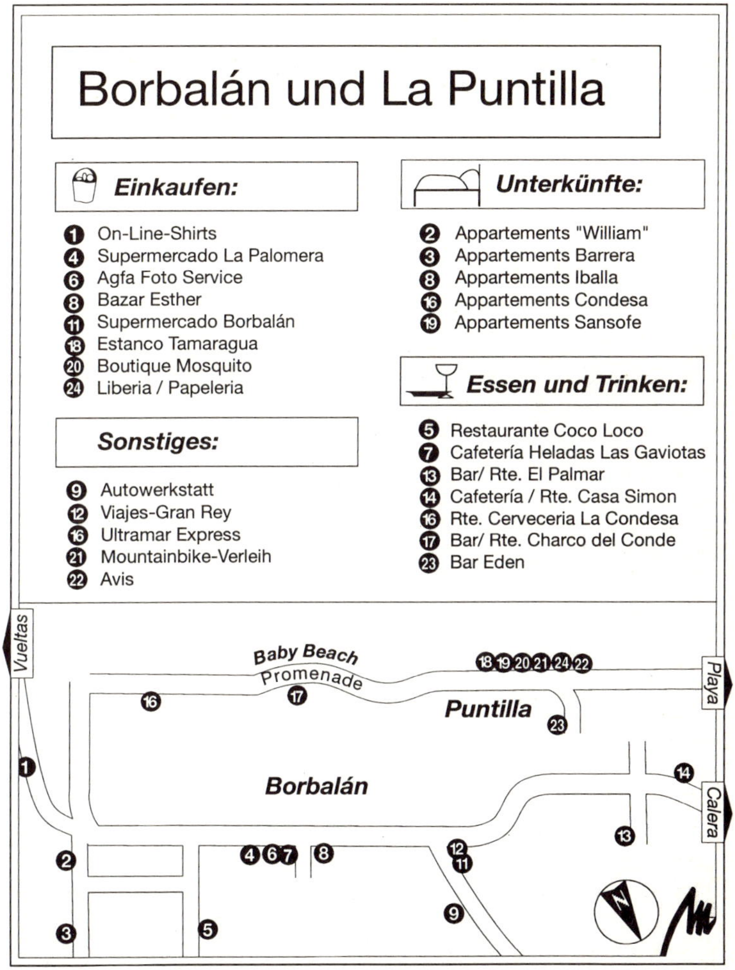

Apartamentos Genaro, Tel. 805066. Appartement für 2 Personen 3500 Pts, für 3 Personen 4500 Pts. Information im Supermercado Genaro.

Apartamentos Bello, Tel. 805008. 6 Appartements für 2 Personen zu Preisen von 3500 - 4000 Pts, für 3 Personen 4500 Pts. Information in der Bar Yaya an der Strandzeile.

Apartamentos Balcón Canario, Tel. 805175. 6 Appartements für 2 Personen 4000 Pts, für 3 Personen 4500 Pts. Die großen Appartements (40 qm) werden täglich gesäubert. Information in der Heladería/Zumeria Gran Rey an der Strandzeile von La Playa.

Apartamentos Jardin Tropical, Tel. 805477. Alleinstehendes, über allem thronendes Anwesen rechts auf dem Weg zum Playa del Inglés. 4 Studios mit Balkon bzw. kleinem Garten im großen Reich des el fotógrafo ab 55 DM pro Tag für 2 Personen plus 50 DM Endreinigung.

Oasis, Tel. 805017. 8 Bungalows und Studios mit deutschem Rasen und ultra-putzigen Namen für die 3-Sterne-Unterkünfte wie Spatzennest, Hühnerhof und Kaninchenbau. Für 2 Personen pro Tag von 45 DM - 100 DM plus 50 DM Endreinigung.

Weitere lohnenswerte Adressen für Unterkünfte in La Playa:

Pensión Playa Mar, Tel. 805672 und 805497. 2- bis 4-Personen- Appartements ab 4000 Pts. Information im Restaurant Playa Mar an der Strandzeile.

Apartamentos Vistamar, Tel. 805525, 805499 oder 805692. Information im Restaurant Vistamar.

Apartamentos Amalia, Tel. 571129. 2 Appartements für 2 - 3 Personen.

Apartamentos Bolts, Tel. 805017. 2 Appartements für 3 - 4 Personen.

Apartamentos Carlos, Tel. 805052. 3 Appartements für 2-3 Personen.

Übernachten in Calera

Pensión Parada, Tel. 805052. Sie liegt direkt an der Plaza von Calera, also sehr zentral. In einigen Zimmern hört man deshalb den Lärm der Hauptstraße ziemlich deutlich. Auf den Etagenklos mit Dusche fehlt häufig das Klopapier. Immerhin sind die Betten nicht durchgelegen, unter den Matratzen liegt statt eines Lattenrosts jeweils eine Spanplatte. Die einfachen Zimmer mit Kleiderschrank sind relativ groß, könnten aber sauberer sein. Außerdem fehlen Handtücher. Wegen der günstigen Lage und Preise (Doppelzimmer 2500 Pts pro Nacht) ist die Pension sehr begehrt.

Pensión Concha, Tel. 805007. Ein Blick zurück in die touristische Pionierzeit im Valle. Damals machte die "Concha-María" mit 4 oder 5 primitiven Räumen den Anfang in der "Zukunftsindustrie" Zimmervermietung. Ihr folgte übrigens bald die "Strandterrassen-María" mit der Pensión Las Jornadas. Die kleinen Unterkünfte (4 Appartements und 6 Zimmer mit Gemeinschaftsküche und -bad) in dem verwinkelten Anwesen mit Garten bieten viel Atmosphäre und angenehmen Gemeinschaftsanschluß. Allerdings sind sie auch ziemlich kostspielig: Für ein 2-Bett-Appartement zahlt man 4000 Pts, ein 3-Bett-Appartement kostet 4500 Pts, und ein Doppelzimmer gibt es ab 3000 Pts. Der Versuch einer telefonischen Reservierung ist übrigens aussichtslos, weil eine Anzahlung von 3000 - 4000 Pts verlangt wird.

Apartamentos Ana Rosa, Tel. 805623. 4 große, helle und moderne Appartements für maximal 3 Personen (Klappsofa) in einem schön renovierten Haus mit tollen Holzbalkonen – blitzsauber. Preis pro Nacht: ab 1000 Pts pro Person. Im selben Haus werden im Erdgeschoß noch 3 Zimmer mit Kochmöglichkeit vermietet. Preise: 2 Personen 2000 Pts, 3 Personen 3000 Pts. Anmeldung im Haus rechts neben der Apotheke.

Apartamentos Orone, Tel. 805283. Ein großes Appartement mit insgesamt 5 Betten im Erdgeschoß und weitere Appartements für bis zu 3 Personen im 1. Stock; alle mit Bad, Küche und Benutzung der Terrasse mit Meeresblick. Preise: 2 Personen 2800 Pts und 3 Personen 3000 Pts.

Habitaciones Bella Cabellos, Tel. 805182. 5 einfache Doppelzimmer (2 Personen zahlen 2000 Pts und 3 Personen 3000 Pts) in zwei stilvoll renovierten Häusern in ruhiger Lage mit

Das Kunsthandwerk der alten Guanchen ist noch nicht überall in Vergessenheit geraten

sehr netter, steinalter Vermieterin. Küchenbenutzung möglich. Klopapier muß mitgebracht werden. Auf der Veranda kann man gut frühstücken. Außerdem gibt es noch ein Appartement für 4 Personen zum Preis von 4000 Pts. Fast immer ausgebucht.

Apartamentos Damas, Tel. 805428. Liegt an der unteren der zwei alten Dorfstraßen. 2 nette Appartements mit viel schattigem Grün und Blumenfarben auf den zugehörigen Terrassen kosten für 2 Personen ab 3000 Pts. Der freundliche Señor Damas hat auch einen Taxi-Service unter der gleichen Telefon-Nummer. Die sichere Reservierung von der Fähre nach Valle Gran Rey oder zurück nach San Sebastián läßt vor allem in der Hauptsaison keinen Streß aufkommen.

Habitaciones Rafaél, Tel. 805520. Sehr einfache Zimmer in dem von Mrs. True gepachteten Haus. In den Zimmern stehen jeweils 2 Betten und ein Stockbett. Preise: 2 Personen 1200 Pts und 3 Personen 1500 Pts. Auskunft und Reservierung im Kunstgewerbeladen im selben Gebäude.

Ferienwohnung Hernandez, Tel. 805103. Die 2 kleinen, nicht sehr hellen Appartements für 2 Personen kosten je 2000 Pts.

Apartamentos Dominguez, Tel. 805030. Señor Dominguez bietet mehrere Appartements mit Meeresblick vom Balkon oder der Dachterrasse. Preise: für 2 Personen 4000 Pts und für 3 - 4 Personen 5000 Pts. Der Weg zum empfehlenswerten Restaurant Orquidea schrumpft auf wenige Meter (siehe "Essen in Calera"). Außerdem besitzt der freundliche Besitzer noch Appartements in La Puntilla.

Apartamentos Chinea, Tel. 805032. Bis zu 5 Personen können diese Appartements zum Preis von 3500 Pts bewohnen; über dem Supermarkt El Chorro.

Apartamentos Rivas, Tel. 805068. Kleine, einfache Zimmer mit schönem Blick auf die Palmen, die Bananenplantagen und das Meer. Dachterrasse. 2 Personen zahlen 4000, 3 Personen 4500 Pts.

Apartamentos Valle Gran Rey im oberen Teil von Calera. Hübsche kleine Appartements für bis zu 5 Personen. Preise: 2-Personen-Appartement ab 3000, 3-Personen-Appartement ab 3500 und 4-Personen-Appartement 4000 Pts.

Bella Vista Appartements, Tel. 805151. Die zwei großen 2- bis 3-Personen-Appartements sind am höchsten Punkt Caleras gelegen mit sehr schönem Ausblick. Preis: 4000 Pts.

Apartamento Tienda Maria: Der freundlichen Besitzerin der Tienda Maria gehören 2 Appartements und 1 Studio in Calera mit schönen Ausblicken für 3500 Pts. Sie vermietet auch in Borbalán Appartements. Auskunft in der Tienda Maria, einem kleinen Lebensmittelladen im unteren Teil von Calera.

Casa La Galeria, Tel. 805477. In der Galeria des el fotógrafo Thomas Müller können 2 Appartements für 2 - 3 Peronen gemietet werden. Saubere, große Zimmer. Es wird in DM gezahlt. Preise: ab 50 DM plus weitere 50 DM Endreinigung. Außerdem gehören Müller auch noch die sehr schön eingerichteteten Appartements **Casa Policarpo** schräg gegenüber (gleicher Preis).

Casa Karin: 2 Studios oben am Hang mit tollem Ausblick für 2 Personen ab 3500 Pts.

Casa Uli, Tel. 805087. In dem kleinen Häuschen gegenüber dem Friseur stehen 2 schöne Appartements für insgesamt 6 Personen zur Verfügung. Preis für 2 Personen ab 3500 Pts.

Sebastián, Tel. 805270. Über dem Restaurant Sebastián werden 2 Doppelzimmer mit Küche angeboten. Sehr klein, aber billig: ab 1800 Pts. Schöne Dachterrasse.

Weitere lohnenswerte Adressen für Unterkünfte in Calera:

Apartamentos Conchita, Tel. 805452 und 805047.

Apartamentos Mesa, Tel. 805699. 6 Appartements mit insgesamt 16 Betten.

Apartamentos Eva und Lola (auch kleine Häuser): Information im Laden neben der Post (9 - 13 und 17 - 20 Uhr).

Apartamentos Lola la Cuestita, Tel. 805145.

Apartamentos Veronica, Tel. 805453 (Calle Carrero Blanco, Las Orijamas).

Übernachten in Vueltas

Apartamentos Avenida, Tel. 805461. Der viergeschossige Bau liegt an der Hafenpromenade Richtung Charco del Conde, nur einen Steinwurf von der Brandung entfernt. Je nach Saison werden für die sehr einfachen 2-Bett-Appartements mit Wohnküche, Dusche und WC ab 2000 Pts verlangt. Information im 1. Stock.

Apartamentos Montesinos, Tel. 805048 (oder 285675 in Teneriffa). 2 - 6 Personen finden in diesem Appartement für 3500 Pts Platz, das zwischen dem Supermercado Agana und Comercial Yuremar im Herzen von Vueltas liegt. Mit 3 Schlafzimmern, Küche, Bad, WC und Wohnzimmer ist es üppig ausgestattet. Kinder sind allerdings unerwünscht. Die Mindestmietdauer beträgt eine Woche. Der Besitzer vermietet auch Zimmer (2 Personen 2000 Pts) mit Bad auf dem Gang.

Apartamentos Yuremar, Tel. 805360 (oder 281413 in Teneriffa). Liegt zentral im Ortskern. Bis zu 5 Personen können in einem der großen Appartements untergebracht werden. Preise: 2 Personen zahlen ab 2000 Pts, 3 Personen ab 3000 Pts pro Nacht (saisonale Preisänderungen!). Ermäßigungen bei Mietdauer von über einer Woche.

Pensión Candelaria, Tel. 80 54 02. Sehr einfache Zimmer für 2 und 3 Personen in relativ ruhiger Lage. Im Hof kann man frühstücken. Obwohl es sicherlich komfortablere Unterkünfte gibt, ist die Pension häufig ausgebucht. Preis pro Zimmer und Nacht um 2000 Pts, Appartements für 2 Personen 3500 Pts und Appartements für 4 Personen 4000 Pts.

Pensión Las Vueltas, Tel. 805216. "Pension komm wieder" steht am Hauseingang. Die freundliche Besitzerin vermietet ihre Räume je nach Komfort und Saison zu folgenden Preisen: Doppelzimmer 2500 Pts und Appartement für 2 Personen 3500 Pts.

Apartamentos Vidal, Tel. 805275. Großer Neubau im Zentrum von Vueltas. Kinder sind ausdrücklich willkommen. Pro Person je nach Komfort und Saison ab 1000 Pts.

Apartamentos Columbus: Sechsgeschossiger Neubau direkt am Hafen hinter dem Quasimodo. Die unübersehbar angebrachte, detaillierte Hausordnung erklärt auch in Deutsch ganz genau, was man tun und lassen darf. Es gibt mehrere Vermieter im Haus. Ein 2-Bett-Appartement ist ab 2000 Pts zu haben.

Apartamentos Humberto, Tel. 805451. Gehört zu den besseren Adressen in Vueltas. 2 Personen zahlen zwischen 3000 und 4000 Pts.

Apartamentos Colón, Tel. 805402. Nobel und schick eingerichtete 2-Bett-Appartements ab 3500 Pts.

Apartamentos Sixto, Tel. 805332. Señor Sixto Gonzalez Chinea vermietet 3 Appartementwohnungen in einer kleinen Straße gegenüber von Capitano Claudios Shop (zentrale Lage). Das obere 2-Bett-Appartement mit Terrasse (die darf von den anderen Mietern mitbenutzt werden) kostet 2000 Pts, das untere 2-Bett-Appartement ist für 1800 Pts zu haben und das 3-Bett-Appartement für 2500 Pts.

Apartamentos Navarro, Tel. 805107. Liegt gegenüber dem Supermercado Valle Gran Rey in einer Kurve am Ortsausgang von Vueltas (Richtung Borbalán). Die komfortablen Appartements im 2. Stock des Hauses kosten für 2 Personen 3500 Pts. Eine dritte Person kann gegen einen Aufschlag von 800 Pts untergebracht werden. Es gibt eine

Dachterrasse mit Blick aufs Meer. Darüber hinaus vermietet derselbe Besitzer auch noch einfachere Appartements in einem anderen Haus für 2500 (2 Personen) bzw. 3000 Pts (3 Personen).

Apartamentos Olivier II, Tel. 805180. 4 Appartements in einem Neubau kurz nach dem Kreisel Richtung Hafen. Helle Kiefernmöbel, Balkon zum Meer und Dachterrasse. Informationen auch im Spermercado Olivier. Preis für 2 Personen: von 3500 Pts bis 4000 Pts. Der Besitzer hat noch weitere Appartements in Vueltas.

Apartamentos Elias II, Tel. 805185. Zu den bereits länger vorhandenen 4 netten, sauberen Studios sind schräg gegenüber 5 neue, geräumige Appartements über der Boutique El Baul für 2 - 5 Personen hinzugekommen. Preise: ab 3000 Pts (für 2 Personen) bis 4000 Pts (für 4 Personen).

Apartamentos Yenay, Tel. 805112. Appartements für 2 - 4 Personen zu Preisen von 3000 Pts (für 2 Personen) bis 4000 Pts (für 4 Personen).

Apartamentos Miguel, Tel. 805307. Mehrere Appartements in Vueltas verstreut. Preise: 2-Personen-Appartement 3000 Pts und 3-Personen-Appartement 3500 Pts.

Apartamentos Amaya, Tel. 805614. Neue, saubere Appartements am Hafen. Preis je nach Saison und Personenzahl von 2500 bis 3500 Pts.

Apartamentos Casa Pablo Pescado, Tel. 805179. 9 Appartements mit 31 Betten. Preise: 2-Personen-Appartement 3000, 3-Personen-Appartement 4500 und Doppelzimmer für 2000 Pts.

Apartamentos La Montaña, Tel. 800802. 3-Personen-Appartement ab 3000 Pts je nach Saison.

Apartamentos Guahedun, Tel. 805024. 6 Appartements mit 18 Betten. Auskunft im gleichnamigen Laden.

Apartamentos y Habitaciones Jobel: 2 Personen wohnen hier für 2500 Pts und aufwärts.

Weitere lohnenswerte Adressen für Unterkünfte in Vueltas:

Apartamentos Erasmo, Tel. 805180.
Apartamentos America, Tel. 805462.
Apartamentos Abraham, Tel. 805424.
Apartamentos Celia, Tel. 805260.
Apartamentos Cabellos, Tel. 805132.
Apartamentos Berta, Tel. 805327.
Apartamentos Maria Isabel, Tel. 805453

Übernachten in La Puntilla und Borbalán

Charco del Conde, Tel. 805380. Riesenanlage mit über 100 normierten Einzelbehausungen am Baby-Beach. Obwohl der sterile Betonbau wie eine düstere Zukunftsvision des Tales wirkt, ist die etwas beengende Einrichtung der Appartements doch insgesamt überraschend freundlich und auffällig sauber. Von den meisten der im 2. Stock gelegenen Räumlichkeiten hat man einen schönen Blick aufs Meer, aber auch auf den Innenhof mit Pool und Grünpflanzen. Die weitaus größte Zahl der Gäste sind Pauschalurlauber von Tjaereborg und Jet-Reisen; Individualreisende werden hier mit satten 6700 Pts fürs 2-Personen-Appartement zur Kasse gebeten - wenn mal Kontingente frei sind. Ein Appartement kann bis zu 4 Personen aufnehmen. Die Rezeption befindet sich auf der linken Seite des Gebäudes. Der Empfangschef spricht fließend Englisch.

Apartamentos Iballa in Borbalán: Obwohl das Schild an der Cafetería Helados Las Gaviotas hängt, muß man die Appartements 50 m weiter im Bazar Esther mieten. Preise: 2 Personen 3000 Pts, 3 Personen 4000 Pts und 4 Personen 5000 Pts. Im Bazar Esther sind auch ganz einfache Zimmer zu haben. Ohne Fenster, dafür jedoch sehr preisgünstig (pro Person ab 800 Pts).

Villa Aurora in Borbalán, Tel. 805053. DZ für 2500 Pts. Schön gelegen.

Achtung Gegenverkehr – die Ziegenherde von Las Hayas

Apartamentos Borbalán in Borbalán, eine Anlage mit 5 Appartements, ruhig mit schönem Garten. Meistens von TUI-Gästen belegt.

Apartamentos Williams, Tel. 805646. Etwas außerhalb zwischen Vueltas und Borbalán gelegen. 2-Personen-Appartement 2500 Pts und 3-Personen-Appartement 3000 Pts.

Apartamentos Barrea, Tel. 805116. Gemütliches, abgelegenes Häuschen, schon fast am Rand von Vueltas gelegen. Die sehr freundlichen Vermieter bieten Appartements mit je 2 Betten und einer Liege. Zwei Personen zahlen pro Tag 2000 Pts, drei Personen 2500 Pts. Die Zimmer machen einen sauberen Eindruck. Dachterrasse und Sitzmöglichkeit im idyllischen Garten des Hauses unter Avocadobäumen. In der Garage kann man die lärmende Vogelsammlung (piep, PIEP!) des Hausherren bewundern.

Apartamentos Sansofe in La Puntilla, Tel. 805535.

Übernachten in Guadá

Hier oben wird es schwierig. Wer nicht mindestens eine Woche bleiben will, braucht gar nicht erst zu probieren, in Guadá ein Quartier zu finden. Die beste Möglichkeit für alle, die Spanisch sprechen, ist, einfach überall zu fragen: Taxifahrer, in Bars und Geschäften. Ein wenig Glück gehört natürlich auch dazu. Zuletzt sei noch einmal darauf verwiesen, daß auch die beiden Manolos, die Zimmervermittler, hier oben einige wenige Unterkünfte anbieten.

Los Granados, Apartamentos Lucia, Tel. 805407. Zwei schöne und geräumige Appartements mit tollem Ausblick auf das Tal zum Preis von 4000 Pts. Sehr nette Vermieterin. Ein Supermarkt ist gleich gegenüber.

Essen

Die Auswahl an Restaurants und Bars in Valle Gran Rey ist inzwischen erfreulich groß, und für alle Geschmäcker dürfte gesorgt sein: Von fangfrischem Fisch über Pizza und Grillhähnchen zum Mitnehmen bis zu vorzüglichen Steaks in Erdnußbutter und Chocos vom Grill bekommt man hier alles. Fast jeder gastronomische Betrieb bietet Standardgerichte wie Thunfisch mit grüner Mojo oder Huhn in Knoblauch (von "lecker" bis "hat satt gemacht" auf der persönlichen Geschmacksskala), doch finden sich auf manchen Speisekarten auch einige ausgefallenere Gerichte der kanarischen Küche.

Essen über den Wolken muß wohl grenzenlos sein!

Das dachte sich 1980 wohl der Künstler Cesár Manrique, als er ins Tal von Valle Gran Rey blickte. Genau hier, auf dem kleinen Berg *Palmarejo*, sollte es entstehen: sein Restaurant, 780 m über dem Meer, an einem der herrlichsten Aussichtspunkte über das Tal des großen Königs Oroné, mit Blick auf 10.000 Dattelpalmen und unzählige Terrassen. Von den Entwürfen bis zur Fertigstellung zogen allerdings noch einige Jährchen ins Land, und der Meister selbst sollte die Vollendung der Schöpfung gar nicht mehr miterleben. Er starb 1994, und seine Nichte, als Architektin mit der Planung bestens vertraut, mußte das Werk zu Ende bringen. Die Einweihung wurde am 26. 5. 95 gefeiert. Seitdem läßt es sich hinter großen Glasfronten wahrlich königlich speisen. Geboten werden Köstlichkeiten aus der kanarischen Feinschmeckerküche und ein exzellenter Service. Die Preise dagegen schweben keineswegs in den Sternen: Suppen ab 300 Pts, Fleisch und Fischgerichte zwischen 700 und 1600 Pts lassen durchaus noch einen gewissen finanziellen Spielraum für einen leckeren Nachtisch. In den Genuß all dieser kulinarischen Highlights kommen allerdings realistischerweise nur diejenigen, die einen fahrbaren Untersatz haben - der Weg nach Haus ist nämlich ziemlich weit. Angekoppelt an das interessante Bauwerk ist übrigens die Hotel- und Restaurantfachschule HECANSA. Señor Manriques Schöpfung ist also nicht nur Restaurant, sondern auch Schmiede für den einheimischen Gastronomienachwuchs . . .

▸**Frühstückstips**: *Heladería Zumeria Gran Rey*: Viel Platz ist zwar nicht in diesem mit hellem Holz und Tischplatten aus Marmor eingerichteten "Saftladen" an der Strandzeile von La Playa; gemütlich ist es aber allemal. Der freundliche, aber zurückhaltende Wirt spielt zum Frühstück J. J. Cale und spanische Folklore. Das Frühstück könnte z.B. folgendermaßen zusammengestellt sein: ein Obstsalat für 300 Pts und diverse Toasts oder Sandwiches für 250 - 300 Pts. Oder ein Omelett für 350 bzw. ein Spiegelei mit Schinken für 375 Pts, dazu einen frisch gepreßten Saft oder eines der herrlichen Milchmixgetränke mit Erdbeere, Kiwi, Wassermelone, Papaya, Weintrauben, Kokosnuß, Brombeere oder Banane für 250 - 275 Pts. Außerdem gibt es eine große Auswahl an leckeren Eisbechern wie den beliebten "Copa Gran Rey" für 500 Pts. Geöffnet: außer Do und So täglich 9 - 23 Uhr.

Zumeria Casa de la Playa: Die Saftbar mit großer, schattiger Außenterrasse und ebenfalls überdachter Terrasse im 1. Stock direkt neben der Bar Las Jornadas in La Playa bietet leckere Sandwiches zwischen 150 - 250 Pts (empfehlenswert: Sandwich mit Hühnchen für 225 Pts), Bocadillos von 250 bis 300 Pts (für Vegetarier mit gekochtem Ei, Salat, Tomaten und Zwiebeln für 275 Pts) und verschiedene Spiegeleivarianten (mit Frühstücksspeck 350 Pts). Daneben gibt es frische Eisbecher, verschiedene frischgepreßte Säfte und Milchshakes zwischen 250 und 275 Pts sowie eine Tagesspeisekarte für den Nachmittagshunger: Paella 600 Pts, Thunfisch 600 Pts. Geöffnet: außer So täglich 10 - 22 Uhr.

Die neue *Zumeria El Mirador* im Herzen La Caleras bietet wohl das schönste Frühstücks-Ambiente. Die halb überdachte Terrasse ist liebevoll mit vielen Pflanzen geschmückt, und innen lädt das gemütliche Holzmobiliar zum ausgiebigen *desayuno* ein. Insgesamt 18 Säfte zwischen 225 und 275 Pts bieten eine vorzügliche Ergänzung zu Eiern und Schinken für 250 Pts, Croissant mit Butter und Marmelade für 150 Pts, Tortilla für 250 Pts oder Toast mit Marmelade, Butter und gekochtem Ei (Zeit angeben!) für 300 Pts. Darüber hinaus werden Bocadillos zwischen 225 und 300 Pts serviert, Sandwiches ab 200 Pts und diverse Tapas und Salate (Tageskarte) um 500 Pts.

Eine weitere gute Frühstücksgelegenheit ist auch die *Carlos Heladería Zumeria* am unteren Ortsrand von Calera (siehe "Treffpunkte"). Besonders zu empfehlen sind die Sandwiches, etwa das "Sandwich americano" mit Ei, Avocado, Tomate, Käse und Schinken für 250 Pts oder das "Sandwich vegetales" mit dem gleichen Belag, aber ohne Schinken und Käse für 225 Pts. Außerdem hat man die Wahl zwischen 24 frischgepreßten Säften im Preis von 200 - 250 Pts. Gepreßt wird alles von Banane bis zu exotischen Früchten wie Chirimoya. Die leckeren Eisbecher kosten zwischen 350 und 475 Pts, darunter auch der berühmte "Copa Sol del Gran Rey" für 375 Pts, ein Gaumenschmaus, nach dessen Genuß auch an regnerischen Tagen wieder die Sonne lacht. Geöffnet: außer So täglich 9 - 19 Uhr.

Sehr leckeres und reichhaltiges Frühstück bietet auch *das Café der anderen Art* in Vueltas. Ab 10 Uhr kann man neben Croissants mit Butter und Marmelade das Vollkorn-Frühstück mit Vollkornbrot, Tahin, Müsli und Getreidekaffee (!) für knapp 1000 Pts zu einer deutschen Tageszeitung genießen. Sonst noch im Programm: sehr guter, selbstgemachter Kuchen, Eis, Milchshakes, Tapas. Geöffnet: 10 - 13 Uhr und 17 - 24 Uhr, Do Ruhetag.

Cafetería Helados Las Gaviotas: Die fünf Tische in der Bar des älteren, englischen Paares in Borbalán sind nicht ohne Grund zur Frühstückszeit meistens belegt. Spezialität des Hauses ist natürlich das authentische English breakfast mit Eiern, Schinken, Bohnen, Toast und Butter für 450 Pts. Wer ohne Schinken und Bohnen auskommt, zahlt nur 250 Pts. Dazu passen Müsli mit Milch für 175 Pts oder Vollkornjoghurt für 225 Pts. Geöffnet: außer So täglich 9.30 - 20 Uhr.

Außerdem können wir zum Frühstücken empfehlen: die *Bar Parada* in La Calera für Frühaufsteher und das *Yaya* in La Playa (siehe Restaurant-Empfehlungen).

Essen in La Playa

Das **Las Jornadas** – auch als "Maria-Bar" bekannt – ist berühmt wie kaum ein zweites Lokal im Tal. Das deswegen, weil die palmwedelgedeckte Strandterrasse vor der Bar über Jahre hinweg ein zentraler Treffpunkt und fast so etwas wie das Wahrzeichen des Valle Gran Rey war. Wo die alte Terrasse war, stehen zwar mittlerweile nur noch Autos, aber das Ambiente ist trotzdem gerettet: Eine neue, mit Markise beschattete Außenterrasse mit 5

Die legendäre Maria am Playa de la Caleta – immer noch der Treffpunkt im Valle Gran Rey

Tischen läßt weiter Frischluft schnuppern. Und in puncto Essen ist ohnehin alles beim alten geblieben: Die Portionen sind meist üppig und die Preise maßvoll. Zu den Standardgerichten zählen Tortilla Española (mächtiges Omelett mit Kartoffel- und Zwiebelfüllung) und Paella aus Safran-Reis, Garnelen, Kaninchenfleisch, Tintenfisch und Paprika. Sehr zu empfehlen ist die gegrillte Hühnerbrust. Alle Tagesgerichte stehen auf der Tafel innen im Restaurant, das die Familie während der Ruhetage übrigens als Wohnzimmer nutzt. Küche von 12 -16 und 19 - 21.30 Uhr, Di Wohnzimmer-Tag.

Bar Yaya an der Strandzeile von La Playa. Kaum jemand kennt sie unter ihrem richtigen Namen "Bar-Zumeria La Playa". Die fast griechisch ganz in Hellblau und Weiß eingerichtete Bar mit Meeresblick ist ein zu Recht beliebter Ort fürs Frühstück. Die Extra-Frühstücks-Karte bietet: Bocadillos für 175 - 250 Pts sowie Toasts und Sandwiches für 200 - 275 Pts (z.B. das sehr gute Sandwich americano mit Eiern, Schinken, Käse, Tomaten, Salat und Avocado zum Preis von 250 Pts). Und ist am Morgen einmal der Cholesterinspiegel zu niedrig, dann gibt es Eiergerichte in den verschiedensten Variationen: darunter Spiegelei mit Schinken für 400 Pts, Rühreier für 200 Pts und Schweinelende mit Spiegelei für 500 Pts. Nach 13 Uhr werden dann auch warme Mahlzeiten zu vernünftigen Preisen (ab 700 Pts) angeboten. Besonders gut haben uns hier immer Chocos a la Plancha geschmeckt: ganze Tintenfische, unpaniert fritiert. Geöffnet: Di - So 8 - 22 Uhr. Warme Mahlzeiten ab 12 Uhr. Mo Ruhetag.

Rte. La Islita: Das häßliche Entlein von La Playa hat sich in einen stolzen italienischen Schwan verwandelt. Wer Abwechslung in den Speiseplan bringen möchte, ist hier in guten Händen, und auch Vegetarier kommen auf ihre Kosten. Verschiedene Nudelgerichte ab 700 Pts, gegrilltes Gemüse, Avocado mit Krabben (750 Pts), Weißfischfilet mit Bananencreme, Lammkotelett in Rotwein (1000 Pts) werden in noblerem, rustikalem Ambiente serviert. Geöffnet: 18 - 23 Uhr, Do Ruhetag.

Rte. Noria: Hat man sich erst mal durch die Spielhölle durchgekämpft, erwartet einen eine gute gomerische Küche zu akzeptablen Preisen. Auch Pizza ab 700 Pts. Die Terrasse davor ist wenig einladend. Küche: täglich 17.30 - 24 Uhr.

Pizzeria Piccolo Amore: Wer im Urlaub essen möchte wie daheim in der Pizzeria um die Ecke, der ist hier an der richtigen Stelle. Sauber und modern eingerichtet. Insgesamt werden 16 verschiedene Pizzen zu Preisen zwischen 600 und 750 Pts angeboten. Dazu kommt eine gute Auswahl an Fleisch, Fisch-, Nudel- und Geflügelgerichten. Suppen kosten um 300 Pts, und Steaks gibt es für 1300 Pts. Besonders gut geschmeckt hat uns der panierte Blumenkohl (Coliflor rebozada), garniert mit Tomatenscheiben, geraspelten Möhren und grünem Salat. Geöffnet: Di - So 13 - 23 Uhr, Mo Ruhetag.

Rte./Bar La Terrazza del Piccolo Amore. Das große, begrünte und überdachte Terrassen-Restaurant liegt direkt hinter der Pizzeria Piccolo Amore und gehört auch demselben Besitzer. Wen das Großraumrestaurant-Ambiente nicht stört, kann sich an der großen Vitrine seinen frischen Fisch oder sein Steak aussuchen. Direkt dahinter befindet sich die komplett einsehbare Küche, die zu beobachten wesentlich interessanter ist, als dem trällernden Gitarrenspieler zuzuhören. Geöffnet: Di - So 13 - 23 Uhr, Mo Ruhetag.

Bar/Rte. El Paraiso, rund 100 m von der Bar Las Jornadas entfernt an der Uferpromenade etwas nach hinten versetzt gelegen, praktisch am Ortsrand von La Playa. Die Auswahl ist groß; empfehlenswert sind Filetes de atún (Thunfischfilet) mit großem Salat und reichlichen in Meerwasser gekochten Kartoffeln als Beilage für 850 Pts und Chuletas, zwei Schweinekoteletts mit Pommes und Salatbeilage, für 750 Pts. Von den Nachspeisen haben es uns vor allem Eierpudding mit Sahne sowie Kanarischer Milchauflauf mit Miél de Palma angetan. Die Weine, Vino de la Casa, Vino de la Gomera und Sangria, werden in Tonkrügen serviert. Geöffnet: außer Sa täglich 13 - 22.30 Uhr. Die Küche schließt um 21.30 Uhr, aber meistens kann man noch etwas länger auf der Terrasse sitzen und Wein trinken.

Bar/Rte. El Bodegón: größeres, beliebtes Restaurant mit überdachter Terrasse. Auf der deutschsprachigen Speisekarte stehen Fischgerichte von 800 - 1500 Pts und eine eher kleine Auswahl an Fleischgerichten zwischen 800 und 1500 Pts. Die Beilagen wie Salat und Kartoffeln oder Pommes müssen jedoch extra bestellt werden (Kartoffeln 325 Pts). Abgerundet wird das Ganze durch ein gutes Angebot an Nachspeisen wie Eistorte, Schokoladenpudding, Apfel- und Schokoladenkuchen. Preise: 250 - 300 Pts. Zum Kulinarischen kommt manchmal noch Geselliges: Wenn nämlich die Folklore-Gruppe von Valle Gran Rey hier aufspielt, geht's ähnlich zu wie bei einer kleiner Fiesta. Geöffnet: außer So täglich 17 - 1 Uhr; warme Küche nur bis 22 Uhr.

Bar/Rte. Playa Mar, an der Strandzeile zwischen Yaya und Islita. Tapas, Eis, Frühstück, durchschnittliche gomerische Küche. Das Restaurant ist meist nur dann voll, wenn alle anderen geschlossen haben. Wer abends draußen auf den Bänken sitzen und dem Meeresrauschen lauschen möchte, kann sich hier mit Getränken versorgen. Gläser bitte wieder zurückbringen. Geöffnet: täglich 8 - 24 Uhr.

Die **Restaurants Lola** und **San José** bieten täglich wechselnde Gerichte an. Kanarische Suppen (z.B. Potaje de berros, Brunnenkressesuppe), Tapas und auch die Fisch- und Fleischgerichte sind sehr zu empfehlen. Da die Restaurants stark von Einheimischen frequentiert werden, die die gute und preiswerte gomerische Küche schätzen, können an der Bar "spanische Kontakte" geknüpft werden. Küche von 12 bis 22 Uhr, So Ruhetag.

Essen in Calera

Rte. Orquidea mit der schönsten Terrasse von Valle Gran Rey, wo man den phantastischen Sonnenuntergang über La Playa und dem Meer beobachten kann. Auf der reichhaltigen Speisekarte findet man exzellente Chocos (unpanierte Tintenfische) in Knoblauchsauce für 700 Pts, zartes und gut gewürztes Kaninchen für 950 Pts und eine große Auswahl an leckeren Salaten zwischen 600 und 800 Pts. Für Vegetarier gibt's Champignons in Knoblauchsauce für 600 Pts. Die freundlichen Besitzer Pepe und Sabine bieten erstklassigen Service und eine CD-Sammlung, die den ausgesuchten Fachhandel locker einsackt. Auch zum Frühstück mit Fruchtsäften und Bocadillos sehr zu empfehlen. Geöffnet: 10-14 und 17-23.30 Uhr, So Ruhetag.

Rte. Sebastián: Es gibt es wieder. Zwar etwas modernisiert, mit kleinen Tischen bestückt und teuerer geworden, aber immer noch ein Klassiker im Valle Gran Rey. Mit großen Auswirkungen auf die Wartezeiten - alles wie gehabt. Oft ist die kleine Küche mit den Bestellungen überfordert, zaubert aber samstags eine Paella für den verwöhntesten Gaumen um die 1200 Pts pro Person. Geöffnet: Mo - Sa 18 - 23 Uhr, So Ruhetag.

Bar/Rte. Plaza, direkt an der Plaza von Calera gelegen. Den relativ kleinen Speiseraum mit 7 Tischen findet man im 2. Obergeschoß. Die ebenso kleine Küche ist von dort aus einsehbar. Die Getränke werden aus der Bar ein Stockwerk tiefer geholt. In südamerikanischem Flair (nicht nur wegen der Temperaturen) läßt sich bei ausgesuchter Salsa-Musik gut und üppig speisen. Auf der Speisekarte findet man fast ausschließlich preiswerte Gerichte. Darunter z.B. frischer Fisch mit viel Knoblauch, üppiges Carne en salsa (Rindergulasch) und Chuletas, drei (!) Schweinekoteletts. In jedem Fall gibt es Pommes oder Papas arrugadas als Beilage zu den Fisch- und Fleischgerichten. Der Sohn des Familienbetriebes, Ramon, ist auf Zack und hat immer einige Geschichten auf Lager. Geöffnet: außer Do täglich 18-22 Uhr.

Café-Bar El Descansillo: "Der kleine Ausruhplatz", so kann man den Namen dieses Cafés in Calera wörtlich übersetzen. Und wirklich, zum Ausruhen sind sie fabelhaft geeignet, die beiden Terrassen am Hang des über 150 Jahre alten Hauses, überschattet von hohen Palmen. Auch wenn es hier recht gemütlich ist, der Tischservice könnte um einiges freundlicher und flotter sein. Empfehlenswert sind die gegrillten Speisen vom Holzkohlegrill wie Fleischspieß und frischer Fisch, die um die 800 Pts kosten. Geöffnet: außer Mo täglich 9 - 13 und 17.30 - 23 Uhr.

Bar/Rte. La Pista: In diesem netten, kleinen Restaurant an der neuen Hauptstraße unterhalb von Calera sitzt man draußen an den 5 Tischen der überdachten Sitzterrasse oder innen, wo allerdings nur 2 Tische zur Verfügung stehen. Auf der Terrasse gibt's auch den Aushang zu den Tagesgerichten. Sowohl das Steak Pista mit Champignons für 1375 Pts als auch die Seezunge mit Zitronensoße für 900 Pts waren lecker. Üppig und mit Ziegenkäse garniert ist der gemischte Salat für 575 Pts. Die Bar ist Treffpunkt der jungen Einheimischen. Geöffnet: außer So täglich 17.30-2 Uhr.

Essen in Vueltas

Die **Bar/Rte. Taller del Guano**, auch "Das Blaue Haus" genannt, ist eine der besten Speiseadressen in Valle Gran Rey (Tel. 805192). Durch die Rundbogentür betritt man eine andere Welt. Die moderne Einrichtung und das gepflegte Ambiente liegen wie die Preise über dem Gomera-Standard. Links vom Eingang findet eine Pinnwand mit Tausch- und Verkaufsangeboten sowie Informationen über Aktivitäten im Valle viel Beachtung. Auf den Tischen brennen Kerzen. Zu den Spezialitäten des ursprünglich von drei baskischen Frauen gegründeten Hauses zählen traumhaft zarte und lecker zubereitete Filetsteaks (230 gr.), wahlweise in Kräuter-Rotwein-, Roquefort- oder Erdnußbuttersoße (1600 - 1800 Pts), und Huhn in Orangensoße für 925 Pts. Empfehlen können wir auch den Avocado-Salat mit geraspeltem Ei für 795 Pts. Außerdem steht eine größere Auswahl an Fischgerichten für 650 - 1300 Pts bereit. Rotznasen schlagen beim Kinderteller zu. Geöffnet: außer Do täglich 18-24 Uhr.

Rte. La Salsa, Tel. 805518. Wer in diesem vornehmen, malaysischen Restaurant (in einem ockerfarbenen Haus an der Promenade) mit weißen Tischtüchern, Blumen und Kerzen auf den Tischen das leckere Nasi Goreng (800 Pts) oder das nicht minder gute Fischfilet in Curry (1100 Pts) genießen möchte, sollte sehr viel Zeit mitbringen. Doch das Warten lohnt sich vor allem für Vegetarier: vegetarische Platte, Gemüse im Wok, Zucchini- und Gemüseauflauf. Geöffnet: außer Do täglich 18-23.30 Uhr.

Bar/Rte. El Pescador: Kleines, dunkles Restaurant mit 7 winzigen Tischen, die von ausrangierten Fischernetzen überspannt sind. Aus einem großen Holzfaß wird gomerischer Wein gezapft, der halbe Liter für 400 Pts – aber auch die Bierzapfhähne sind putzig. Aus ihnen rinnt entweder Cerveza Mas oder Krombacher Pils. Das El Pescador ist vor allem für gute und preiswerte Fischgerichte bekannt. Etwas Salat und Pommes werden immer dazu gereicht. Gelegentlich drehen sich auf dem Grill am Eingang auch leckere Hähnchen – auch zum Mitnehmen. Warme Küche gibt's täglich von 18-22 Uhr.

Bar/Rte. El Puerto: Was früher einmal eine kleine Bar mit nur 3 Tischen war, ist mittlerweile zu einem größeren Restaurantbetrieb herangewachsen. Noch immer tröpfeln aus den Lautsprechern die Stones, parallel dazu läuft der Fernseher. Die beiden Tische mit der Marmorplatte sind von alten Fischern besetzt, die hier wie eh und je ihr Dominospiel genießen. Im allgemeinen geht es in der Bar ziemlich lautstark zu; etwas ruhiger ist es im netten Anbau mit der großen Fensterfront. Erheblichen Anteil an der Geräuschkulisse hat der polternde Wirt. Wen dies nicht stört, wird kulinarisch belohnt. Gute Tapas aus dem Glaskasten an der Theke stehen in Konkurrenz mit der Glasvitrine am Durchgang zum Speiseraum, wo fangfrischer Fisch zur Auswahl steht. Die große Portion fritierter Weißfisch mit Papas arrugadas und etwas Salat für 900 Pts war hervorragend, die Riesenportion Carne en salsa (Rindergulasch) mit Pommes und roter Mojo kaum zu bezwingen. Weitere empfehlenswerte Speisen: die besonders gute und sehr große Fischgrillplatte für 2 Personen (1600 Pts), Fischsuppe (350 Pts), Chocos (800 Pts), Kalbsschnitzel (900 Pts) und Huhn in Soße (500 Pts). Dazu schmeckt ein Gläschen Vino del Pais (Gomera-Wein). Geöffnet: außer Sa täglich 7.30-23 Uhr.

Bar/Rte. La Dolce Vita: Der In-Treff der Freak-Szene und Schweinebuchtler. Im gemütlichen und buntbemalten Bistro liest man bei selbstgemachtem

Kuchen und Frühstück die Tageszeitung und läßt die Zeit bis zum Abendessen vergehen. In der mit Sperrholz vom Restaurant abgetrennten Küche wechseln öfter die Köche, doch hatte die Besitzerin bisher immer ein gutes Händchen bei der Besetzung. Legendäre Gestalten wie Erasmus (Ungarisches Gulasch vom Feinsten) standen hier schon am Herd. Danach draußen sitzen auf den Stufen, und schon ist wieder ein Tag vorbei. Geöffnet: außer Di täglich 10 - 1 Uhr.

Bar/Rte. America: Bis vor kurzem noch eine sehr einfache Dorfkneipe, in der man fast nie Touristen sah. Heute ein nach hinten hinaus erweitertes Restaurant mit heller Kiefernmöbel-Einrichtung. Größere Auswahl an Fleisch- und Fischgerichten. Zu den Höhepunkten auf der Speisekarte gehören Thunfisch (650 Pts) und Zarzuela (marinierter Fisch) für 2 Personen (2300 Pts). Andere Fischgerichte sind ab 900 Pts zu haben. Frühstück (Café con leche und Bocadillos) ab 7.30 Uhr, warme Küche ab 13 Uhr. Treffpunkt der Fischer. Geöffnet: täglich 7.30 - 23 Uhr.

Bar/Rte. La Loli: In den urigen, mit einem Hauch von Alternativszenerie umgebenen Räumlichkeiten läßt sich gut speisen. Besonderheiten der Speisekarte sind Fleisch-Fondue für 2 Personen (3000 Pts) und Zarzuela mit Weinsauce. Geöffnet: täglich 12 - 23.30 Uhr.

Bar/Rte. Abisina: Das kleine Restaurant mit offener Türe (gleichzeitig einziger Tageslichtspender) bietet eine große und leckere Auswahl an Fischgerichten. Dazu zählen z.B. Vieja (Papageienfisch) für 1200 Pts und Cazuela (Fischeintopf) für 800 Pts. Darüber hinaus gibt es eine kleine Tageskarte mit Tapas, Toasts und Salaten. Geöffnet: täglich 12 - 14 und 18 - 23 Uhr.

Bar/Rte. Nr. 2: Die ehemalige Pizzeria Quasimodo bietet österreichische Küche. Schmankerln, Apfelstrudel und Kuchen, damit das Heimweh nicht zu groß wird. Große Auswahl an Frucht- und Mixgetränken und Extra-Frühstückskarte. Spielesammlung für Kinder von 4 - 90. Geöffnet: außer Fr täglich 11 - 21 Uhr.

Essen in Borbalán und La Puntilla

Die **Bar/Rte. Coco-Loco** liegt in Borbalán oberhalb des kleinen Parks (von Calera aus auf der linken Seite). Das großzügige, überdachte Terrassen-Restaurant mit toller, begrünter Naturfelswand und weißen Holzstühlen bietet seinen Gästen fast Erlebnisgastronomie: Ein Kleinkunstpodium gibt unentdeckten Talenten ebenso wie internationalen Stars (falls mal einer vorbeikommt) die Bühne frei. Und für das leibliche Wohl sorgt ein Büffet. Fisch und Fleisch werden vom Koch - ganz in Weiß und mit Mütze - am Grill zubereitet, und das reichhaltige Angebot läßt die Wahl zur Qual werden. Die Schlemmerei kostet zwischen 1300 und 1500 Pts pro Person und wird beim Eintritt abkassiert. Der Barbetrieb ist vom Restaurant unabhängig, doch kann man sich auch hier für 500 Pts einen Tapas-Teller vom Büffet gegenüber kommen lassen. Eine ganze Latte an internationalen Cocktail-Mischungen um die 550 Pts stehen hier zur Auswahl. Für die Qualität bürgt der Besitzer Wolf, denn der hat ausgiebige Keepererfahrung im Sunset-Strip-Club in Tokio gesammelt.

Übrigens steht in der Bar die einzige Ampel La Gomeras; den Heim- und Weiterweg sollte man bei Tagesanbruch allerdings zu Fuß antreten. Küche täglich von 18 - 23.30 Uhr; Bar open end.

Bar/Rte. Charco del Conde: Angenehm kühl ist es hier an der hufeisenförmigen Theke. Üppiges Grün wuchert rundherum. Während an der Bar viele Gomeros stehen, sind die Tische mit den unbequemen Klappstühlen fast ausschließlich von Urlaubern besetzt. Von der kleinen Terrasse vor dem Restaurant hat man den Baby-Beach gut im Blick. Auf der größeren Terrasse hinter dem Restaurant ist man ungestörter. Die Karte bietet viele Fischgerichte um die 800 Pts, Fischkroketten für 600 Pts sowie wenige Fleischgerichte zwischen 700 und 1200 Pts. Die Gemüsesuppe für 250 Pts wird mit Gofio serviert. Für den kleinen Hunger zwischendurch reichen auch eine kleine Portion Carne en salsa (Rindergulasch) mit Pommes für 400 Pts oder die Kichererbsen mit Fleisch für 375 Pts. Warme Küche täglich 10 - 22 Uhr, Frühstück 10 -13 Uhr.

Bar/Rte. El Palmar: Das Restaurant liegt etwas oberhalb der Straße von Borbalán nach Calera inmitten von Bananenfeldern. Im hinteren der beiden Speiseräume finden auf langen Bänken auch größere Gruppen Platz. Vorne wird oft spanische Folklore live gespielt. Mit dem sehr netten Kellner Javier kann man Deutsch sprechen, und die Speisekarte ist ebenfalls in Deutsch verfaßt. Die beliebtesten Hauptgerichte sind Kaninchen in Soße für 900 Pts, Rindergulasch auf kanarische Art für 900 Pts und Spanisches Omelett für 400 Pts. Sehr zu empfehlen ist Thunfisch in kanarischer Soße für 775 Pts und Fischplatte für 2 Personen für 2500 Pts; exotisch der Tintenfisch in mexikanischer Soße für 900 Pts. Dazu schmeckt ein Literchen Vino de la Gomera aus dem Holzfaß oder Sangria. Geöffnet: außer Sa täglich von 18 Uhr bis gegen Mitternacht.

Cafetería/Rte. Casa Simón: Das Lokal der ehemaligen Cuba-Libre-Besitzerin liegt gegenüber dem Restaurant El Palmar in den Plantagen. Von der Terrasse hat man einen schönen Blick (noch!) auf Bananen und das Meer. Im Inneren sitzt man auf Gartenmöbeln. Auf der Speisekarte stehen verschiedene Steaks (700 - 1180 Pts), Fischgerichte (940 - 1180 Pts) sowie Fleischspeisen und vegetarische Gerichte wie die Vegetarische Platte aus verschiedenen, gekochten Gemüsesorten (getrennt serviert) für 880 Pts. Zu den meisten Fisch- und Fleischgerichten gibt es ein himmlisches Kartoffelgratin mit Knoblauch. Bei Schlemmern beliebt: das Fondue del Mar für 2 Personen (verschiedene Fischsorten und -soßen mit Toast zu 3100 Pts). Auch das Sylvestermenü für 3000 Pts war sehr gelungen. Nicht ganz so himmlisch ist es, wenn die manchmal etwas ruppige Chefin selbst bedient. Nachmittags gibt's Kaffee und Kuchen. Küche außer Fr täglich 18 - 22 Uhr.

Bar/Rte. Telemaco: Das Restaurant ist Bestandteil der Ferienanlage Contessa, in der normalerweise Pauschaltouristen absteigen. Der Meeresblick und die freundliche Holzeinrichtung lassen den Anlagecharakter allerdings vergessen. Hühnersalat für 475 Pts, Knoblauchsuppe 425 Pts, Fischkasserolle für 2 Personen 1800 Pts, Hähnchen in Pfeffersoße 700 Pts.

Bar/Rte. El Edén: Liegt etwas versteckt zwischen den Neubauten in La Puntilla. Hier gibt es die besten Tapas von Valle Gran Rey. Sehr empfehlenswert. Mit schöner Terrasse. Sa geschlossen.

Essen in Guadá

Oberhalb von Lomo de Balo, wo sich das Tal schon deutlich verengt und die Besiedlung langsam aufhört, finden Sie die einfache **Bar Retamal**, eine typisch gomerische Dorfkneipe, die einen recht guten Ruf genießt. Spezialität ist Ziegenfleisch. Geöffnet: täglich 8.30 - 23 Uhr. Noch etwas höher stoßen Sie auf die winzige **Bar Guadá**, praktisch das höchstgelegene Haus an der Hauptstraße. Hier kann man gut und preiswert Arepas (Maisfladen) und andere einfache, aber schmackhafte Gerichte genießen. Geöffnet: täglich 8.30 - 23 Uhr.

Kommt ein Vöglein geflogen . . .

In mondlosen, völlig dunklen Nächten fliegen im unteren Bereich des Tales zwischen den Felswänden seltsame Nachtvögel. Sie heißen *Paradelos*, und nur wenig ist über ihre Lebensgewohnheiten bekannt. Wer in solchen Nächten unter freiem Himmel schläft, wird nicht selten durch ihren markerschütternden, metallisch klingenden Schrei erschreckt. Doch außer einem Schatten sieht man kaum etwas von den großen, scheuen Tieren, da sie ausschließlich nachts fliegen und sich tagsüber auf dem Meer zu schwimmenden Inseln zusammenklumpen. Die Gomeros behaupten steif und fest, der Paradelo sei eine Art Sturmtaucher - doch wer erst den Schrei der Vögel gehört hat, der das Blut in den Adern gefrieren läßt, könnte meinen, ihr Lieblingsgetränk sei . . .

Treffpunkte/Nachtleben

Carlos Heladería Zumeria: Sie ist tagsüber einer der wichtigsten Treffpunkte im Valle und liegt verkehrsgünstig an der Plaza von Calera direkt neben der Sparkasse. Drinnen wird es allerdings nur selten voll, dafür läßt es sich viel zu gut auf der kleinen Terrasse direkt vor dem "Saftladen" sitzen. Und wenn diese - wie so oft - völlig überfüllt ist, dann werden sogar die Mauer und der Bürgersteig zu begehrten Sitzgelegenheiten. Café con leche gibt es hier übrigens nicht, aber es ist kein Problem, diesen in der Bar nebenan zu holen, um ihn dann auf der Terrasse der Zumeria mit einem Sandwich zu genießen. Es sind vor allem die frischgepreßten Säfte und Milchshakes, aber auch die tollen Eisbecher mit vielen frischen Früchten, die immer wieder hierher führen, während drinnen unterkühlte Popmusik gespielt wird. Die Säfte und Milchshakes werden unter anderem aus frischen Kiwis, Avocados, Bananen, Ananas, Honigmelonen, Orangen, Trauben und Brombeeren zubereitet und kosten zwischen 200 und 250 Pts. Auch ein weiterer Service macht die Zumeria zu einer wichtigen Anlaufstelle: die Pinnwand am Eingang. Hier findet man Nachrichten aller Art: verloren/gefunden, Treffpunkte für Verlorengegangene, Rückflugtickets zu günstigen Preisen, weil sich wieder einmal jemand nicht verabschieden kann, gemeinsame Taxifahrten zur Ferry Gomera, Veranstaltungen, Verkäufe, Kursangebote etc. Geöffnet: außer So täglich 9 - 19 Uhr.

Wenn in La Playa abends die Bürgersteige hochklappen, dann ist eigentlich nur noch im **El Bodegón** etwas los. Essen kann man hier von 17 - 22 Uhr, geöffnet bleibt das Lokal jedoch noch bis 1 Uhr (So Ruhetag). Genießen Sie auf der geräumigen Terrasse die heiße Salsa-Musik.

Weitere Anlaufpunkte für Nachtschwärmer sind in Vueltas das **Café der anderen Art** und das **Coco-Loco** (siehe "Essen in Vueltas" und "Essen in Borbalán und La Puntilla").

Disco Con Gas: Vorbei an Kicker und Flipperautomat führen die Stufen in das Tanzvergnügen in La Playa. Die Einrichtung aus Sitzgruppen und Tanzfläche mit Geländer lassen alte Erinnerungen an längst vergessene Provinz-Tanzschuppen mit klingenden Namen wie Car Wash oder Butterfly wieder hochleben. Die Macher organisieren dafür umso mehr: Täglich wechselnde DJs und Musikrichtungen und immer wieder Live-Musik knüpfen an die deutsche Discokultur an. Lockere Atmosphäre und tanzen, wie es beliebt. Wer vor Mitternacht einläuft, kann persönliche Musikwünsche an den DJ richten und hat zum Lieblingslied auch noch die ganze Tanzfläche für sich Geöffnet: außer Di täglich 22-5 Uhr.

Das "Bermudadreieck" – die Karten neu gemischt

Man muß ihn einfach einmal erlebt haben – den nächtlichen Absturz im legendären Bermuda-Dreieck mit neuen Positions-Koordinaten. Nach dem sonnabendlichen Caña bei Maria wird noch der Sand abgespült, die Nahrungsgrundlage für eine lange Nacht geschaffen, und dann geht's ins *Coco Loco* zum Cocktail-Schlürfen. Gomera-Veteranen zieht es hingegen noch immer ins *Cacatua* – oder beides. In Vueltas jedenfalls trifft sich immer noch alles, was vom "alten Valle" noch übriggeblieben ist: Mann und Frau stürzen sich kopfüber in magische Besäufnisrituale zwischen heißer Musik, lauen Nächten und eiskalten Drinks. Nochmals Richtungswechsel: *Con Gas* heißt das Zauberwort, das ganze Völkerwanderungen auslöst. Wer mit Fahrzeug unterwegs ist, nimmt einsame Pilger mit auf die staubige Fahrt zum sprudeligen Tanzfloor. Ein Stückchen Ibiza, ein Stückchen Berlin – die neue "Szene-Generation" lebt und feiert sich ausgelassen, und die staunenden Exoten aus den Pauschalanlagen lassen ihre Videos lieber stecken, um sich nicht über Filmgagen, in Drinks umgerechnet und gleich zack auf dem Tisch, auseinandersetzen zu müssen. Am nächsten Tag fällt dann der Strandgang wegen Kopfschmerz aus. Und ist der Kater endlich kuriert, stellt sich die immer gleiche Frage: "Auf Patrouille ins *Bermuda-Dreieck* ?"

Cacatua, täglich von 21 - 2 Uhr geöffnet. *Das* In-Lokal im Valle. Hier finden sich allabendlich alle ein, die "dazugehören" wollen. Und auch für den, der's nicht will, ist zumindest eine Stippvisite Pflicht. Mitte der 80er Jahre eröffnet, hat sich das Cacatua unter wechselnder Führung mühelos behauptet. Deutsch-cool ist es hier, eine Szenekneipe wie daheim in Kreuzberg, nur etwas lockerer und kontaktfreudiger. Seit man auch unter dem Vordach sitzen kann, ist das Gedränge nicht mehr ganz so wahnwitzig. Wen man hier sieht, den trifft man unter Garantie später nochmals wieder - also wird nach

Das "In-Lokal" im Valle Gran Rey

Kräften sondiert, auch wenn "Aufreißen" nur in Maßen angesagt ist. Zu Zappa oder den Doors wippend, steigen Stimmung und Unternehmungslust. Aber Vorsicht: Wenn hier in der Stunde vor Mitternacht Flaute ist, dann kann man seine Unternehmungslust vergessen und braucht die Disco-Stationen gar nicht mehr anzupeilen. Doch meistens ist es gerade so voll, wie es sein sollte, und so kippt man noch ein letztes Bier für 125 Pts oder einen der leckeren Cocktails und macht sich bereit für den letzten Vorstoß, gerade wenn's hier am schönsten ist. Die 150m sind schnell zurückgelegt zur

Disco Pakos Pub (geöffnet außer Mo täglich 22.30 - 4.30 Uhr). Nach dem Besitzer benannt, ist der Keller-Tanz-Schuppen in der Szene noch unter dem alten Namen "Quasimodo" geläufig. Kenner kommen nie vor 1 Uhr, denn erst dann wird's richtig voll – wenn's denn überhaupt voll wird. So manchen Abend drücken sich nämlich nur 3 oder 4 Leutchen an der langen Theke herum, während ein bekiffter Nachwuchshippie einsam auf der Tanzfläche herumzuckt (Und das, obwohl am Eingang extra ein Schild darauf hinweist, doch nur "reinen" Tabak zu rauchen!). Doch gar nicht so selten sind auch die Sternstunden: Dicht gedrängt, fast ineinander verkeilt stehen die Menschenleiber dann und warten auf einen Funken. Den liefern die heißen lateinamerikanischen Rhythmen, gut gemischt mit Rock- und Pop-Hits der letzten Jahrzehnte. Und schon bald brodelt es auf der Tanzfläche – wer noch stehen kann, swingt mit. Ein armes Würstchen, wer da nicht flugs in Hochstimmung kommt – auch wenn das alles arg "touristisch" wirkt und die wenigen Gomeros nur exotische Staffage sind. So mancher, der daheim die allzu ähnliche Disco meidet, hottet hier richtig ab, bis niemand mehr so recht unterscheiden kann: Ist's Tanz, ist's Taumel? Jedenfalls ist der Eintritt frei und die Preise mäßig: Flasche Bier 250 Pts und Cola 200 Pts.

Hätten Sie's gedacht? – El fotógrafo ist selbst eher fotoscheu

Sehenswertes

An Sehenswürdigkeiten der gewohnten Art ist das Valle Gran Rey nicht gerade reich. Barockschlösser, romanische Kirchen oder Briefmarkenmuseen wird man hier vergebens suchen. Und trotzdem gibt es einiges zu entdecken. Nein, nein – nicht die gutaussehenden Jungs und Mädels, sondern die herrliche Landschaft oder zum Beispiel . . .

"el fotógrafo": Chronist und Entdecker

Auf Gomera kennt ihn jedes Kind: *el fotógrafo*, den Fotografen Thomas K. Müller. Auch die meisten Urlauber werden ihn kennenlernen - durch seine stimmungsvollen Postkarten, die selbst in der kleinsten Bar auf der Insel ihren Thekenständer haben. Einmalige Landschaftsporträts, Menschen und Tiere, Formen und Farben künden von seiner Sehnsucht nach einem Paradies auf Erden, das er hier gefunden zu haben scheint. Auch *el fotógrafo*, Jahrgang 1952, verschlug es durch einen Zufall nach Gomera. Nach einem einjährigen Arbeitsaufenthalt in Südamerika kam er 1980 für einen Kurzurlaub hierher. Dann packte ihn das Gomera-Fieber. Mit der Kamera machte er sich auf die Pirsch und bannte die bizarre Gebirgswelt, die kargen Strände, die von allen Menschen verlassenen Siedlungen und die einmalige Flora auf Film. Schließlich schaffte er es sogar, seine Begeisterung anderen zu vermitteln. Damals noch völlig konkurrenzlos im Valle, eröffnete er seinen ersten Fotoladen und begann, Abzüge seiner Bilder im Postkartenformat zu verkaufen. Als er der Nachfrage kaum mehr Herr wurde, ließ er sie drucken. Heute verläßt kaum ein Urlauber mehr Gomera, ohne nicht mindestens eine seiner Karten verschickt zu haben. Unter mehr als 350 gedruckten Motiven hat man die schwere Qual der Wahl. Dies alles ist jedoch nur eine kleine Auswahl, denn mit insgesamt über 40.000 Dias besitzt Thomas Müller heute das umfangreichste Fotoarchiv über Gomera. Dabei versteht er sich hauptsächlich als Chronist, angetreten, die Veränderungen aufzuzeigen und das Bewahrenswerte festzuhalten. Und obwohl er hier nun schon lange wohnt, meint er doch, täglich Neues zu entdecken. Gomera erfüllt so - wie er es ausdrückt - *"den Urtrieb nach einem Abenteuerspielplatz"* par exellence. Und letztlich ist sein Traum der vieler, nämlich unabhängig zu werden vom Kommerz und den eigenen künstlerischen Anspruch zu verwirklichen.

Wer ihn und seine Fotos kennenlernen möchte, hat dazu mehrere Möglichkeiten. Zum ersten ist da der **Fotoshop** in La Playa neben der Pizzeria Piccolo Amore. Hier ist seine Postkartenedition fast komplett zu bestaunen, dazu kommen Originalfotografien von Postkartengröße bis zum Posterformat. Sechs Postkarten kosten 200 Pts, die Originalfotos pro Stück ab 50 Pts aufwärts. Außerdem kann man hier fast sämtliche deutschsprachige Literatur über Gomera und die Kanaren kaufen, worunter besonders die Wanderführer sehr begehrt sind. Auch aktuelle Wochenmagazine (Zeit, Spiegel und Stern), Krimis, Tageszeitungen und Frauenzeitschriften stehen zum Verkauf. Wie es sich für einen anständigen Fotoladen gehört, bietet auch dieser einen Entwicklungsservice an; Dauer: 60 Minuten. Wer Nachschub braucht, kann sich hier auch mit Markenfilmen eindecken. Schließlich ist der Fotoladen für seine Kunden auch Anlaufstelle bei Fragen aller Art. Selbst auf der Suche nach einem freien Zimmer kann die deutschsprachige Bedienung im Geschäft dann und wann mit einem Tip weiterhelfen. Reservierungen von Wanderungen werden auch entgegengenommen. Im hinteren Bereich des Ladens gibt es eine Boutique mit Bademoden und T-Shirts. Öffnungszeiten des Fotoshops: Mo - Sa 10 - 14 und 16.30 - 20.30 Uhr, Tel. 805654.

La Galeria oder - mit vollem Namen - **La Galeria Tasca del Banano** heißt die zweite Anlaufstelle für Fotobegeisterte. Man findet sie neuerdings in La Playa, nachdem sie vorher lange Jahre in Calera ansässig war. Ganzjährig läuft hier an jedem Montag und Mittwoch um 21 Uhr ein Dokumentarfilm (*La Gomera — Insel mit vielen Gesichtern*) und an jedem Dienstag um 21 Uhr die Tonbildschau *Gomera - Traum oder Wirklichkeit* (Eintritt: 500 Pts). Entstanden in den Jahren 1980 bis 1986, liefert dieser mit raffinierten Überblendungstechniken und Originaltönen arbeitende Diavortrag weniger Informationen über die Insel als vielmehr einen tiefen, subjektiven Eindruck – eine persönliche Liebeserklärung des Fotokünstlers Thomas Müller an Gomera.

Freitags läuft der sehenswerte Spielfilm *Guarapo.* 1987 auf La Gomera und Teneriffa gedreht, veranschaulicht der spannende Schwarzweiß-Streifen das harte gomerische Leben Ende der 40er Jahre unter der Repression der Großgrundbesitzer und des Militärregimes – nicht ohne Brisanz für die Gegenwart; zart und gewagt die eingewobene Liebesromanze. Auch gomerische Darsteller und Statisten wirken daran mit. Zu sehen sind eindrucksvolle Bilder von der Insel, musikalisch untermalt von den mystischen Klängen der Chácaras und Tambores.

Um sicherzugehen, daß die Filme auch wirklich gezeigt werden, empfiehlt es sich, sich vorher am Aushang vor der Galeria zu erkundigen oder im Fotoladen am Playa nachzufragen (dort sind auch Programme erhältlich).

Geöffnet ist die Galerie an den Vorführtagen ab 20 Uhr; vorher oder nachher kann man einen Schoppen Wein an der Bar zu sich nehmen. Sehr glücklich ist *el fotógrafo* über seine Kino- und Kneipenlizenz für die Galerie, die beide gut sichtbar über der Theke hängen. Und mit stolzgeschwellter Brust erzählt er, daß *La Galeria* beim Ayuntamiento (Bürgermeisteramt) als *Centro Cultural*, als Kulturzentrum, geführt wird. Ansonsten finden in der Galerie sporadisch Veranstaltungen statt. Konzerte, Filmvorführungen, Ausstellungen, Theater, Musik, Folklore und Tänze - kurz: der gesamten Spannbreite der hiesigen Kultur ein Forum zu geben ist das eine Ziel der Galeria. Das andere, spontane Auftrittsmöglichkeiten für Musiker, Schauspieler, Gaukler und Literaten aus aller Herren Länder zu bieten.

Nachsaison

Strände/Sport

Erwarten Sie keine schier endlosen, feinkörnigen Sandstrände, in deren weißen Dünen man unter hochgewachsenen Palmen Schatten findet – all das gibt es im Valle Gran Rey und auf ganz Gomera nicht! Statt dessen ein paar dunkle Kies- und Steinstrände, wo man leichter als anderswo die Brandung überlisten und ins Meer kommen kann, das mit tückischen Strömungen und unberechenbarem Wellengang das Schwimmen oft gefährlich macht. Daneben gibt es noch eine Handvoll Stellen mit schwarzem Sandstrand, der nicht nur durch die starke Sonneneinstrahlung höllisch heiß wird, sondern - bedingt durch die stete Brise - auch noch zum hemmungslosen Umherfliegen neigt. Im Winter schrumpfen diese Stellen beträchtlich oder werden ganz vom Atlantik "aufgefressen". Dies nur, um vor zu hohen Erwartungen zu warnen. Tatsächlich gibt es auch eine ganze Reihe positiver Aspekte: ganzjährig angenehme Wassertemperaturen, teilweise textilfreies Sonnenbaden ...

Achtung: Neuankömmlinge sollten in den ersten Tagen unbedingt Sonnenmilch mit hohem Lichtschutzfaktor benutzen - ganzjährig!

▸**Playa del Inglés:** Der Strand liegt gerade 10 Fußminuten vom Ortskern von *La Playa* entfernt. Der Weg beginnt zwischen der Pizzeria *Piccolo Amore* und dem Restaurant *Islita* an der Strandzeile, führt am Appartementghetto für Pauschalurlauber vorbei und passiert noch den Fußballplatz, wo Fußkranke und Faulpelze auf einem kleinen Parkplatz ihren Leihwagen abstellen können. Die letzten 150 m müssen schließlich alle auf Schusters Rappen zurücklegen. Im Sommer steht man dann vor einem etwa 200 m langen Sandstrand mit ebener Liegefläche und etlichen aus Lavabrocken erbauten Burgen, die einen effektiven Schutz vor Flugsand versprechen. Aus dem Wasser ragen spitze Steine – gefährlicher sind aber diejenigen, die man beim Hineingehen nicht sofort erkennen kann. Wer sich seiner Schwimmkünste und Robustheit nicht sicher ist, Schnitt- und Schürfwunden ungern in Kauf nimmt, der kann bei Wellengang gefahrloser am *Playa de Calera* (siehe unten) baden.
Im Winter bleibt vom Sandstreifen meist nur wenig übrig, was Bade- und Bräunungsspaß aber keinen Abbruch tut. Und wen dabei der Hunger überkommt, der freut sich über hin und wieder in der Hauptsaison von Bauchladen-Händlern angebotene Toast, Pancakes, Energyballs und kalte Getränke.
Die auf einen Felsen gepinselte Mahnung "FKK verboten!" kapituliert im übrigen vor dem Gewohnheitsrecht, denn der Playa del Inglés ist der bei (deutschen) Nacktbadern beliebteste Strand. Dies zu ändern wäre eigentlich ein Gebot der Rücksichtnahme, erscheint aber ziemlich aussichtslos. Daß das hüllenlose Treiben auch heute noch einigen Einheimischen ein Dorn im Auge ist, davon kündet allein schon die Bezeichnung *Playa del Inglés* – denn mit "Inglés" sind nicht nur die in dieser deutschen Exklave exotischen Engländer gemeint. Seit den Überfällen englischer Piraten im 16. Jahrhundert hat "Inglés" auch immer die Nebenbedeutung "fremder Störenfried".
Übrigens finden hier auch viele ihr erstes Nachtquartier – wenn sie nämlich, gerade mit der letzten Fähre auf Gomera angekommen, noch ein Taxi ins Valle auftreiben können, wo sie feststellen müssen, daß um Mitternacht die meisten Türen verschlossen sind. Wer

La Playa – an der Strandzeile ist immer Highlife

sich dann am Playa del Inglés in seinen Schlafsack mummelt, hat eigentlich nichts zu befürchten, wenn er frühmorgens wieder das Feld räumt. Dauercamper hingegen werden recht bald vom Dorfpolizisten Basilio ("Knüppelchen") verscheucht . . .

▸**Playa de Calera**: Eigentlich erstreckt sich der dunkle Sandstrand nur zwischen den Bars *Las Jornadas* und *Yaya* auf etwa 50 m Breite. Im Sommer gibt dann der Atlantik zusätzlich noch einmal rund 150 m Strand frei. Der größte Vorteil dieses Strandes: Ins Wasser und wieder heraus kommt man hier in der Regel wesentlich leichter als am *Playa del Inglés*, und zu einem Café con leche oder einem Zumo de naranja (Orangensaft) sind es nur ein paar Meter.
Wer hier (sonnen-)badet, tut dies unter den Augen der halben Dorfbevölkerung – eigentlich selbstverständlich, daß man aus Respekt vor den Gastgebern darauf verzichten sollte, sich oben ohne oder gar ganz ohne am Strand aufzuhalten.
Im Sommer ist der *Playa de Calera* der am dichtesten bevölkerte Strand im Valle – vor allem viele junge Einheimische und Urlauber vom spanischen Festland verbringen hier ihre Nachmittage. Diejenigen, die an solchen Tagen nicht wie die Ölsardinen liegen wollen, wählen den Steinstrand, der sich auf fast einem Kilometer Länge

zwischen dem *Playa de Calera* und *La Puntilla* erstreckt – zum Schwimmen ist er zwar wegen der "rollenden Steine" wenig geeignet, aber mit einer dicken Liegematte findet man dort ein ruhiges Plätzchen zum Sonnenbaden. Im Winter ist die Besetzung jedoch weitaus spärlicher, deutsche Urlauber sind dann auch an der *Playa de Calera* in der Überzahl.

▸**Baby-Beach**: Warum die kleine Bucht an der Appartementsiedlung *Charco del Conde* (beim gleichnamigen Restaurant) "Baby-Beach" genannt wird, wird jeder sogleich verstehen, der hier einen Kopfsprung wagt – das Wasser ist nämlich gerade fußknöcheltief. Für Kleinstkinder scheint das durch Felsen vom Meer abgetrennte "Plantschbecken" also bestens geeignet, zumal sich das Wasser in Windeseile auf Badewannentemperatur aufheizt und nicht die Spur eines Wellenganges festzustellen ist. Während die Minis mit Schwimmflügeln, Eimerchen und Schäufelchen hier ihren Geschäften nachgehen, holen sich die Mütter (und immer wieder auch einmal ein Vater) auf dem nicht sehr großen, vorgelagerten Sandsträndchen ihre Urlaubsbräune oder schlürfen auf der nahen Terrasse des Restaurants *Charco del Conde* einen kühlen Drink, während stets ein Auge auf den Nachwuchs gerichtet bleibt. Der Tümpelcharakter des Baby-Beaches hat allerdings auch Nachteile: So hört man immer wieder mal davon, daß sich Kinder hier Infektionen geholt hätten.

Zur Orientierung: Der **Baby-Beach** liegt etwa auf halbem Wege der Promenade zwischen **La Playa** und **Vueltas**.

▸**Playa Vueltas**: Wenig einladend ist der etwa 100 m lange Sandstrand am Hafen von Vueltas – aber für die vielen Urlauber, die ihr Appartement in Vueltas haben, ist dies die bequemste Lösung. Mit den direkt vor dem Strand liegenden Fischerbooten wirkt er auf den ersten Blick sehr idyllisch. Und tatsächlich schützt die Hafenmole vor der Brandung, so daß selbst Kinder hier an den meisten Tagen des Jahres relativ gefahrlos baden und spielen können. Weniger schön, aber zumindest von den Einheimischen völlig ignoriert: Das Hafenbecken ist durch den Motorbootverkehr doch sichtlich verdreckt, und wegen der geschützten Lage geht der Wasseraustausch mit dem offenen Meer nur relativ langsam vonstatten. Nur sehr wenige, die auch die anderen Strände kennengelernt haben, kommen zum Schwimmen hierher; angesagt ist meist nur Sonnenbaden. Auch am *Playa de Vueltas* gilt: oben ohne baden bzw. sonnen ist fehl am Platze.

Das Angebot der Finca Argayall läßt keine Wünsche offen

▸**Schweinbucht**: Ein ca. 15minütiger Spaziergang, der am Schluß in eine Kletterpartie übergeht, führt vom Hafen aus zur Schweinebucht. Es geht von der *Finca Argayall* über einen gut erkennbaren Pfad an der Küste entlang, das letzte Stück führt über Fels und Geröll zu der kleinen windgeschützten Bucht *Playa de las Arenas*, deren Abgelegenheit keineswegs vor Überfüllung schützt, vor allem im August nicht. Der Weg lohnt sich, denn es erwartet uns ein schöner, im Sommer etwa 150 m langer Sandstrand mit der Möglichkeit ungestörten Nacktbadens, der schon seit langem *der* Freak- und Aussteigerstrand von Gomera ist und darüber hinaus durch das *Projekt Argayall* bekannt geworden ist (siehe unten "Videos aus Poona, Tourismus und Therapie"). Übrigens: Als sich die Gomeros die drastische Bezeichnung *Schweinebucht* ausdachten, war das Nacktbaden vermutlich das Benennungsmotiv ...
Die ganze Bucht ist von hohen Felsen umgeben, so daß sich vor allem in den Sommermonaten die Hitze manchmal unerträglich staut. Einzige Zuflucht sind dann die in den höhlenartigen Ausbuchtungen des überhängenden Felsens geschaffenen, kargen Behausungen, die bis zum späten Nachmittag im Schatten liegen. "Vergessener" Müll und Speisereste freuen weniger die nachfolgenden Besucher als vielmehr die heimischen Ratten. Vor dem

Übernachten sei noch aus einem anderen Grund gewarnt: Wenn nämlich die Flut einmal etwas höher steigt, ist schnell der Rückweg abgeschnitten.
Versorgungsmöglichkeiten gibt es hier allerdings keine. Bei starkem Seegang, besonders im Winter, wird der Sandstrand häufig völlig überspült.

Videos aus Poona, Tourismus und Therapie

Das *Projekt Argayall* in der Schweinebucht hat nichts mit Viehzucht zu tun. New-Age-Spiritualismus unter dem Motto "Tourismus und Therapie" führt nämlich alljährlich an die 400 Urlauber hierher. Schon vor rund 25 Jahren kaufte der Engländer Richard Sanderson, der auch heute noch hier lebt, die gesamte Bucht für einen Spottpreis um 60.000 DM (Goldgräberzeiten!). Als er Mitte der 80er Jahre dem Projekt Argayall die Hälfte der Bucht weiterverkaufte und ihm für den Rest die Nutzungsrechte übertrug, war der Quadratmeterpreis schon auf 80 DM gestiegen. Eine stolze Gewinnspanne, wenn man bedenkt, daß die gesamte Bucht ca. 1,5 Hektar umfaßt.

Wer steckt nun hinter Argayall? In ihrem Selbstverständnis halten sich die Gesellschafter für offen und unabhängig. Etliche von ihnen sind schon seit langer Zeit Anhänger des vor einigen Jahren verstorbenen Gurus *Bhagwan Shree Rajneesh.*

In Argayall leben derzeit ständig 8 Personen, dazu kommen noch etwa 20 Urlauber. Erklärtes Ziel ist es, Wohn- und Schlafräume für ingesamt 40 Personen zu schaffen. Die Selbstversorgung ist inzwischen soweit gediehen, daß sogar Strom und Wasser aus eigenen "Quellen" geschöpft werden. Touristen zahlen hier pro Tag und Person bei Unterbringung im Doppelzimmer knapp 90 DM. Im Preis inbegriffen sind vegetarische Vollpension (obligatorisch!), Wäscheservice und die Teilnahme an Meditationen (2- bis 3mal täglich; freiwillig). Sehr häufig wird die Finca von Lehrern der verschiedensten "spirituellen Künste" besucht. Lehrgänge z.B. in Astrologie, Atem- und Körperarbeit, Tanz, Tarot und Yoga werden häufig per Handzettel im ganzen Valle angekündigt. Für Besucher und Interessierte, die nicht auf der Finca wohnen, besteht die Möglichkeit, an den täglich stattfindenden Meditationen teilzunehmen: auf dem Stundenplan stehen dynamische

Meditation um 7.30 Uhr und Kundalini-Meditation um 16.30 Uhr. Wer sich für dergleichen interessiert, kann sich auch telefonisch über die aktuellen Angebote informieren (Tel. 805551; Anmeldung täglich 10 – 13 Uhr, Di geschlossen). Sogenannte "Summerworker" können als Biogärtner oder vegetarische Köche gegen einen geringen Unkostenbeitrag praktisch umsonst hier leben (und arbeiten!). Nach Voranmeldung ist die Teilnahme an vegetarischen Mahlzeiten möglich.
Passanten kaufen von der Finca gerne die biologisch-dynamisch angebauten Bananen, Papayas, Avocados und Mangos (sehr lecker). Die Mehrzahl der Gomeros im Valle Gran Rey begegnet dem Projekt Argayall mit erstaunlicher Sympathie. Das liegt wohl vor allem an der guten Öffentlichkeitsarbeit. So waren schon sehr viele, in erster Linie Jugendliche, auf dem in beinahe jedem Monat traditionell gefeierten Vollmondfest mit Büffet und Gitarrenmusik. Dazu ist jeder eingeladen; für Essen und Trinken wird ein Unkostenbeitrag kassiert.
Aus dem Prospekt: "Liebe und Meditation sind für uns die Essenz. [. . .] Wir feiern gerne, tanzen und lachen. [. . .] Gelegentlich zeigen wir auch Videos aus Poona."

Finanziert wird das Projekt von bislang 15 Gesellschaftern durch Kapitalbeteiligungen ab 5000 DM aufwärts. Die größten Fondanteile betragen ca. 100.000 bis 150.000 DM. Unabhängig von der Größe der Einlage besitzt bei wichtigen Entscheidungen jeder Gesellschafter nur eine Stimme. Einen großen Einfluß hat außerdem die fünfköpfige Initiativgruppe, darunter allein drei Sannyasins.

Fiestas

Fiesta Virgen del Cármen: Sie wird in der letzten Juliwoche im Hafen von Vueltas gefeiert, denn die *Virgen del Cármen* ist die Schutzpatronin der Fischer. Ihre Statue wird am Nachmittag des ersten Tages der Fiesta aus der Pfarrkirche bis zum Hafen getragen und dort auf ein Fischerboot verladen. Praktisch die ganze Bevölkerung folgt ihr dann bei einer großen Schiffsprozession mit viel Knallerei. Das wirklich große Feuerwerk am Strand von Vueltas ist übrigens ein Geschenk des Fischaufkäufers Ramon aus Teneriffa. Diese wohl am ausgiebigsten gefeierte Fiesta im Valle

Gran Rey dauert nicht nur ganze drei Tage lang, sondern sie wird auch durch viele sportliche Wettkämpfe (Wettrudern, “Wer hält sich am längsten auf einem mit Schmierseife eingeriebenen Balken” etc.) aufgelockert.

Días de los Reyes: Am Abend des 5. Januar gibt es eine kleine Parade. Alle kaufen noch in letzter Minute die Geschenke und verstecken sie in den Häusern der Nachbarn und Freunde. Am nächsten Morgen, am Dreikönigstag, holen alle ihre Präsente wieder ab und übergeben sie mit den Worten "Schau nur, was die Drei Könige Dir mitgebracht haben!" ihren Angehörigen. Alles ist ruhig und beschaulich, bis gegen Mittag endlich die Kinder ihre Geschenke haben. Dann geht's natürlich raus auf die Straße, das Spielzeug wird lauthals verglichen und ausprobiert.
Am Nachmittag ziehen dann alle zur Kapelle der Heiligen Drei Könige oben auf der rechten Talseite, wo nach einer Messe die dreitägige Fiesta mit vielen Knallkörpern eingeleitet wird.

Tips für Weihnachtsflüchtlinge

Noch vor einigen Jahren war es Sitte, daß am Heiligen Abend die Weihnachtssänger durchs Dorf zogen und das Fest in aller Stille und Frömmigkeit begangen wurde. Heute ziehen von fröhlicher Gitarrenmusik begleitete Trupps schon am 23. Dezember durch die bunt geschmückten und von blinkenden Weihnachtsbäumen illuminierten Bars und sammeln Geld ...

Wer als Urlauber den Abend des 24. Dezember mit einem Festmahl beginnen möchte, sollte unbedingt schon tags zuvor einen Tisch reservieren oder sehr früh ins Restaurant gehen. Denn nur etwa die Hälfte aller Lokale hat überhaupt geöffnet, und vor deren Eingangstüren bilden sich erfahrungsgemäß spätestens um 18.30 Uhr längere Schlangen. Gemeinerweise denken diejenigen, die früh genug einen Platz ergattert haben, nun gar nicht daran, diesen zu verlassen, denn die Chance, irgendwo anders einen neuen zu finden, ist gar zu gering. Wer hofft, diesem Boom dadurch zu entkommen, daß er erst nach 21 Uhr zum Essen geht, sieht sich aufs übelste getäuscht. Entweder ist die Küche oder gleich das ganze Lokal um diese Zeit bereits geschlossen. Und noch ein Hinweis: Immer mehr Restaurants bieten an diesem Abend ein völlig überteuertes "Weihnachtsmenü" an.

Nach dem Essen heißt es warten – einige nutzen die Zeit, um sich im Appartement selbst zu bescheren, andere bemühen sich mehr oder weniger erfolgreich, vermittels eimerweis' einverleibter Alkoholika dem Abend ein freundliches Antlitz zu geben. Denn erst gegen Mitternacht beginnt die Weihnachtsmesse in der völlig überfüllten Pfarrkirche von Calera. Daran nehmen auch viele Urlauber teil, freilich nicht immer so leise und zurückhaltend, wie dies angebracht wäre. Viele harren auch draußen auf der Plaza unter dem großen, psychedelisch leuchtenden "Weihnachtsbaum" der Dinge, die da kommen werden...

Gegen 1 Uhr morgens ist es dann endlich soweit. Das Kirchenportal öffnet sich, und Ströme von Menschen ergießen sich auf den rund 150 m entfernten Marktplatz, wo jetzt die Fiesta beginnt. Farbige Girlanden, bunte Blinklichter und die live gespielten lateinamerikanischen Tänze lassen eher Karnevals- als Weihnachtsstimmung aufkommen, aber deswegen sind wir ja auch hier. *Felíz Navidad*, "glückliche Weihnachten", wird die Kapelle heute nacht noch oft anstimmen und auch das Lied von der schönen Insel Gomera, *La Isla preciosa*. Die Menschen tanzen ausgelassen dazu, der Alkohol fließt in Strömen, bis lange nach 5 Uhr morgens der Vorhang fällt...

Am Abend des ersten Weihnachtsfeiertages geht die Fiesta weiter. Doch obwohl sie früher (etwa gegen 22 Uhr) beginnt als tags zuvor, wird es längst nicht mehr so voll – die Opfer der vorangegangenen Exzesse sind offensichtlich noch nicht wieder einsatzbereit. Und während die deutschen Weihnachtsflüchtlinge, auf dem Festplatz übrigens fast in der Mehrheit, so mehr oder weniger ausgelassen die "kritische Phase" hinter sich gebracht haben, warten die Gomeros noch bis zum 6. Januar, dem *Días de los Reyes* (Dreikönigstag), bis es die Geschenke gibt und natürlich eine neue Fiesta...

Ähnliches gilt auch zu *Sylvester*. Sind dann die geschilderten Probleme mit dem festlichen Essen gelöst, geht es gewöhnlich ab ins Bermuda-Dreieck.

Ausflüge/Wanderungen

Von La Calera nach Arure

Die Wanderung, die etwas über 2 Std. dauert, beginnt auf der alten Hauptstraße von Calera (siehe Calera-Karte). Stufen führen den noch frischen Wanderer links hinauf zu einem Felsen mit der blauen Aufschrift *Arure*. Hier sind ein Richtungspfeil und Schlangenlinien aufgepinselt, die den nun folgenden strapaziösen 75-Minuten-Aufstieg über den mit Naturstein befestigten, in Serpentinen verlaufenden Weg auf das Hochplateau trefflich beschreiben. Rund 600 Höhenmeter sind jetzt in einem Stück zu bewältigen. Mit dem Richtungswechsel der Kehren ändert sich auch abrupt der Blick auf den grünen **Barranco de Arure**. *Calera, La Playa, Vueltas* und das tiefblaue Meer sieht man aus allen Perspektiven. Später wird auch die Aussicht auf den oberen Bereich der Talschlucht immer besser: vereinzelte kleine Siedlungen im satten Grün des Talgrundes, darüber bis an die Grenze des nackten Felses endlos scheinende Terrassen, die an asiatische Hochgebirgslandschaften erinnern. Nach gut 20minütigem Aufstieg erblickt man dann im Landesinneren zum ersten Mal den markanten, 1241 m hohen Tafelberg **Fortaleza** mit den an seinen Fuß geschmiegten kleinen Dörfern. Er wird den Wanderer am Horizont noch lange begleiten. Das gemächlich ansteigende, von Disteln, Gräsern und Trockenbüschen üppig bewachsene Hochplateau **Risco de la Merica** lädt zu einer ersten Rast ein. Während uns die Wegzehrung schmeckt, beobachten wir hier grasende Ziegen bei ihrem Frühstück.
Dann folgt man dem sacht ansteigenden Trampelpfad rechts an den Telegrafenmasten vorbei. Auf den Innenwänden eines aus Naturstein erbauten Ziegenstalls, der nur ein wenig abseits liegt, entdeckt man Inschriften, mit denen sich viele der hier entlangkommenden Wanderer verewigen wollten.

Am Ende des Hochplateaus führt der Weg schließlich an Felshöhlen vorbei, die den Ziegen bei schlechter Witterung Schutz bieten. Seit Erreichen des Plateaus ist eine weitere halbe Stunde vergangen. Wenig später mündet der Trampelpfad in einen breitgeschobenen Weg, dem man in linker Richtung folgt. Wer sich unterwegs von

Das Hochplateau Risco de la Merica

dem atemberaubenden Ausblick auf die Nachbarschlucht mit dem Dörfchen *Taguluche* losreißen kann, der erreicht nach wiederum 30 Min. **Arure**. Rund 50 m vor dem Ortseingang führt links ein Weg durch den imposanten Aquädukt hindurch zur *Eremita El Santo*. Der kleine Umweg lohnt sich, denn bei klarem Wetter hat man hier einen der schönsten Panoramablicke der Insel: Wie ein glitzerndes Juwel liegt der Weiler *Taguluche* in einem Meer von Farben.
In umgekehrter Richtung beginnt die Wanderung natürlich am Aquädukt. Nach unseren Erfahrungen verringert sich die Gehzeit dann um etwa 30 Min.

• *Essen/Einkaufen*: Die **Bar/Rte. Conchita** ist ein geräumiges, neu renoviertes Restaurant am nördlichen Ortsrand von Arure, direkt an der Hauptstraße gelegen, und ein beliebter Treffpunkt von Wanderern, Mietwagenfahrern und Bussen mit internationaler Besetzung. Wir können besonders die Kartoffelsuppe mit Gofio empfehlen. Der Wanderer hat sich natürlich schon die ganze Zeit auf einen kühlen Drink gefreut: Es gibt frischgepreßten Orangensaft, Cola und Bier. Geöffnet: außer Do täglich 8 - 22 Uhr. Der neben dem Restaurant liegende kleine **Supermercado** hat übrigens von 8 - 20 Uhr geöffnet.

Noch ein Tip: Von Arure sind es noch einmal rund 4 Straßenkilometer bis nach **Las Hayas**, ein Weg, den man - wenn die Kondition ausreicht - unbedingt noch gehen sollte (s. die folgende Wanderung).

Die Ermita El Santo bei Arure

Von La Calera durch das Tal des Großen Königs nach Las Hayas

Für die Wanderung von Calera (60 m) über einen steilen Aufstieg am **Barranco de las Hayas** bis zum schönen "Palmendorf" **Las Hayas** (1000 m) braucht man ca. 2 Std.

Der Weg führt zunächst auf der alten Dorfstraße (Abzweigung an der Galeria links bergauf) mitten durch das schönen Calera und mündet am Ortsende in die große Umgehungsstraße ein. Dieser folgt man etwa 8 Min., bis man im Ortsteil *Casa de la Seda* auf der rechten Seite die modernen Appartements "Nelly" (zwei untereinanderstehende Häuser mit Ziegeldach und Swimmingpool) sieht. Kurz davor zweigt der Weg rechts ab und führt ins Schilfdickicht.

Diesen Weg geht man geradeaus und gelangt schließlich zu treppenartigen Steinstufen, die zur *Ermita de los Reyes* führen. Von dem großen Platz aus hat man einen wunderbaren Ausblick auf den gegenüberliegenden Ortsteil *Casa de la Seda*. An der Kirche vorbei geht es dann auf dem alten Dorfverbindungsweg weiter bis zum Ortsteil *Chelé*. Dabei kommt man an alten Lorbeerbäumen vorbei und sieht kurz darauf auf der linken Seite eine der auf der

Insel seltenen "einbetonierten" Palmen, genauer: eine Silberpalme. Die ansteigende Route verläuft an kultivierten Terrassen entlang; darüber hinaus säumen unzählige Kanarische Dattelpalmen den Weg. Nach rund 15 Min. ab der Kirche erreicht man die Straße, auf der man durch die Ortsteile *Hornillo* und *Viscaina* mit ihren weißen Häusern und schönen Terrassenlandschaften weiterwandert. Nach etwa 1 Std. ab Wanderungsbeginn passiert man eine Quelle und kommt in den Ortsteil *Los Descansanderos* zu einer Telefonzelle. Direkt neben der Zelle führen betonierte Stufen inmitten der Häuserzeile aufwärts; schon bald hinter den Häusern - kurz nachdem man eine Wasserleitung überquert hat - münden die Stufen in einen alten Eselsweg, der steil ansteigend auf dem Bergrücken weiterverläuft und von dem aus man die herrliche Aussicht auf die mit Feigenkakteen und Wolfsmilch bewachsen Hänge und das gesamte Tal genießen kann. Rechts eröffnet sich die Schlucht des **Barranco del Agua**.

Das Valle Gran Rey von oben

Nach ca. 75-minütigem Aufstieg erreicht man das Plateau, und auf der gegenüberliegenden Seite erkennt man den Tafelberg **Fortaleza** sowie die Bergdörfer *Chipude* und *El Cercada.* Oben angekommen, hält man sich rechts, bis nach kurzer Zeit eine Weggabelung auftaucht, an der man links in Richtung *Las Hayas* weiterwandern. Auf diesem Dorfverbindungsweg gelangt man schon wenig später zu einem mit Eukalyptusbäumen bewachsenen Platz inmitten des idyllischen "Palmendorfes".

Ist der müde Wanderer in Las Hayas angekommen, wartet eine angemessene kulinarische Belohnung auf ihn: Hier oben befindet sich nämlich mit der **Bar La Montaña/Casa Efigenia** eines der besten und originellsten Restaurants der Insel. Bis vor kurzem noch

ein hoch gehandelter Geheimtip, ist die Bar heute ein gleichermaßen bekannter und beliebter Treffpunkt für Wanderer wie Autofahrer. Von 8 - 20 Uhr (Sa Ruhetag) kann man hier einkehren und sich zwischen Singvogelkäfigen und vielen Grünpflanzen bequem niederlassen. Zum Essen muß man etwas Zeit mitbringen; unter 2 Std. Aufenthaltsdauer hat bisher kaum jemand das Haus verlassen. Wenn die Tische voll besetzt sind, dauert es mitunter sogar noch länger. Aber das nehmen die Gäste gerne in Kauf, denn Efigenia kocht ausschließlich traditionelle gomerische Spezialitäten. Übrigens, in keinem Restaurant der Insel ist die Speiseauswahl kleiner. Denn es gibt nur ein Gericht. Aber das ist dann ein Tagesessen, das es in sich hat . . .
Das Menü könnte z.B. folgendermaßen aussehen: Als Vorspeise gibt es einen Brei aus Kichererbsen, Kartoffeln und Gemüse mit viel Gofio, höllisch scharfer roter Mojo und Ziegenkäse; als Hauptgericht wird dann ein Gemüseeintopf aus Möhren, Kohl, Süßkartoffeln, Kichererbsen und Kartoffeln gereicht. Zum Dessert schließlich noch ein Stück Kuchen mit Miél de Palma und einen Orangenlikör nach Art des Hauses – von Efigenia selbst zubereitet und serviert. Ein wahres Festessen nicht nur für Vegetarier. Kostenpunkt: ab 1400 Pts pro Person.

Wer nicht so lange auf seine Mahlzeit warten möchte, dem sei die neue **Bar/Rte. Amparo** etwas oberhalb der Casa Efigenia empfohlen.

Rückfahrt: Nach dem Essen kann man von Las Hayas aus mit dem Bus nach Valle Gran Rey zurückfahren. Er hält an einer im Wald gelegenen Straßenkreuzung, die man in ca. 10 Min. die Straße bergauf erreicht.

Von Arure durch den Regenwald nach Las Hayas und zurück

Die stille, ca. 3 Std. dauernde Wanderung führt zunächst durch das liebliche **Hochland von Arure** (820 m), dann in den berühmten **subtropischen Lorbeerwald (Laurisilva)** und geht über **Las Hayas** (1000 m) schließlich zurück nach Arure. Auf dschungelartigen Pfaden zieht sich die Tour ohne nennenswerte Höhenunterschiede durch eines der interessantesten Gebiete Gomeras. Wer mit dem Pkw, Bus oder Taxi anreist, fährt bis zum Ortsende von Arure (Richtung Höhenstraße). Hier, am Beginn der Route, zweigt der Wanderweg von der Straße rechts auf der Höhe der

Auf Dschungelpfaden durch den Regenwald

Staumauer des **Embalse de Arure** in einen breiten Forstweg ab, der direkt zum Stausee führt und dann weiter links entlang des Ufers verläuft. Kurz nach dem Staubecken kommt man an eine Weggabelung und hält sich hier links. Etwa 50 m läuft man auf einer betonierten Piste weiter, die dann in den nächsten Forstweg übergeht. Man durchstreift **Fayal-Brezal-Gebiet** mit Gagelbäumen und Erika und gelangt nach einger Zeit an eine wendeplatzähnliche Stelle, an der man rechts dem schmalen Pfad folgt. Dieser schlängelt sich durch immer üppiger werdende Vegetation, bis man schließlich tief in den Regenwald eintaucht: Lorbeergewächse, meterhohe bemooste Baumheide, Kanarische Stechpalmen und Ölbaumgewächse, so weit das Auge reicht.

Nach etwa 1 Std. ab Arure kommt man an eine Abzweigung, an der es in Richtung *Pista forestal a Canadas de Jorge* weitergeht. Kurz darauf erscheint der hübsch gelegene ehemalige Rastplatz *Canadas de Jorge*, der von lilafarbenem Storchenschnabel und großen Farnen umgeben ist. An dieser Stelle verengt sich der Weg und führt links entlang eines ausgetrockneten Bachbettes ca. 15 Min. bergauf bis zum neuen Rastplatz, der gemütlichen mit Tischen und Bänken ausgestattet ist. Kurze Zeit später stößt man auf die

Höhenstraße (ca. 90 Min. ab Arure). Hier hält man sich rechts und geht ca. 10 Min. weiter geradeaus. Dabei passiert man einige Weggabelungen, die man aber allesamt ignoriert. Erst dem Forstweg *Jardin de las Cresces* folgt man nach rechts, und nach rund 7 Min. gelangt man zu einem weiteren schönen Rast- und Grillplatz. Von dort aus gehen einige Pfade ab; man nimmt den schmalen "Dschungelpfad", der als erster vom Forstweg nach rechts abzweigt und wieder in den märchenhaften Lorbeerwald führt. Rechts an einem ausgetrockneten Bachbett entlang geht der Weg weiter, bis man nach ca. 20 Min. erneut an eine Weggabelung stößt, die im Frühling von einem Meer aus Storchenschnabel gesäumt ist. Hier wandert man weiter geradeaus, kommt dabei durch trockenere Vegetation und felsiges Gebiet, bis man schließlich den Regenwald ganz verläßt und auf einen breiten Forstweg zuläuft, dem man nach links folgt, bis die nächste Abzweigung erreicht ist. Wer einen Abstecher zum "Palmendorf" Las Hayas machen möchte, schlägt hier den Weg nach links ein. In ca. 10 Min. ist man im Ort und kann in der berühmten **Bar La Montaña** (links die Dorfstraße bergauf bis zu den großen Eukalyptusbäumen) oder im etwas oberhalb der Bar liegenden **Restaurant Amparo** einkehren.

Die rechte Abzweigung Richtung Arure führt bergauf durch Fayal-Brezal-Gebiet. Weiter entfernt erkennt man einen Weg, der auf eine Bergkuppe zuführt. Diesen Weg läßt man unbeachtet und geht weiter bis zur nächsten Weggabelung. Hier biegt man rechts ab und wandert im Schatten der Baumheide bergab, bis man schließlich nach 50 Min. ab Las Hayas die Wein-Terrassenfelder von Arure passiert und bald darauf wieder zum Ausgangsweg am Stausee zurückkommt. Rechts am Staubecken vorbei kommt man zurück auf die Straße. Von hier aus kann man mit dem Bus nach Arure zurückfahren. Der Bus hält jeweils ca. 1 Std. nach Abfahrt von San Sebstián, also etwa um 12.30, 15, 19 und um 22.30 Uhr.

Von La Calera in die Bergdörfer El Cercado und Chipude

Für die Wanderung nach El Cerado muß man etwa 2 1/2 Std. veranschlagen; von dort nach Chipude dauert es dann noch einmal ungefähr 30 Min.

Nur in El Cercado: Keramik wie von den alten Guanchen

Die Tour beginnt unterhalb von Calera zwischen der Tankstelle und dem Marktplatz. Von hier aus folgt man etwa 25 Min. dem Flußbett bis etwa 300 m oberhalb einer Trafo-Station. Dort wendet man sich nach rechts einen steilen Hang hinauf, bis der oben verlaufende Weg erreicht ist, der kurze Zeit darauf links an der *Ermita de los Reyes* vorbeiführt. Hier beginnt eine Wegmarkierung (roter Ring), die die Wandernden 45 Min. lang durchs obere Siedlungsgebiet des *Valle Gran Rey* führen wird – der vielleicht beeindruckendste Teil der Wanderung. Im Gegensatz zum unteren Teil des Tales werden dort nicht in erster Linie Bananen angebaut. Apfelsinen, Zitronen, Papayas, Kartoffeln, Avocados und anderes Gemüse sorgen für bunte Vielfalt auf den unzähligen schmalen Terrassen. Überall sind sprudelnde Wasserläufe zu sehen, und oft wird man von den auf ihren Feldern arbeitenden Bauern freundlich begrüßt. Fast am Ende der Siedlung *Viszcaina* (roten Ring beachten: Pfeil zeigt nach rechts) führt zunächst eine breite, betonierte Treppe und dann steile Steinstufen, die später in einen Serpentinenpfad übergehen, den steilen Hang des **Barrancos Valle Gran Rey** hinauf nach **El Cercado**. Unterwegs begegnet man immer wieder den an den steilen Hängen grasenden Ziegen, deren Glocken schon aus weiter Entfernung zu hören sind. Die letzten 10 Min. des Weges führen dann noch ein Stück über das hügelige, grasbewachsene Hochplateau direkt nach **El Cercado**. Der Weg endet an der **Bar María**.

▸**El Cercado**: Zwei Bars und zwei Töpfereien sind die touristischen Höhepunkte dieses Ausflugsziels.

• *Essen/Trinken*: Die **Bar María** liegt direkt am Ortseingang von El Cercado, Tel. 804167. (Die Taxistation läuft übrigens unter derselben Telefonnummer; die Fahrt nach Valle Gran Rey kostet 3000 Pts.) Gut für eine Rast mit erfrischenden Getränken und einer deftigen Mahlzeit, z.B. Ziegen- oder Schweinefleisch für 500 Pts. Dazu wird selbstgemachtes Gofio mit Kräutern serviert. Geöffnet: täglich 8 - 23 Uhr.

Gleich nebenan liegt die **Bar Rte. Victoria**, in der man ähnlich günstig die bodenständige Küche des Familienbetriebes genießen kann. Hier gibt es auch Wanderkarten. Geöffnet: außer Mi täglich 9 - 23 Uhr.

• *Einkaufen*: **Alfarería Tradicional**: Die beiden Töpfereien liegen keine 100 m unterhalb der Bar María an der Durchgangsstraße. Seit Generationen wird hier frei, d.h. ohne Scheibe getöpfert. Auch wenn es mittlerweile recht touristisch wirkt, die fleißigen Damen begrüßen immer noch jeden Gast sehr herzlich. Ziemlich eng geht es hier zu: An allen Wänden des kleinen Raumes stehen Regale mit fertigen Töpferwaren, teilweise ungebrannt, darunter liegt der unverarbeitete Ton. Vor dem Kauf sollte man die Ware bei hellem Tageslicht unbedingt auf Risse untersuchen.

Tatsächlich eignet sich diese Keramik zumeist weniger zum Gebrauchs- als zum Schmuckgegenstand. Die beiden direkt benachbarten Töpfereien sind mittlerweile täglich von 9 - 14 und von 16 -19 Uhr geöffnet.

Wanderer, die von El Cercado aus noch weiter nach **Chipude** wollen, halten sich an der Bar María rechts. Gut 30 Min. führt der Weg über eine kaum von Autos befahrene Asphaltstraße oder wahlweise über den gut erkennbaren Dorfverbindungspfad, der gegenüber der Bar Victoria beginnt. Dann hat man Chipude, das Dorf am Fuße des Fortaleza, erreicht.

Unterwegs sieht man hin und wieder mit starken Seilen gesicherte junge Männer in den Palmenkronen, die mit langen Macheten damit beschäftigt sind, die abgetrockneten Palmwedel abzuschneiden. Diese wurden noch bis vor ein paar Jahren als Viehfutter verwendet. Doch irgendwann schien es weniger mühselig, die Tiernahrung einfach in Säcken zu kaufen. Die hängengebliebenen Palmwedel trockneten schnell aus und bildeten dann bei den nicht seltenen sommerlichen Waldbränden eine zusätzliche Gefahrenquelle. Vom Feuer erfaßt, loderten die Palmenkronen wie Brandbomben und erwiesen sich durch den starken Funkenflug als Feuerbrücken. Nach diesen Erfahrungen ist die spanische Umweltschutzbehörde ICONA dazu übergegangen, die Palmen von ihren vertrockneten Blättern zu befreien, um diese dann überwacht zu verbrennen. Einige Grundbesitzer haben in richtiger Einschätzung der Gefahr inzwischen auch selbst damit begonnen, alte Palmblätter wieder als Viehfutter zu benutzen.

▸**Chipude**: Dorfzentrum ist die weißgetünchte Kirche mit dem roten Ziegeldach. Um den Kirchplatz, in dessen Mitte ein kleiner Pavillon steht, liegen vier Bars (zum Teil mit Unterkunftsmöglichkeiten) und eine Telefonzelle. Der Bus zurück ins Valle kommt täglich gegen 12.15, 15.15 und 19.15 Uhr hier vorbei. Er hält auf deutliche Handzeichen. Ein Taxi ins Valle kostet rund 3500 Pts.

• *Essen/Trinken*: **Bar/Rte. Sonia**: Señora Angela kocht vorzüglich. Spezialität der Küche ist Gemüsesuppe mit Gofio. Auch sehr lecker sind die knusprigen Hühnchenbeine mit Papas arrugadas. Als Nachtisch gibt's selbstgemachten Flan mit Miél de Palma oder Almendrados (Mandelkokoskekse). Dazu kann man Gomera-Wein aus Chipude bestellen. Darüber hinaus werden Übernachtungsmöglichkeiten angeboten: Die einfachen Zimmer kosten 1200 Pts pro Person. Für müde Wanderer hält der Sohn des Hauses, Victor,

Die berühmte Chipude-Fiesta Nuestra Sra. de Los Reyes

sein Taxi bereit, und zwar unter der Funk-Tel.-Nr. 908028666. Andere Möglichkeit: in der Bar Sonia nach einem Taxi fragen.

Bar Navorro, Tel. 804132. Übernachten ist möglich, Reservierung muß aber dringend empfohlen werden, denn für Wanderer stehen lediglich 2 Zimmer mit je 4 Betten zur Verfügung. Preis pro Person und Nacht: 1000 Pts. Geöffnet: täglich 8 - 23 Uhr.

• *Diverses*: **Supermercado Argodey**, von der Plaza aus etwa 100 m in Richtung El Cercado gelegen. Geöffnet: Mo - Sa 8 - 13 Uhr und 16 - 20 Uhr.

Die **Tankstelle** (mit Werkstatt) liegt etwa 1 km in Richtung La Dama. Geöffnet: täglich (auch feiertags) 8 - 23 Uhr.

Auf den Fortaleza de Chipude – Kultstätte der Ureinwohner

Der Tafelberg **Fortaleza de Chipude** (1241 m) mit seinen interessanten archäologischen Fundstätten gilt als Kultplatz der Ureinwohner und bietet faszinierende Ausblicke auf den Südwesten von Gomera. Für die Wanderung benötigt man ab Chipude (1080 m) ca. 2 Std. Die Anfahrt erfolgt mit dem Bus von Valle Gran Rey in Richtung San Sebastián. Unbedingte Voraussetzung ist neben Trittsicherheit auch Schwindelfreiheit. Bei Nässe ist die Tour nicht zu empfehlen.

Die Wanderung beginnt an der Plaza in Chipude und führt auf der Straße bergauf aus dem Ort heraus in Richtung *San Sebastián* bzw. *La Dama*. Nach etwa 5 Min. biegt man an der Abzweigung nach La Dama rechts ab, und bereits hier hat man den ersten Blickkontakt mit dem Ziel der Wanderung, dem imponierenden Fortaleza. Nach ca. 10 Min. kommt man in den kleinen Weiler *Apartadereo* und passiert die Tankstelle und die kleine *Bar Estacion*, die leider nur kalte Getränke bietet. Bald danach erscheint auf der linken Seite die *Bar Camioneros*. Kurz hinter ihr beginnt auf der gegenüberliegenden Seite ein alter Dorfverbindungsweg, der zum Ortsende des Weilers *Pavon* führt und dabei die Straßenverbindung leicht abkürzt.

In Pavon angekommen, stößt man dann wieder auf die Straße, geht links in Richtung Trafohäuschen und biegt rund 20 m davor rechts in den breiten, gepflasterten Wanderweg ein. Weiter geht es durch kultivierte Terrassenlandschaften und vorbei an altkanarischen Bauernhäusern. Der Weg verengt sich und führt auf eine Gruppe von Eukalyptusbäumen zu, vor der man rechts in einen Eselspfad einbiegt. Links vom Pfad sieht man etwas später ein paar Häuserruinen, inmitten derer mittlerweile große Feigenbäume wachsen. Außerdem ist hier noch eine alte Weinpresse zu bestaunen.

Grandioser Ausblick auf den Südwesten La Gomeras

Kurz darauf ist rechter Hand ein freistehendes Haus zu sehen; hinter dem Haus zweigt der Wanderweg nach rechts bergauf ab. Als Orientierungshilfe dient ein Eukalyptusbaum, auf den der Pfad durch Zistrosengestrüpp und Geißklee zuführt, bis man schließlich an die Felswand kommt, von der der Aufstieg zum Fortaleza beginnt. Auf treppenartigen Felsvorsprüngen klettert man nach oben. In Richtung Westen geht es kurz über den schmalen Felsgrat bis zum Gipfelplateau. Auf dem Plateau führt ein schmaler Pfad durch Zistrosensträucher und Wolfsmilchgewächse weiter Richtung Westen zum Gipfelkreuz, das sich auf 1241 m Höhe befindet (45 Min. ab Trafostation).

Beim Aufstieg schaut man fasziniert auf die schroffen Küsten- und Barrancolandschaften im Südwesten der Insel, und im Nordosten tun sich zwei Erhebungen auf: bei der rechten handelt es sich um den höchsten Punkt der Insel, den **Garajonay** (1487 m). Bei guter Sicht ragen zudem die Berge von *El Hierro* und *La Palma* aus den Wolken hervor. Außerdem lohnt es sich, auf dem Gipfelplateau auf archälogische Entdeckungsreise zu gehen – die Spuren der Ureinwohner sind noch gut sichtbar. Für sie waren die höchsten Berge der Insel nämlich heilige Orte, weil sie glaubten, dort den Gottheiten am nächsten zu sein. Vom kultischen Charakter des Ortes zeugen auch die als Pferche für Opfertiere genutzen Steinkammern, die unterhalb des Gipfelkreuzes zu erkennen sind. In dem gewaltigen Kammersystem bewahrte man die "Opferlämmer" zum einen für den Tag X auf. Darüber hinaus wurden hier die Jungtiere von den Muttertieren getrennt, was zur Folge hatte, daß die "verlorenen Kleinen" mit lautem Geblöke ihr Schicksal beklagten. Mit diesem kalkulierten Effekt wollten die Menschen auf etwas unsanfte Art die Aufmerksamkeit der Götter erregen, um sie beispielsweise auf den Wassernotstand und ähnliche Mißlichkeiten hinzuweisen. Ob's genützt hat . . . ?

Etwa 150 m in Richtung Südosten kurz vor dem Ende des Hochplateaus finden sich noch weitere Zeugnisse der Ureinwohner: Kreise aus kleinen Steinen, inmitten derer in auffallender Weise jeweils ein großer, aufgerichteter Stein eingelassen ist. Man vermutet, daß dieser heilige Stein die Verbindung zwischen den Göttern und den Menschen symbolisieren sollte. Neben allem Kultischen bietet der Ort übrigens auch noch vergleichsweise Profanes, nämlich einen grandiosen Ausblick auf den **Barranco de Erque** und den Weiler La Dama.

Auf der Fortaleza – die spitzen Steine sind heilig, sie stellten die Verbindung zu den Göttern her

Der Rückweg ist schnell beschrieben: Man nimmt zunächst denselben Weg wie nach oben, stößt dabei wieder an das bereits erwähnte freistehende Haus und geht dort den gepflasterten Weg nach rechts bergauf. Bald erreicht man einen größeren, befahrbaren Weg, dem man nach links folgt, bis man zu einem Wasserbekken kommt. Kurz danach geht es links bergab weiter, wo der Weg in einen Eselspfad mündet. Man kommt an Baumheide, Zistrosengewächsen, Agaven und Feigenkakteen vorbei und gelangt nach ca. 20 Min. ab dem Wasserbecken auf die Straße, die rechter Hand nach Chipude führt. Hier empfiehlt sich die Einkehr in der *Bar Sonia*, um sich von den Kochkünsten der Señora Angela verwöhnen zu lassen (siehe auch oben "Von La Calera in die Bergdörfer El Cercado und Chipude"). Nach Valle Gran Rey kann man dann mit dem Bus zurückfahren; er kommt täglich gegen 12.15, 15.15 und 19.15 Uhr hier vorbei.

Der sonnige Süden Gomeras – sicherster Standort für winterliche Sonnenbräune, dennoch lange nicht so überlaufen wie das Valle Gran Rey. Das liegt vor allem am fehlenden Sandstrand, aber auch das Panorama ist weniger spektakulär. Zwei Welten treffen hier aufeinander: das Fischerdorf Playa de Santiago und das Luxushotel Tecina. Der Fluß bildet die Grenze, hier in

Playa de Santiago

Hauptsächlich Fischer und Kleinunternehmer leben heute in Playa de Santiago. Aufmerksamen Augen wird kaum entgehen, daß die Siedlung keineswegs langsam gewachsen ist, sondern in ziemlich kurzer Zeit aus dem Boden gestampft wurde. Vor 90 Jahren gab es hier praktisch noch nichts. Als dann Alvaro Rodriguez Lopez seine Bananenplantagen anlegte und die Fischfabrik aufbaute, benötigte er Wohnungen für seine Arbeiter – so entstand Playa de Santiago.

Playa de Santiago, das sind eigentlich drei, wenn nicht gar vier einzelne Siedlungen von völlig unterschiedlichem Charakter. Zuerst die **Hafensiedlung** mit der Plaza mit fast der gesamten Gastronomie und Infrastruktur. Sie gehört verwaltungstechnisch zu der kleinen, oben im Barranco gelegenen Ortschaft *Alajero*.
Der Fluß in der Talmitte, meist nur ein Rinnsal und im Sommer häufig zur Gänze ausgetrocknet, nach stärkeren Regenfällen im Lorbeerwald aber zum reißenden Strom anschwellend, bildet die Grenze. Alles, was jenseits liegt, gehört zum Verwaltungsbereich der Inselhauptstadt San Sebastián. Dazu zählt auch die Wohnsiedlung am Fuße des Hanges, **Laguna de Santiago**, in deren eng zusammenstehenden, weißgetünchten Wohnhäusern viele *Habitaciones* und *Apartamentos* zu finden sind.

Der heimliche König von Gomera

Früher gehörte ein großer Teil der Umgebung von Playa de Santiago einem Mann namens Rodriguez Lopez. Als dieser 1978 seinen Bankrott erklärte, trat neben dem Deutschen Peter Bracht der norwegische Reeder Fred Olsen in Erscheinung - hierzulande schon damals beileibe kein Unbekannter mehr. Schon sein Vater Thomas hatte sich vor langer Zeit in den "Betrieb" Gomera eingekauft. Fred Olsen, ein agiler Mitfünfziger, ist heute nicht nur Hauptaktionär der Ferry Gomera und mehrheitlicher Anteilseigner am Hotel Tecina, sondern auch Großgrundbesitzer und wichtigster Arbeitgeber der ganzen Insel. Viele halten ihn deshalb für den "heimlichen König" von Gomera, auch wenn seine hiesigen Besitztümer nur ein kleines Glied in einer langen Kette sind.

Fred Olsen gibt sich nonkonformistisch: Er fährt ein kleines Auto und erscheint zur Einweihung seines Hotels als einziger in kurzen Hosen. Es gibt in Playa de Santiago sogar Leute, die gutmütig behaupten, er selbst habe sogar schon einmal einen Spaten angefaßt . . .

Seine ausgedehnten Plantagen liegen fast alle auf dem Bergrücken oberhalb des Hotels Tecina. Welche Probleme das Dorf mit diesem übermächtigen Unternehmer hat, wird schlagartig deutlich, wenn man weiß, daß fast alle Staubecken und Wasserrechte Olsen gehören – selbst das Trinkwasser kauft die Gemeinde von ihm. Olsen ist aber auch innovativ: Früher als andere hat er erkannt, daß der traditionelle Bananenanbau auf Gomera nicht nur wegen des starken Wasserbedarfs kaum noch Chancen hat. Deshalb wird seit längerer Zeit auf den Olsen-Plantagen intensiv mit dem Anbau anderer exotischer Früchte experimentiert: Papayas, Mangos, Avocados, Guaven, Mispeln, Kiwis und Lychees – Apfelsinen, Zitronen, Ananas und Erdbeeren gibt es schon länger. Mit der neuen "Früchtegeneration" sollen die Weichen für die Zukunft der Landwirtschaft auf Gomera gestellt werden, denn die Furcht der Bauern vor dem freien Markt ist nur zu begründet. Übrigens – rund 90.000 Pts verdient ein Platañero, ein Bananenarbeiter, im Monatsdurchschnitt auf Gomera. Immerhin wohnen viele mit ihren Familien in Olsen-Häusern und zahlen dort keine Miete.

Gruppenbild mit Damen

Auf der nicht allzu hohen Kuppe der Talflanke, zu der sich die Straße in etlichen Windungen hochschlängelt, liegt der alte Weiler **Tecina**, wo man noch heute hauptsächlich vom Obstanbau lebt.
Und schließlich gibt es noch eine Welt ganz für sich, idyllisch an die Felsklippe gebaut: das **Vier-Sterne-Hotel Tecina**. Behutsam in die Landschaft eingepaßt, erstrecken sich seine Appartementhäuser im Bungalowstil über ein großes Areal. Wer hier wohnt, hat alles, vom Pool bis zu Sport- und Einkaufsmöglichkeiten. Rundum versorgt, braucht der Urlauber sein Paradies am Rande des Abgrunds niemals zu verlassen. Gehobener Komfort, leise umherhuschende Angestellte und mitteleuropäische Gäste. Kurz: Urlaub wie im Clubhotel daheim, aber mit weitaus besserem Klima – das ist die eine Seite von *Playa de Santiago*.

Die andere: alte Männer mit Baskenmützen und quirlige Kinder an der *Plaza Nuestra Señora del Cármen*. Ein idealer Treffpunkt für jung und alt, für Urlauber und Einheimische. Man sitzt auf steinernen Bänken im Schatten zweier Lorbeerbäume und bekommt so ganz *tranquilo* alles mit, was sich im Dorf so tut, denn schließlich halten auch alle Busse und Taxis hier. Und sollte es doch einmal langweilig werden, dann geht's auf einen Sprung in

Jürgens Kiosk, die *Bar Info*, wo sich alle Neuigkeiten mindestens genauso schnell herumsprechen wie auf der Plaza.

Auch in Playa de Santiago gibt es gravierende Umweltprobleme. Zum Beispiel verfügten die Häuser hier bis vor wenigen Jahren nur über altmodische Sickergruben. Nach starken Regenfällen im Lorbeerwald lief das Stinkwasser über und floß ins Hafenbecken (was man deutlich riechen konnte!). Dagegen sollten große bedeckte Sickergruben weit oben im Barranco helfen. Seit 1986 sind die dafür benötigten Rohrleitungen nun schon gelegt, und die subventionierte Kläranlage nahe dem ebenfalls neuen Tunnel steht seit 1994 betriebsbereit. Doch die läuft mit Strom – und der ist teuer. Darüber hinaus gibt noch immer etliche Häuser, die noch nicht an das Rohrleitungssystem angeschlossen sind und deshalb zuweilen für eine herbe Duftnote sorgen.
Nicht nur das Abwasser-, sondern auch das Müllproblem hat in Playa de Santiago schon beängstigende Ausmaße angenommen. So wurde früher ein großer Teil des Hausmülls einfach auf den Felsen über dem Hafen (oberhalb des Friedhofs) gekippt und unter Zuhilfenahme einiger Liter Diesel verbrannt. Nicht wenige befürchteten, daß eines Tages der gesamte Müllplatz ins Meer hätte abrutschen können. Heute wird der Hausmüll auf die Müllkippe nach San Sebastián gebracht. Der Rest landet weiter in einem Barranco: nicht mehr oberhalb des Friedhofs, sondern weiter oben in Richtung Flughafen.

Der Vogel ist gelandet

Am 18. März 1994 probten 11 Sportmaschinen aus Gran Canaria den Normalfall: “Willkommen auf dem Flughafen La Gomera. Bitte bleiben Sie noch angeschnallt ...”

Die Landebahn für den Airport ist fertig. Und seit April 1994 ist auch die dritte und letzte Bauphase für den Kontrollturm und die Terminals eingeläutet – und vor allem finanziell abgesichert. Anstelle der durch akuten Geldmangel gebeutelten kanarischen Regierung sprang die staatliche Flughafenbehörde AENA in das 1,5 Milliarden-Investitionsloch, um auch der letzten Kanareninsel den Flugnetzanschluß zu bescheren. Wird doch für das voraussichtliche Eröffnungsjahr 1997 mit 150.000 Passagieren gerechnet. Weiter umstritten bleibt die Frage, welche Flugzeuge wohl zukünftig ihre Kreise über der

Insel ziehen werden. Mit Sicherheit können auf der 1500 m langen Bahn die grün-weißen Insel-Hopper aus Teneriffa landen und so auch internationalen Gästen den Weiterflug nach La Gomera ermöglichen. Doch das Konzept ist ausbaufähig – für Starts und Landungen großer Maschinen mit mehr Touristen, mehr Geld und mehr Geschäft. Mehr Meer ist jedenfalls schon geplant, und zwar durch Wellenbrecher, aufgeschütteten Sandstrand und den Bau einer Promenade bis zur Schwimmbadanlage "Club Laurel" des Tecina-Hotels (Einfach im Lift *Erdgeschoß* drücken, und schon kann's losgehen mit dem Badevergnügen!). Weiter in der Bauschublade liegt eine 9-Loch-Golfanlage mit Golfhotel oberhalb der Tecina-Anlage (von der Inselregierung im Austausch mit einigen Ländereien bereits Herrn Olsen genehmigt) sowie ein Luxusanlage-Komplex auf dem Bergrücken oberhalb des Hafens, der dem Großgrundbesitzer Peter Bracht gehört.

Welche Folgen der Airport auch in Sachen Fluglärm nach sich zieht, bleibt abzuwarten. Jedenfalls bauen die reichen Sportflieger aus Teneriffa, die jetzt schon gerne mal ihre Ehrenrunden lautstark über Santiago drehen, ihre prachtvollen Wochenend-Villen weit entfernt vom Flughafen bei Alajeró. Und die müssen es ja wissen.

Verbindungen

- *Bus*: Die Busse verkehren selten pünktlich, deshalb ist es ratsam, mindestens 15 Min. vor Abfahrt an der Haltestelle, der Plaza Nuestra Señora del Carmen, zu sein. Tickets gibt es im Bus.
- *Linie 2*: Playa de Santiago - **San Sebastián**. Dauer der Fahrt: ca. 90 Min.; Preis: 650 Pts. Abfahrt von Playa de Santiago (über Degollada de Peraza und Alajeró): täglich um 5, 8, 15 und um 19 Uhr. Rückfahrt von San Sebastián: täglich um 11.30, 14, 18 und 21.30 Uhr (wartet auf die Fähre).
- *Taxi*: Einer der insgesamt zwei Taxistände befindet sich direkt an der *Plaza Nuestra Señora del Cármen* (Tel. 895022), der andere vor dem *Hotel Tecina* **(23)** (Tel. 895300). Die angegebenen Fahrpreise gelten in der Regel für eine Person; für mehrere Personen wird es geringfügig teurer – mit manchen Fahrern kann sogar gehandelt werden.

Fahrpreise nach:

San Sebastián	4000 Pts
Valle Gran Rey	5500 Pts
Hermigua	4500 Pts
Vallehermoso	5000 Pts
La Laguna Grande	3000 Pts
Alajero	1500 Pts
Chipude	3500 Pts
Las Hayas	4000 Pts
El Cercado	4000 Pts

Kiosk in Santiago

Information/Adressen/Einkaufen

• *Information*: Vor Ort macht man sich am besten in der Bar Info schlau; ansonsten in den Rathäusern von San Sebastián und Alajeró.

• *Telefonieren*: Es gibt drei öffentliche Fernsprecher beim Taxistand und einen am Ortsausgang Richtung Alajeró.

• *Post*: Mo - Fr 9 - 13 Uhr sowie Sa 9 - 12 Uhr geöffnet. Gelbe Türen. Keine Postsparkasse!

• *Banken*: neue, große Filiale der **Caja Canarias (28)** am Hafen (neben Autos Garajonay). Geöffnet: Mo - Fr 8.30 - 14 Uhr und von Okt. - Mai zusätzlich Do 17 - 19.30 Uhr.

• *Tankstelle*: **Cepsa** mit Diesel, Benzin und Super bleifrei etwas oberhalb der Plaza. Geöffnet: Mo - Sa 8 - 13.30 und 15.30 - 20 Uhr. So geschlossen.

• *Ärztliche Versorgung*: Eine Arztpraxis **(5)** (Allgemeinmediziner) liegt 200 m links oberhalb der Apotheke Richtung Alaje-ró (das Haus mit den vergitterten Fenstern). Geöffnet: Mo - Fr 9 - 13 Uhr. Außerdem im Hotel Tecina **(23)** täglich 16 - 17 Uhr. Notdienst ist an der Türe angeschlagen. Bei kleineren Wehwehchen weiß man Rat in der

• *Apotheke*: Die Farmácia **(9)** ist zu folgenden Zeiten geöffnet: Mo - Fr 9 - 13 und 17 - 20 Uhr, Sa nur vormittags.

• *Einkaufen*: Der **Supermercado Playa Santiago** ist zwar nicht besonders groß, hat aber fast alles, was Selbstversorger so brauchen. Geöffnet: Mo - Sa 8 - 13 und 16 - 20.30 Uhr.

Der **Supermercado El Paso II (33)** direkt gegenüber hat eine gute Auswahl an Lebensmitteln, z.B. Tiefkühlfleisch, Wurst, Käse, Joghurt und alle möglichen Getränke. Darüber hinaus gibt's hier solche Sachen wie Strohhüte, eine große Auswahl an Postkarten etc. Geöffnet: Mo - Sa 8 - 13.30 und 16 - 20.30 Uhr.

Auch der **Supermercado El Paso (17)** in Laguna de Santiago hat fast alles: tiefgefrorenes Fleisch, Käse, Brot, Milch, Wurst, Plastik-Badesschuhe für den Steinstrand . . . Geöffnet: Mo - Sa 8 - 13 und 16 - 20 Uhr.

Der **Supermercado Laguna (18)** ist ein größeres Lebensmittelgeschäft in Laguna de Santiago und ebenfalls täglich geöffnet: Mo - Sa 8 - 14 und 16 - 21 Uhr. In seinen Regalen finden Sie neben Lebensmitteln auch Sonnenmilch, Spielzeug und allerlei Kitsch.

Außerdem gibt es noch **zwei kleinere Lebensmittelläden**, den **Comercio Veronica** (Mo - Sa 8 - 13 und 16 - 20 Uhr) beim Taxistand und einen weiteren neben der Apotheke (täglich 8 - 13 und 17 - 19 Uhr).

Kiosk: Der rechte Kiosk (Mo - Sa 10 - 14 und 16.30 - 21 Uhr) auf der Plaza ist gut bestückt mit Zigaretten und Tabak (Van Nelle, Samson, Bison, Drum ab 350 Pts für 50 Gramm mit Blättchen). Außerdem werden Postkarten, Briefumschläge und Briefmarken verkauft. Am

linken Kiosk (täglich 10 - 14 und 17 - 22 Uhr) gibt es eisgekühlte Getränke, Zigaretten, Süßigkeiten, Eis und Postkarten. **Gemischtwarenladen Tecina (16)** in Laguna de Santiago. Souvenirs, alkoholische Getränke, Turnschuhe, Hüte, Porzellan etc. Geöffnet: Mo - Sa 9 - 13 und 16 - 20 Uhr, So nur vormittags.

Mietwagen

Um ein Auto mieten zu können, muß man auch in Santiago mindestens 19 Jahre alt sein bzw. bei einigen Vermietern sogar bereits zwei Jahre den Führerschein besitzen. Zur Wagenmiete kommt außerdem noch die sehr empfehlenswerte, teils obligatorische Vollkaskoversicherung, in der Regel 4 Prozent Steuern, und zum Teil wird auch eine Kaution verlangt. Bei mehr als 2 Tagen Mietdauer gibt es Staffelpreise. **Wichtig**: genau über die Vertragsbedingungen informieren!

Gomera Safari: Buchung am besten im Hotel Tecina **(23)** (Tel. 890538). Mietpreise pro Tag: Fiat Uno oder Opel Corsa 3100 Pts, Ford Fiesta oder VW Polo 3200 Pts, Suzuki-Jeep oder Ford Escort 5950 Pts. Dazu kommen 1400 - 1800 Pts Vollkaskoversicherung pro Tag, 4 Prozent Steuern und mindestens 5000 Pts Kaution. Das Hauptbüro von Gomera Safari ist in San Sebastián.

Autos Piñero (30): Mittlerweile gibt es sogar zwei Filialen am Ort. Die eine ist im Hotel Tecina zu finden (Tel. 895050; geöffnet: Mo - Sa 8 - 13 und 16 - 19 Uhr), die andere am Paseo Maritima (Tel. 895281; geöffnet: Mo - Sa 8 - 13 und 16 - 18.30 Uhr). Mietpreise pro Tag: Seat Panda 2900 Pts, Opel Corsa 3200 Pts, Peugeot 205 3200 Pts und Suzuki Santana 5400 Pts. Dazu kommen 1500 - 2000 Pts Vollkaskoversicherung pro Tag. Ab 7 Tage Mietdauer rund 10 Prozent Ermäßigung auf den Grundpreis.

Autos Garajonay (27), Tel. 895327. Geöffnet: Mo - Sa 8 - 13 und 16 - 19 Uhr. Mindestalter des Fahrers 21 Jahre; zweijähriger Führerscheinbesitz wird vorausgesetzt. Mietpreise pro Tag: Seat Marbella oder Fiat Panda 2850 Pts, Opel Corsa oder Ford Fiesta 3150 Pts, Opel Vectra 4940 Pts, Suzuki-Jeep 5400 Pts. Dazu kommen 1000 - 1400 Pts Vollkaskoversicherung pro Tag und 5000 Pts Kaution. Ab 7 Tage Mietdauer rund 20 Prozent Ermäßigung auf den Grundpreis.

Übernachten

Das bisher recht knappe Angebot an Unterkünften in Playa de Santiago hat sich in den letzten Jahren erfreulich erhöht. Appartements kosten hier je nach Saison für zwei Personen mit Küche und Warmwasser um 3000 – 3500 Pts pro Tag. Vor allem im Sommer, wenn wenig Andrang herrscht, gehen die Vermieter auch schon einmal bis 2500 Pts herunter. Komplette Häuser gibt es in Meeresnähe kaum zu mieten. Manche weichen der stolzen Preise wegen sowieso in den Barranco und in die Berge aus. Dort gibt es noch Häuser, die für 20.000 Pts im Monat zu haben sind, z.B. in Antonkojo, Taga und Alajero.

Einen offiziellen Campingplatz gab es hier noch nie. Auf dem Platz neben Jürgens Kiosk (siehe "Treffpunkte") werden aber immer wieder einmal Zelte aufgebaut bzw. Campingbusse abgestellt. Die Polizei stattet aber mittlerweile ziemlich häufig Besuche ab, und zwar mit der unmißverständlichen Aufforderung, sofort einzupacken. Ähnliches gilt im übrigen auch für die Höhlen am Playa del Medio (siehe Ausflüge/Wanderungen). Allerdings sind die Urlauber vom spanischen Festland von den rigiden Maßnahmen der Polizei in weit geringerem Maß betroffen als die ausländischen Gäste.

Vier-Sterne-Hotel Tecina (23), Tel. 895100 und 895101, Fax 895188. Eine Welt ganz für sich auf den Klippen über Playa de Santiago. Das Luxushotel wurde im November 1987 eröffnet. Damit gibt es jetzt zwei Hotels der gehobenen Kategorie auf Gomera. Während das "Parador" über San Sebastián den traditionellen Formen der spanischen Gastlichkeit huldigt, sein Name schon für im besten Sinne "klassisches Hotelmanagement" steht, ist man hier im Tecina zukunftsorientiert. Die Vorbilder der riesigen Anlage sind eindeutig moderne Clubhotels mit Freizeitangeboten und Animation fast rund um die Uhr. Beinahe ausschließlich deutschsprachige Gäste bewohnen heute die (bisher) insgesamt 434 Zimmer. Auch wenn die angenehm in die Landschaft eingefügten, niedrig gebauten Häuser im Bungalowstil anders wirken – sie bergen in ihrem Inneren keineswegs geräumige Appartementwohnungen, sondern ausschließlich "normale" Hotelzimmer; selbstverständlich höchst komfortabel eingerichtet mit Bad, Terrasse oder Balkon, Telefon, Klimaanlage etc. Bei der Kapazitätsplanung (868 Betten) war man übrigens recht großzügig, so daß für Individualtouristen meist noch etwas frei ist. Um frühzeitige Reservierungen wird trotzdem gebeten. Aber kaum jemand wird sich diesen Luxus leisten können, denn das Doppelzimmer mit Frühstück kostet pro Nacht ab 17.000 Pts. Für Halbpension wird dann noch einmal ein Zuschlag von etwa 5000 Pts erhoben. Das Einzelzimmer mit Frühstück kommt auf stolze 11.000 Pts. Dagegen ist für Pauschalreisende der Spaß weitaus günstiger. Große Bettenkontingente sind von TUI und Neckermann reserviert, aber auch ein paar kleinere deutsche Veranstalter wie etwa Kreuzer bieten Tecina-Aufenthalte an.

Die Zahl der Einrichtungen für den Aktivurlaub ist enorm: Es gibt den riesigen Pool, fünf Tennisplätze mit Flutlichtanlage, zwei Squashhallen, einen Allzwecksportplatz und einen Fitneßclub. Darüber hinaus werden Sauna, Tischtennis, Billard und täglich Animationsprogramme angeboten. Bequem zum Strand bzw. zum Pool des Club Laurel mit neuer Minigolf-Anlage gelangt man übrigens durch den Aufzug (nur für Hausgäste).

Wer hier wohnt, der braucht das Gelände eigentlich nie zu verlassen, denn alles ist integriert: Restaurants, Bars, Konferenz- und Gruppenräume, ein Einkaufszentrum mit Sport- und Souvenir-Boutiquen etc. Deutschsprachige Zeitungen, Zeitschriften und Unterhaltungsromane sind in reicher Auswahl verfügbar. Auch für die Kinderbetreuung ist gesorgt. Die Disco ist Di, Fr und Sa geöffnet.

Hinweis: Manche Sportanlagen können auch von Nicht-Gästen gemietet werden: 1 Std. Tennis bzw. Squash z.B. kostet jeweils 900 Pts, Schwimmen im Club Laurel inkl. Badetuch und Liegestuhl 1000 Pts.

Apartamentos Tapahuga, **(28)** Tel. 895159, Fax 895127. Mit über 30 Appartements auf zwei Stockwerken der größte Anbieter im Ort. Fast immer von der TUI ausgebucht. Alle Appartements sind mit TV, Radio und Telefon ausgestattet und bieten Platz für 2 Personen und höchstens 1 Kind. Es gibt einen Aufzug und einen Dach-Pool. Englisch- und deutschsprachige Rezeption. Individualtouristen zahlen, falls mal Platz ist, folgende Preise: 5800 Pts für ein Appartement mit Meerblick, 4400 Pts für ein Appartement mit Blick in den Barranco und 3500 Pts für ein Appartement mit Blick in den Innenhof (letzteres ohne Balkon).

Apartamentos Bar Playa (2), Tel. 895147 oder 895120. Über dem Restaurant (siehe "Essen") gibt es 4 Appartements. Kostenpunkt: 3000 Pts für 2 Personen, 3500 Pts für 3 Personen.

Apartamentos Casanova (13), Tel. 895002. Über der gleichnamigen Bar (siehe "Essen") findet man mehrere 2-Personen-Appartements für 3500 Pts und ein paar einfache Zimmer mit neuem Gemeinschaftsbad für eine Person ab 1000 Pts und für 2 Personen ab 2000 Pts.

Apartamentos Noda (22), Tel. 895087. Schöne und moderne Appartements in einem Neubau mit Terrasse und herrlichem Blick auf die Bucht und das Meer. Die 2-Bett-Appartements mit Küche und Bad kosten 3000 Pts pro Nacht, das Appartement für 3 Personen ist für 3500 Pts zu haben. Die freundlichen Vermieter wohnen im Erdgeschoß. Reservierungen werden präzise eingehalten.

Apartamentos Negrin I und II, Tel. 895282. In Laguna de Santiago unweit der Apartamentos Noda (21) sowie in der Calle Santa Rosa 3 **(11)**. Für 2 Personen muß man 3000 Pts zahlen, für 3 Personen 3500 Pts.

Apartamentos Nemtru (31), Tel. 895138. Insgesamt 4 nette, modern eingerichtete Appartements unterhalb der Apartamentos Noda. Die Dachterrasse steht zur allgemeinen Benutzung frei. 2 Personen zahlen 2500 Pts, 3 Personen 3000 Pts. Freundliche Besitzer. Anmeldungen im Gemischtwarenladen Tecina (siehe "Einkaufen").

Casa Lolita (20), Laguna de Santiago 42, Tel. 895232. Señora Lola führt ihr Haus mit 3 Gästezimmern sehr eigenwillig – aber den meisten ihrer Gäste gefällt es so, auch wenn sie des öfteren nach einigen Stunden der Abwesenheit von ihrer charmanten, aber kurzsichtigen Vermieterin nicht wiedererkannt werden. In solchen Fällen wird dann der Zutritt zur Dusche oder zum eigenen Zimmer unter Aufbietung aller Kräfte verwehrt. Und wie will man beweisen, man selbst zu sein, wenn der eigene Paß bei Señora Lola liegt – denn diese rückt nichts wieder heraus, was sie einmal hat. Ein wahrer Härtetest für Sprach- und Überredungskünste und ein Fest für alle Liebhaber skurriler Situationen! Ansonsten beginnt das übliche Wechselbad von liebevoller Betreuung und schroffer Ablehnung meist schon an der Plaza, wo Señora Lola ihre Gäste "einzufangen" pflegt. Das Haus selbst liegt sehr schön am Berghang, verfügt über ein Gemeinschaftsbad, eine Gemeinschaftsküche und eine tolle Dachterrasse. Komfort und Preis der Zimmer sind höchst unterschiedlich: Vom fensterlosen Zimmer mit französischem Bett für verheiratete (!) Paare, das pro Nacht auf rund 1800 Pts kommt, bis zum bettlosen (!!!) "Studentenzimmer" im halbverfallenen Nachbarhaus (pro Nacht und Nase ab 600 Pts) ist fast alles drin. Wer einmal so richtig mit der Señora warmgeworden ist, kann sie oft freundlich lächeln sehen. Aber wehe, wenn nicht . . .

Apartamentos Mari Carmen (32), Tel. 895249. Reservierung bei den netten jungen Vermietern mit Englischkenntnissen ist nur nach Hinterlegung von 2000 Pts möglich. Das 2-Personen-Appartement kommt auf 2500 Pts, 3 Personen zahlen 3500 Pts.

Pensión La Gaviota (3), Tel. 895135. Freundliche Pension mit sauberen Zimmern mit Bad direkt neben der Plaza. Preis für 2 Personen 3500 Pts. Reinigung täglich (außer So). Anmeldung im Restaurant Bodegon del Mar.

Pensión del Carmen (7): Von Außen romantisch anmutende Pension mit kleiner Bar im Erdgeschoß. 20 sehr einfache Zimmer ab 2000 Pts.

Apartamentos Lourdes (36), Tel. 895465. 4 geräumige, helle Appartements mit Terrasse am Hang gegenüber dem Sportplatz. Die freundlichen und hilfsbereiten Vermieter sprechen Deutsch. Die Doppelappartements (für eine dritte Person steht eine Couch bereit) kosten ab 3500 Pts pro Nacht.

Weitere lohnenswerte Adressen für Unterkünfte in Playa de Santiago

Apartamentos Padilla **(35)**, Tel. 895057.

Apartamentos Emílio Negrin **(11)**, 895062.

Essen

Bar/Rte. La Cuevita (1): Viele Grünpflanzen, indirekte Beleuchtung, große Panoramafenster und abends Kerzen auf den Tischen sorgen für stilvolles Ambiente in der überaus gemütlich eingerichteten Naturhöhle. Das vornehmste und wohl auch teuerste Restaurant in Playa de Santiago wird dem guten Ruf seiner Küche vollauf gerecht. Ideal für einen besonderen Abend.

Auf der deutschsprachigen Speisekarte steht alles, was der Schlemmer so begehrt. Wie wäre es z.B. mit kalter andalusischer Suppe für 200 Pts oder

Señora Lola – die eigenwilligste Vermieterin in Playa de Santiago

einer Brunnenkressesuppe für 200 Pts als erstem Gang? Beim Hauptgericht wird das Qual der Wahl noch ärger, denn die Anbegot an Fisch- und Fleischgerichten ist reichhaltig und verlockend. Auf keinen Fall aber darf ein Ensalada mixta (gemischter Salat) für 550 Pts fehlen. Wir empfehlen darüber hinaus Solomillo (950 Pts), das große, leckere Rindersteak mit frischen, roh geschnetzelten Möhrchen, Champignons und Pommes, Estix a la pimienta (950 Pts), ein nicht minder zartes Steak in hervorragender Pfeffer-Sahne-Soße, und Pollo al ajillo (600 Pts), lecker gewürzte Hühnerteile mit viel Knoblauch, Pommes und Salat. Oder probieren Sie das leckere Carne estofado con verduras: Schmorfleisch mit Gemüse und Papas arrugadas für 750 Pts. Unser Lob gilt auch den Fischgerichten: z.B. frische Viejas mit etwas Salat und Papas arrugadas für 900 Pts sowie Filete de lenguado (Seezungenfilet) für 850 Pts. Das Angebot an Nachspeisen ist saisonabhängig, doch meist recht groß. Freuen Sie sich auf Leche asada (überbackener Eier-Milch-Auflauf), Coctel de papaya (Papayacocktail), Torta helada (Eistorte), mit einer Wunderkerze serviert, oder den hervorragenden Schokoladen-Flan (Pudding). Mhhmm . . . Die Auswahl an Flaschenweinen ist erfreulich groß. Geöffnet: außer So täglich 12-24 Uhr.

Rte. Junonia (26): Man sitzt nett auf der Terrasse mit Blick auf den Hafen. Nicht alle der vielen Fischgerichte auf der Speisekarte sind wirklich immer zu haben. Außerdem werden einige wenige Fleischgerichte zwischen 600 und 900 Pts angeboten: Ganz o.k. war das Gulasch nach gomerischer Art für 600 Pts (ein Eintopfgericht aus Kichererbsen, Fleisch, magerem Speck und fritierten Kartoffeln, auf einem Tonteller serviert). Geöffnet: außer Di täglich 9 - 23 Uhr.

Bar/Rte. Playa (2): Nettes, kleines Restaurant mit Plastiktischdecken und vielen Grünpflanzen. Ein paar Tische stehen auch draußen – hier kann man das Hafentreiben gut beobachten. Auf der Speisekarte der übliche Querschnitt: Calamares (Tintenfisch) für 750 Pts, Conejo (Kaninchen) für 750 Pts, Paella für 750 Pts und Tortilla francesa für 350 Pts. Besonders zu loben: das sehr gute Pollo für 550 Pts, hinter dem sich ein Hähnchen in Knoblauchsoße mit Pommes verbirgt. "Tortilla francesa" dagegen klingt zwar besser als Rührei mit Ketchup, ist aber dasselbe! Geöffnet: täglich 10 - 16.30 und 18.30 - 1 Uhr. Über dem Restaurant gibt es auch Appartements (siehe "Übernachten").

Bar/Rte. Pizzeria Avenida (29): Gemütliches Restaurant mit Tischdecken und frischen Schnittblumen. Auf den Holzstühlen sitzt man recht bequem. Vor dem Lokal stehen Tische auf der Promenade – bei hohem Seegang kann es schon mal vorkommen, daß man hier eine unfreiwillige, eiskalte Meerwasserdusche abbekommt. Auf der Speisekarte stehen 20 Pizzen zwischen 500 und 650 Pts. Uns hat die Pizza Yonay mit Käse, Schinken, Zwiebeln und Tomaten für 550 Pts immer ganz gut geschmeckt. Außerdem werden einige wenige Fisch- und Fleischgerichte angeboten: Außergewöhnlich gut ist das Solomillo Plancha für 975 Pts, ein Rindersteak mit Reis, Pommes und etwas Salat. Der Wein wird in geeisten Tonkrügen serviert. Geöffnet: täglich 11-17 und 19-23 Uhr.

Rte./Pizzeria Orone: Auf der deutschen Speisekarte finden sich Spaghetti für 550 Pts, Pizzen von 400 Pts bis 625 Pts, frischer Fisch um die 1100 Pts sowie Cordon bleu für 850 Pts. Auf der Terrasse läßt sich mit Schinken und Eiern für 500 Pts und Milchshakes für 250 Pts gut frühstücken. Geöffnet: außer Di täglich 9-24 Uhr.

Bar/Rte. Bodegon del Mar (3): gemischte Auswahl an Fleisch- und Fischgerichten zwischen 500 und 950 Pts. Geöffnet: außer So täglich 13-15 und 19-22 Uhr.

Bar/Rte. Casanova (13): Das grelle Neonlicht hält viele Urlauber davon ab, hier einzukehren. Der freundliche Wirt ist Venezuela-Heimkehrer und hat einige spannende Goldgräbergeschichten zu erzählen. Warmes Essen gibt es nur zwischen 13 und 15 sowie zwischen 19 und 22 Uhr (auch auf der Terrasse). Im täglich wechselnden Angebot sind nur zwei oder drei Gerichte (z.B. Gemüsesuppe für 250 Pts oder Carne en salsa für 700 Pts), die man an der Theke erfragen muß. Das Essen ist recht gut und preiswert; ebenso das Frühstück wie z.B. Bocadillo mit Marmelade und Butter. Abends wird auf der Terrasse Domino gespielt. Nichts für Anfänger!

Kiosco/Bar Tarajal (15): Der ruhige Kiosk am steinigen Stadtstrand ist der Hauptkonkurrent der Bar Info (Jürgens Kiosk). Hauptsächlich deutsche Urlauber (in erster Linie aus dem Hotel Tecina) kehren hier ein, denn vom Fahrstuhl aus ist er doch sehr bequem zu erreichen. Von der Terrasse hat man einen schönen Meeresblick – deshalb und wegen der frühen Öffnungszeiten ein begehrter Frühstücksplatz. Es gibt keine Speisekarte, die jeweiligen Tagesgerichte muß man bei der freundlichen spanischen Wirtsfamilie erfragen: z.B. Sopa de verduras (Gemüsesuppe) für 250 Pts und Calamares (Tintenfisch paniert) mit Pommes für 650 Pts. Geöffnet: täglich 7-22 Uhr.

Rte. Tagoror (24): Nicht das preiswerteste, nicht das beste, aber ganz gewiß das schönstgelegene Restaurant im Ortsteil Tecina in der Nähe des Nobelhotels gleichen Namens. Besonders am Abend ist hier immer eine Menge los.

Beim Essen auf der Terrasse hat man einen herrlichen Panoramablick auf die Siedlung, den Hafen, das Meer und den Barranco. Hauptsächlich gönnen sich hier die Gäste des Tecina eine Abwechslung vom gewohnten Speiseplan. Alle Grillgerichte werden übrigens direkt auf der Terrasse zubereitet. Auf der Karte stehen einige leckere Tapas sowie viele Fisch- und Fleischgerichte zwischen 850 und 2000 Pts. Außerdem gibt es einige Nudelgerichte um 800 Pts. Bemerkenswert ist die gute Auswahl an Rot- und Weißweinen (zwischen 650 und 2700 Pts pro Flasche) und an Spirituosen. Geöffnet: täglich 11-24 Uhr.

Bar Info (14) heißt standesgemäß die wohl wichtigste Informationsbörse im Süden Gomeras – auch als Jürgens Kiosk bekannt. Den ehemaligen Frankfurter Sozialpädagogen Jürgen Niemann, seit 1971 immer wieder mal zum Urlauben auf Gomera, erwischte das Schicksal in Form von Tereza – verliebt und hängengeblieben wie so viele deutsche "Aussteiger" auf dieser Insel. Alte Gomera-Hasen erinnern sich noch gerne daran, wie Jürgen in der ersten Zeit den Playa del Medio mit seinem Silberpfeil mobil versorgte. Am 4. Dezember 1986 war es dann soweit, die Bar Info öffnete ihre Läden, und Jürgen avancierte zum lebenden Auskunftsbüro.

"Wann gehen denn von Teneriffa die Flugzeuge?" und "Wo leben denn die Höhlenmenschen?" (gemeint sind die Aussteiger an den östlichen Stränden; siehe "Wanderungen") waren Fragen, die er von nun an zu beantworten hatte. Nach der ausgefallensten – "Wo geht's denn hier zum Sandstrand?" – hat er sogar einen Cocktail benannt. Seither kostet die Frage nach dem Sandstrand schmackhafte 400 Pts. Insider trinken außerdem immer mal wieder einen "Rauf auf die Palme" für 400 Pts oder, wenn der Tag gut beginnen soll, einen der leckeren Fruchtsäfte für 300 Pts.

Stammgäste bekommen bei Jürgen auf Wunsch auch ganz persönliche Cocktails gemixt und serviert. Die Cocktails sind der eine Grund für Jürgens Erfolg, das Essen der andere. Jeder Salat wird mit dem angerichtet, was an diesem Tag gerade frisch und vorrätig ist. Auch beim Kochen geht Jürgen Phantasie über alles, täglich wechselnd stehen auf der Speisetafel vier bis fünf kleine Gerichte zwischen 250 und 600 Pts, von denen mindestens eines vegetarisch ist. Ensalada mixta ist meist das teuerste und aufwendigste, manchmal gibt es auch Curryhuhn. Ständig zu haben sind Sandwiches, gut belegt mit Tomaten, Gurken usw., sowie Vollkornbrot. Als Spezialität des Hauses gelten zu Recht die Huevos especiales für 400 Pts, die leider nicht immer zu haben sind: Spiegeleier mit Käse überbacken, Schinken, Zwiebeln, frische Tomaten und Paprika – unser ganz spezieller Frühstückstip! Dazu empfehlen wir die herrlichen frischgepreßten Säfte aus Früchten der Saison.

Natürlich gibt es auch Bier: Weizenbier und Dorada CCC (Compania Cerveza de Canarias) sind immer vorrätig. Kein Wunder also, daß Jürgen und eine Hilfskraft hinter der Theke oft ziemlich ins Rotieren kommen, während die Gäste auf der Terrasse in aller Ruhe Backgammon oder Schach spielen, plaudern und kräftig konsumieren.
Die Bar Info ist nur im Winter (normalerweise von Anfang November bis Mitte Mai) täglich von 11 - 19.30 Uhr geöffnet. Den Gerüchten nach soll mit der allgemeinen Bautätigkeit auch der Kiosco einem Parkplatz und der Promenade weichen.

Sport

▸**Tauchschule Barrakuda** im Hotel Tecina: Walter Kozelka betreibt hier eine private Tauchschule mit vertraglicher Bindung an das Tecina. Konkret heißt das: Gäste des Hotels haben bei der Kursbelegung Vorrang. Vor allem außerhalb der Hochsaison sind aber auch für Nicht-Gäste immer ein paar Plätzchen frei.
Anfängerkurse bestehen aus 4 Lektionen im Pool, 2 Lektionen Theorie und 2 Freiwassertauchgängen. Einschließlich Leihausrüstung kostet der Kurs 450 DM, jeder weitere Tauchgang kommt auf 46 DM plus Transfer.
Die Preise außerhalb des Kurses: Tauchgänge mit eigener Ausrüstung 28 DM, mit kompletter Leihausrüstung 45 DM; dazu kommen jeweils pro Tauchgang 16 DM für die Bootsfahrt inklusive Transfer.

Sein Kiosk ist in Playa de Santiago die beste Informationsbörse: Jürgen Niemann

Ärztliches Attest und Tauchlizenz (falls bereits vorhanden) sind Voraussetzung. Walter Kozelka, International Diving Instructor und Barrakuda-Mitglied, ist im Hotel Tecina zu erreichen oder unter der deutschen Buchungsadresse: Tauchsport Rhein/Main, Bernardstr. 82, 63067 Offenbach, Tel. 069/880682, Fax 069/888514.

▸**Tennis und Squash** wird im Vier-Sterne-Hotel Tecina angeboten (siehe "Übernachten"): pro Platz und Stunde zahlt man 900 Pts. Für Lernbegierige gibt es hier auch die **Tennisschule Wimbledon** von Jacqueline Jäckel, die man meist zwischen 12 und 12.30 Uhr im Hotel antrifft (an der Rezeption nach ihr fragen). Preise: Einzelunterricht dreimal 60 Min. für 15.600 Pts und fünfmal 60 Min. für 21.500 Pts, Gruppenkurse für 2 Personen (zehnmal 45 Min.) 20.000 Pts pro Person und Gruppenkurse für 3 - 4 Personen (zehnmal 45 Min.) 16.500 Pts pro Person.

▸**Schwimmen** kann man ebenfalls im Tecina, und zwar im **Club Laurel**. Eintritt inkl. Badetuch und Liegestuhl 1000 Pts.

Fiestas

In Alajeró, nordwestlich von Santiago, findet alljährlich am 11. September das Fest "*Nuestra Señora del Buen Paso*" mit einer Wallfahrt zur gleichnamigen Ermita sowie nachfolgendem Feuerwerk und Tanz statt.

Ausflüge/Wanderungen

Zu den Stränden im Osten

Tecina – Playa de Tapahuga (45 Min.) – *Playa del Medio* (30 Minuten) – *Playa Chinguarime* (45 Min.), so heißen die Etappen dieses Ausflugs, der für Kinder zum Baden allerdings nicht geeignet ist. Geht man die einzelnen Strände nur ab, ist man für die rund 6 km lange Strecke ca. 2 Std. unterwegs; macht man es sich ein bißchen gemütlich, kann es dauern . . .

Ausgangspunkt ist Jürgens Kiosk. Von hier aus schafft man in 10 Min. den Aufstieg zum Hotel Tecina und umgeht den Komplex etwas oberhalb der eigentlichen Hotelgebäude. Es geht weiter auf der Schotterpiste, die die Klippen entlang verläuft. Von hier aus

An der ruhigen Südküste ist der Badespaß viel ungefährlicher

hat man einen tollen Panoramablick auf die nächste Bucht mit ihren drei Stränden, auf das grüne, schräg abfallende Hochplateau **Punta Gaviota** und manchmal sogar auf Teneriffa mit dem wie auf Wolken schwebenden Teide. Die Schotterstraße führt durch die gesamte Bucht, die von drei Barrancos unterteilt wird. Zu den Stränden kommt man über nicht zu verfehlende Abzweigungen.
Der erste Strand, **Playa de Tapahuga**, den man nach etwa 35 Min. vom Hotel Tecina aus erreicht, ist am wenigsten besucht. Hier gibt es eine alte Hafenmole mit Bananenverladestelle, wo heute noch gearbeitet wird.

Zum **Playa del Medio** führt die Piste über einen ins Meer hineinragenden Bergrücken. An der Stelle, wo der Strand zu sehen ist, verläßt man die Schotterstraße. Ein schmaler Serpentinenpfad führt von hier abwärts. Auf den ersten Blick zu erkennen: Der Playa del Medio ist der bestbesuchte Strand dieser Bucht mit vielen Nacktbadern – jedenfalls im Winter, im Sommer ist bislang nur wenig los. Besonders Gäste des Hotels Tecina gönnen sich hier eine textilfreie Abwechslung zum Hotelpool. Außerdem gibt es ein paar Höhlen, wo während des ganzen Jahres wechselnde Bewohner

den Ausstieg aus der Zivilisation proben. Selbst Wohnmobile wagen sich vereinzelt her – beim Zustand der Straße ein risikoreicher Härtetest.
Am nordöstlichen Ende des Playa del Medio ragt ein Felsentor aus dem Wasser. Mit etwas Glück kommt man durch dieses Nadelöhr zum **Playa Chinguarime.** Naß wird man auf diesem Weg auf jeden Fall. Doch bei stärkerem Wellengang ist das Tor nicht oder nur unter Lebensgefahr passierbar. Dann bleibt keine andere Wahl, als noch einmal der Schotterpiste zu folgen, die nicht einmal ganz hinunter zum Strand führt. Zusätzlich muß man auch noch etwa 15 Min. über tückisches Geröll krabbeln. Wichtig ist es, die Schotterpiste erst weit unten im Barranco zu verlassen, um die Kletterpartie so kurz wie möglich zu halten. Insgesamt kostet so die Unpassierbarkeit des Felsentores rund 45 Min.
Playa Chinguarime, das sind eigentlich zwei Strände, die durch einen flachen, leicht überquerbaren Felsvorsprung voneinander getrennt sind. Der erste ist mit einer Länge von rund 300 m der Hauptstrand. Dort, direkt am Felsentor zum Playa del Medio, wohnen sie, die "Höhlenmenschen". Für ein paar Tage der Zivilisation entflohen, suchen sie Schatten unter aufgespannten Handtüchern und bevölkern den Strand. Und am wesentlich kleineren hinteren Strand gibt es bewohnte Höhlen in noch größerer Zahl.

Zum sagenumwobenen Drachenbaum von Agalán

Ein Muß ist der Besuch des größten Drago-Exemplars von Gomera. Der archaisch wirkende, sagenumwobene Baum liegt in einem einsamen Tal im Süden der Insel. Die Anfahrt erfolgt von Santiago aus mit dem Bus (in Richtung San Sebastián), bzw. mit Pkw oder Taxi in Richtung Alajeró; gegenüber der Abzweigung nach *Imada* steigt man aus. Von hier aus sind es dann noch ca. 60 Min. bis zum Ziel.

Der Wanderweg beginnt vor der Abzweigung gegenüber den großen Wassertanks. Über eine rote Schotterpiste gelangt man nach rund 500 m zum kleinen Weiler *Agalán*. Hinter einer von einem Eukalyptusbaum gesäumten Häusergruppe folgt man dem Hinweisschild *Camino de el drago*. Der Pfad mündet in einen breiten Weg ein. Rechts sieht man brachliegende Terrassen, links ehemalige Man-

Der Drachenbaum von Agalán

delbaumfelder und vereinzelt Kanarische Dattelpalmen. Nach rund 150 m biegt man in einen links abzweigenden steinigen Pfad ein.

Durch Kakteenfelder und Wolfsmilchgewächse windet sich der Pfad, der mit einer weißen Markierung gekennzeichnet ist, in steilen Kehren abwärts, und schon bald kann man einen ersten Blick auf den unten im Tal stehenden Drachenbaum werfen. Vorbei an einem rötlichen, schildkrötenförmigen Fels geht es weiter, bis man das Prachtexemplar nach ca. 25 Min. erreicht. Und in der Tat - der archaisch wirkende Riese ist einen Ausflug wert. Auf Gomera ist er der einzige seiner Art, und auch auf den übrigen Kanareninseln findet man nicht mehr allzu viele Exemplare. Sie alle sind Relikte aus früheren Zeiten, als es noch dichte Drachenbaumwälder gab, die aber nach und nach dem Kahlschlag zum Opfer gefallen sind.

In Europa sind die Drachenbäume dagegen schon vor ungefähr 20 Millionen Jahren ausgestorben. Da der Drago zu den Agavengewächsen gehört und diese keine Jahresringe ausbilden, ist eine sichere Datierung nicht möglich. Der Baum blüht zum erstenmal nach 10 bis 12 Jahren und verzweigt sich dann. Anhand der vielen

Verzweigungen wird geschätzt, daß der Drago von Agalán mindestens einige Hundert Jahre alt ist. Allerdings fällt die Altersbestimmung der Canarios etwas großzügiger aus – für Dragos dieser Größe und Wucht rechnen sie mit einem Alter zwischen 1000 und 4000 Jahren. Der "heilige Baum" war früher Symbol der Fruchtbarkeit und Weisheit. Der Saft des Drago, auch "kanarisches Drachenblut" genannt, weil er sich an der Luft rot färbt, wurde zur Mumifizierung der Toten und auch in der Heilkunst verwendet. Später wurden aus dem "Drachenblut" Lacke und Polituren hergestellt. Der Drachenbaum von *Icod de los Vinos* aus Teneriffa ist sogar zum Nationalmonument erklärt worden und auf der Tausend-Peseten-Banknote abgebildet. Neuerdings werden auch wieder in Parks und Gärten Dragos angepflanzt; bis die allerdings so staatlich aussehen werden wie der *Drago de Agalán*, wird noch eine gute Weile vergehen.

Auf das Dach der Welt – von La Laguna Grande zum Garajonay und zurück

La Laguna Grande: die idyllische Lichtung im Herzen des Lorbeerwaldes, eine großflächige, ebene Wiese, umschlungen von wucherndem Grün, ausgestattet mit steinernen Grillanlagen und zwei Kinderspielplätzen mit hölzernem Gerät. Dazu ein Restaurant, das zu den besten der Insel zählt. Hier geben sich Wanderer, Ausflügler, Mietwagenfahrer und Touristenbusse ein Stelldichein.

Auf dem Parkplatz vor der hölzernen Wegetafel der ICONA eine letzte Kontrolle: Auch wenn es auf unserer Wanderung keine wirklich unangenehmen Steigungen gibt, haben wir an festes Schuhwerk und eine Windjacke gedacht – etwas Schokolade und ein wenig Saft oder Wasser können nicht schaden, denn unterwegs gibt es nichts, und die Tour dauert, Auf- und Abstieg zusammengerechnet, immerhin knappe 3 Std.

LESERTIP: Ihr solltet auf die zum Teil schlechte Sicht hinweisen. Wir waren oben inmitten der Wolken, Sichtweite 20 - 50 m . Eine Woche später war's dann besser. Es lohnt sich nur, wenn es wolkenlos ist. Rainer Ziegler, Stuttgart.

Direkt hinter dem mannshohen steinernen Backofen am Waldrand beim rechten Spielplatz beginnt ein schmaler Trampelpfad, an dem entlang auch ein dünnes Wasserrohr verläuft. Nach knapp 200 m passiert man links einen Wasserspeicher und trifft auf die asphaltierte Höhenstraße, der man nach rechts folgt. Und wenn uns jetzt kein "Rennfahrer" erwischt, sind wir in 5 Min. in Sicherheit, dann geht's nämlich rechts in den mit *Camino Forestal Chipude* beschilderten Forstweg, der bis zum Gipfel vor Autofahrern Schutz gewährt. Etwa fahrzeugbreit ist er und nach stärkeren Regenfällen ziemlich matschig. Der dichte Wald öffnet sich bisweilen überraschend, um eine schöne Aussicht freizugeben.

Aber Achtung, zwar sieht es tagsüber friedlich aus (wenn nicht gerade allzu viele Busse Station machen!), doch in manchen Nächten kann es ziemlich gefährlich werden. Schließlich ist *La Laguna Grande* seit jeher in Vollmondnächten *der* Treffpunkt aller Hexen der Insel. Wie informierte Kreise glaubhaft versichern, ist es schon häufiger zu gewalttätigen Ausschreitungen gekommen, wenn die zauberkundigen Damen von Passanten beim Tanzen, Entkleiden, dem Teufel-Namen-Geben und Mit-ihm-Paktieren gestört wurden. Störenfriede sollen dabei schon häufig mit Steinen beworfen worden sein. Offensichtlich bezieht sich die Abneigung auf die gesamte Wandergemeinde. Denn treffen die Hexen einen Spaziergänger, dann lassen sie ihn tagelang gehen, ohne daß er irgendein Ziel erreicht, bis er sich schließlich am anderen Ende der Insel wiederfindet. Sollten Sie also bei Ihren Wanderungen den Weg verlieren, so schimpfen Sie nicht auf dieses Buch, denn an unseren Beschreibungen liegt es nicht . . .

Nach etwa 10 Min. gabelt sich der Weg zum erstenmal. Hier hält man sich links. Nach weiteren 5 Min. die zweite Kreuzung: Weiter geht's rechts in Richtung *Las Tajoras - Garajonay* (ausgeschildert). Die dritte Weggabelung nach 20 Min. ist wieder unbeschildert: Man geht links und dann nach kurzer Zeit abermals links, dem Wegweiser *Alto de Garajonay* folgend.

"Hört denn die Gabelei niemals auf?" wird sich so mancher nach nur 20 weiteren Metern fragen, wenn nun bei mißverständlicher Beschilderung die Wahl gleich zwischen drei verschiedenen Wegen zu treffen ist. Tut uns ehrlich leid, aber es geht tatsächlich auf dem am stärksten ansteigenden, dem rechten, weiter. Nur gut, daß der nun folgende Anstieg immer wieder von etwas flacheren Teilstücken unterbrochen wird und so mancher Ausblick fürs Schnaufen (nur bei schlechter Kondition) belohnt. Bei der nächsten unbeschilderten

Der markante Tafelberg Fortaleza ist ein guter Orientierungspunkt

Gabelung geht es dann links weiter. Auch wenn es jetzt wieder etwas steiler wird – nach wenigen Minuten ist es überstanden, und zur Rechten eröffnet sich ein schöner Blick auf den markanten Tafelberg **Fortaleza**, vorausgesetzt, das Wetter spielt mit.

Und weiter, immer bergauf – der hin und wieder sichtbare Gipfel läßt ahnen, daß es so weit nicht mehr sein kann. An der nächsten unbeschilderten Gabelung biegt man links ein. Wer mitgezählt hat, weiß, es ist die siebte, und zwei stehen noch bevor. Die achte ist nach einem etwas steileren Anstieg (ca. 10 Min.) erreicht. Bei klarem Wetter läßt sich von hier aus ein erster Blick auf Teneriffas Teide erhaschen. Geradeaus führt der Weg 100 m weiter zur neunten und letzten Gabelung, wo man rechts, fast im 180-Grad-Winkel, der Beschilderung folgt. So langsam öffnet sich der Wald immer mehr und gibt nach und nach immer größere Teile der Insel dem staunenden Blick preis. Nun noch ein letzter sanfter Anstieg, und man ist oben.

Man glaubt es kaum: Vor weniger als 90 Min. standen wir noch inmitten des Lorbeerwaldes auf einem Parkplatz, und nun liegt uns Gomera zu Füßen, ohne daß wir uns auch nur einmal richtig angestrengt hätten. Aber wer – außer dem Wetter – sollte uns jetzt noch daran hindern, den atemberaubenden Ausblick zu genießen?

Wie der Garajonay zu seinem Namen kam

Es war vor langer, langer Zeit, so berichtet die Legende, als die schöne Gara auf Gomera lebte. Von ihrer Anmut angezogen wie die Motte vom Licht, suchte der junge Jonay auf Teneriffa nach einem Weg, um sie kennenzulernen. Da es zu jener Zeit (sie liegt wirklich sehr, sehr lange zurück!) weder die Ferry Gomera noch den Jet Foil gab, blies der Jüngling zwei Ziegenhäute auf und wagte mit diesem schwankenden Gefährt die riskante Überfahrt nach Gomera.
Da kam es, wie es kommen mußte. Die Gerüchte über Garas Schönheit wurden durch ihren wahren Liebreiz noch weit übertroffen. Auch Jonay muß ein ziemlich attraktiver Bursche gewesen sein, denn sie verliebten sich ineinander und schworen sich ewige Treue. Garas Familie indes sah in Jonay nicht den idealen Schwiegersohn, und so wurde ihr verboten, ihn weiterhin zu sehen. Aber wo die Liebe hinfällt, da helfen keine Verbote ...

Und so flohen die beiden Liebenden eines Tages in die undurchdringlichen Wälder der Insel. Wie groß muß ihr Entsetzen gewesen sein, als sie bemerkten, daß sie vom halben Dorf verfolgt wurden. Von Liebe und Angst getrieben, erklommen sie schließlich den höchsten Gipfel der Insel, wo sie verängstigt sahen, daß ihre Häscher immer näher kamen. Die Situation war hoffnungslos, aber wahre Liebe findet immer einen Weg ...

Und so nahmen sie einen starken Ast, spitzten dessen Enden und richteten sie auf ihre Brust. Dann umschlangen sie sich zu einer letzten leidenschaftlichen Umarmung und starben vereint mit durchbohrten Körpern. So kündet der Name des Gipfels noch heute von ihrer unsterblichen Liebe.

Eine deutliche Landmarke im Südwesten ist der Fortaleza, hinter dem Hierro liegt. Im Nordwesten ist La Palma in Umrissen sichtbar. Gen Osten ragt der Teide auf Teneriffa, der höchste Berg Spaniens, meist auch dann aus den Wolken, wenn vom Rest der Insel wenig zu sehen ist. Majestätisch thront er, einer Pyramide gleich, auf einem Meer von weißen Wolken. Man kann sich gar nicht sattsehen am üppigen Grün des Lorbeerwaldes, am Graubraun der Felsschluchten, am Azurblau des Atlantiks und am strahlenden Weiß der nahen Wolken.

Erst wenn eine Horde Mietwagenfahrer den Forstweg hochgebrettert kommt, frierend die letzten 10 m mit Badeschlappen nimmt und wild um sich knipsend das von Felsbrocken eingefaßte Aussichtsrondell erobert, dann wird es Zeit für den **Abstieg**.

Zurück geht es zunächst auf dem bekannten Weg. An der ersten (bzw. neunten) Gabelung machen wir aber nicht die Spitzkehre nach links, sondern marschieren geradeaus weiter. Nach insgesamt 15 Min. vom Gipfel aus erreicht der sanft bergab führende Forstweg die Hochstraße an einem kleinen Rastplatz, wo auch der Wanderweg nach *El Cedro* beginnt (Bushaltestelle). Fußkranke Kettenraucher mit Infarktneigung können den "Gipfelsturm" auch hier beginnen. Wir folgen indessen der Hochstraße nach links, bis nach etwa 5 Min. linker Hand ein unbeschilderter Forstweg, den man an der rotbraunen Erde auf den ersten Metern erkennt, in den Wald hineinführt.

Von hier aus stetig, aber sanft bergab, wobei es bei Gabelungen immer geradeaus weitergeht, erreichen wir nach rund 20 Min. unseren Aufstiegsweg an einer Stelle, die uns noch als vierte Gabelung schwach im Gedächtnis ist. Eigentlich ist der Rückweg jetzt einfach – wer sich aber nicht so gut erinnert, kann diesen Absatz noch zu Ende lesen:
An der nächsten Gabelung nach knapp 5 Min. in die ausgeschilderte Richtung *Pista forestal a Cherelepi*, 10 Min. später die Hochstraße links weiter. Nach weiteren 5 Min. sind wir beim Wasserspeicher, machen noch einmal unseren "Shortcut" zur Laguna, die erreicht ist, bevor man bis 633 zählen kann.
Zurück ging es jetzt mit 70 Min. ingesamt etwas flotter. Wer sich das erste Stückchen Asphaltstraße schenken möchte, der kann etwas längeren Weg wie beim Aufstieg nehmen.

Wenn Sie jetzt den gleichen Hunger haben wie wir immer, dann nichts wie ab ins **Restaurant La Laguna Grande**. Atmosphärisch erinnert es ein wenig an hochalpine Almhütten, und mit vielen von ihnen hat es auch die gute, bodenständige Küche gemeinsam. Kenner bestellen hier Fleischgerichte (keinen Fisch!) und meiden das

Restaurant, wenn gerade Touristenbusse Station machen. Dann nämlich leidet nicht nur der sonst ausgesprochen freundliche Service, sondern auch die Qualität der Küche.

Wir hoffen, Gomera macht Ihnen so viel Freude wie uns

Bequem kann man von der deutschsprachigen Speisekarte auswählen. Etwa die leckeren Garbanzas (Kichererbsen) für 400 Pts. Wer gern kräftig zulangt, sollte unbedingt das rustikale Schweinskotelett mit Papas arrugadas und Salat probieren. Auch die Brunnenkressesuppe können wir als Vorspeise nur wärmstens empfehlen. Zur Suppe gehört natürlich Gofio. Manchmal vergißt es der Kellner - unbedingt nachbestellen! Ähnliches gilt auch für die Mojo, die hier gleich in doppelter Ausfertigung auf den Tisch kommt: als Mojo rojo (rot) und als Mojo verde (grün). Zumindest die Mojo verde ist nach unserem Geschmack die beste auf der ganzen Insel. Geöffnet: außer Mo täglich 9 - 18 Uhr, Tel. 895445.

Verlagsprogramm

Mit der Eisenbahn durch Europa

von Eberhard Fohrer:

Unsere Reihe bietet maßgeschneiderte Bücher für Bahnfahrer in Europa (Interrail, Euro-Domino, Bahnpässe). In den regional (und neuerdings auch nach den 1994 eingerichteten Zonen) gegliederten Büchern sind die schönsten Bahnlinien, Städte, günstige Übernachtungsmöglichkeiten, preiswerte und gute Lokale, Sehenswürdigkeiten und Routen enthalten. Die Reihe umfaßt bisher folgende Titel:

- **Europa-Gesamt,** **724 Seiten.**
- **Europa Südwest** **(Zone F + Frankreich), ca. 380 Seiten.**
- **Skandinavien/Dänemark** **(Zone B+Dänemark), 204 Seiten.**
- **Frankreich/Benelux/GB/Irland** **(Zone A/E), 348 Seiten.**

NORWEGEN

Neu

Nordkap und Fjorde, vielleicht noch Ibsen, Grieg oder der Friedens-Nobelpreis und, natürlich, die leidige Walfang-Politik – sonst noch was im Land der Fjorde? Überall naturverliebte Wanderer und skiverrückte Loipenläufer – sonst noch wer im Eldorado der Outdoor-Fans? Jenseits von Klischees und Superlativen stellen wir die Heimat von Telemark-Schwung und Büroklammer vor. Wo man radfahren oder wandern kann, wann welche Fähre verkehrt, und wo die preiswertesten "hytta" zu finden sind – das und vieles mehr verrät dieses Norwegenbuch.

Koch, Hans-Peter; ca. 550 Seiten.

GROSSBRITANNIEN

England

Hohe Kliffs bei Dover, endlose Sandstrände im Süden. Im Inland wechseln sanfte Hügel und Täler mit weiten Weide- und Heideflächen, dazwischen zwängen sich kleine, urige Dörfer mit schlichten Steinkirchen und alten Fachwerkhäusern. Im Süden Cornwall – die englische Riviera mit subtropischer Pflanzenwelt, zerklüfteter Steilküste und pittoresken Hafenstädten. London: europäische Metropole und ethnischer Schmelztiegel, Parks und Paläste, Kirchen und Museen, die roten Doppeldeckerbusse – und ein vielfältiges Kultur- und Nachtleben.

Zeutschner, Michael; 572 Seiten.

Schottland

Neu

Zu Besuch bei den Volksbarden Scott und Burns und den Schlössern der Lowlands. Bottlenose-Delphine, die nichts mit Whiskeyflaschen zu tun haben. Traumstrände auf den Hebrideninseln Barra und Lewis, Wanderungen durch einsame Heidelandschaften. Mystische Kultstätten und die Steingräber der Könige. Puffins in der atemberaubenden Klippenszenerie entlang der Westküste. Dazu die Orkney- und Shetlandinseln – wo die Sonne nicht mehr untergeht und der Whiskey aus Wikingerhelmen geschlürft wird.

Neumeier, Andreas; ca. 640 Seiten.

IRLAND

Ist die "grüne Insel" wirklich ein Patchwork unverdorbener Landschaften? Hat jedes Dorf einen Pub? Was blieb von den Kelten? Diesen und anderen Fragen ist unser Autor nachgegangen. Er hat dabei die düsteren Hinterhöfe Dublins genauso erkundet wie die halsbrecherischen Klippen am Atlantik, neue Wanderwege und alte Wasserstraßen aufgespürt, Betten getestet, Speisen gekostet, Fahrpläne studiert, die irische Gemütslage am Tresen und anhand von Gay Byrne´s "Late Night Show" erkundet – damit Sie die guten Erfahrungen teilen können und die schlechten nicht selbst machen müssen.

Braun, Ralph-Raymond; 562 Seiten.

NIEDERLANDE

Niederlande

Wasser ist das dominierende Element - unzählige Kanäle, Flüsse und Wasserläufe durchkreuzen die weiten Ebenen. Im Sommer wird auf jeder Wasserfläche gesurft, gesegelt oder gerudert. Die Badestrände am Meer reichen von der belgischen bis zur deutschen Grenze. Aber auch die Städte, allen voran Amsterdam, sind ein Muß - entlang der zahllosen Grachten ziehen sich lange Reihen von bilderbuchreifen Patrizierhäusern aus dem 17. und 18. Jh.

Sievers, Dirk; 576 Seiten.

Amsterdam

Ein detaillierter Führer durch sämtliche Viertel der jugendlichsten Hauptstadt Europas mit einer Fülle praktischer Tips: Grachten und Märkte, Museen und Galerien, Hotels und Restaurants, Theater, Konzertsäle, Discos, Bars . . . Alles über die holländische Kultur von Hieronymus Bosch bis zum Jenever, dem holländischen Gin.

Dunford / Holland; 244 Seiten.

FRANKREICH

Korsika

Die "Insel der Schönheit": von traumhaften Badebuchten hinauf zu entlegenen Hochtälern. Kastanienwälder, Korkeichen und eine wild duftende Macchia. Geschichte und Geschichten von der Menhir-Kultur bis zur Gegenwart. Vorschläge zu aufregend schönen Wanderungen - und natürlich eine Fülle praktischer Tips: Hotels, Campingplätze, Restaurants etc.

Schmid, M. X.; 396 Seiten.

Südwestfrankreich

Atlantikküste und Pyrenäen –
im Gleitflug entlang der höchsten Düne Europas, endlose Sandstrände, kleine Städte mit großer Geschichte. La Rochelle, Bordeaux, Biarritz und das Baskenland. Viele Ausflüge ins Hinterland und in die Pyrenäen.

Schmid, M. X.; 384 Seiten.

Bretagne

Meerumspülte und sagenumwobene Granit-Halbinsel, die man für das Ende der Welt hielt - Hinkelsteine, Kirchenkunst und 4000 km Küste. Wo einst die Druiden ihre Zaubertränke brauten, locken heute moderne Badeorte und kilometerlange Strände. Rund 500 Seiten prall gefüllt mit handfesten Informationen und wunderschönen Geschichten über Dolmen und Menhire, Kirchen, Kapellen und Calvaires von Mont St. Michel bis La Baule . . .

Grashäuser / Schäffer; 636 Seiten.

PORTUGAL

Portugal

Im Norden wildromantische Gebirgslandschaft mit saftig grünen Wiesen und das einsame Gebiet "Tras-os-Montes" (hinter den Bergen). In Zentralportugal lockt die nostalgische Weltstadt Lissabon und an der rauhen Westküste unzählige Strände. Nur im äußersten Süden, am schmalen Küstenstreifen der Algarve, konzentriert sich der internationale Tourismus.

Müller, Michael; 400 Seiten.

Lissabon/Umgebung

Neu

Eine Stadt, die niemals schläft; rund um die Uhr wird immer etwas geboten: Bars, Diskotheken, Restaurants, Konzerte, Fado . . . Zusammen mit ihrem Umfeld hat Lissabon für jeden Besucher etwas: interessante Museen und prächtige Kirchen, verträumte Klöster und riesige Paläste, Fischerdörfer und mondäne Seebäder, endlose Sandstrände und kleine Felsbuchten. Johannes Becks Buch erweist sich als zuverlässiger Begleiter durch das Tag- und Nachtleben der Hauptstadt und ihrer Umgebung.

Beck, Johannes; ca. 270 Seiten.

SPANIEN

Spanien
Ein faszinierendes Reiseland mit vielen Gesichtern: endlose Atlantikstrände und hochalpine Bergwelt, gotische Kathedralen und maurische Burgen, Paella in Valencia oder Austern in Vigo. Zahllose wertvolle Tips zu Badeplätzen, Verkehrsmitteln und Tapa-Bars, zu Paradores, Hostals und Campingplätzen, zu urbanen Abenteuern in Barcelona und Madrid; dazu detaillierte Infos über Sehenswürdigkeiten und Hintergründe. Von der Costa Brava bis Galizien: ganz Spanien im Griff.
Schröder, Thomas; 684 Seiten.

Andalusien
Flamenco und Stierkampf, Sonne am Meer und Schnee auf der Sierra, menschenleere Wüsten und weiße Dörfer. Orient in Sevilla, Cordoba und Granada. Schloßquartiere und Landgasthöfe, Landrovertour am Guadalquivir und Streifzug durch die Alhambra, Gazpacho in Ronda und Sherry in Jerez: detaillierte Tips zu Hotels, Camping, Restaurants und Verkehrsmitteln; zuverlässige Infos über die einsamsten Badeplätze, die reizvollsten Wanderungen und Autotouren, zu Sehenswürdigkeiten und Geschichte.
Schröder, Thomas; 396 Seiten.

Nordspanien
Von den sanften Buchten des Baskenlandes bis zu den tiefen Rías Galiciens: Das "grüne Spanien" ist anders. In unserem Reisehandbuch finden Sie Entdeckungstips für jeden Geschmack: elegante Seebäder an der Küste, Naturparks im Hochgebirge, uralte Kirchlein am Jakobsweg, steinzeitliche Zeichnungen in Tropfsteinhöhlen. Und natürlich alle praktischen Informationen: Übernachten im familiären Hostal und im Burgparador, Reisen mit Auto, Mietwagen, Bus und der längsten Schmalspurbahn Europas, Apfelweinbars in Asturien und Austernstrände in Vigo, das Nachtleben der Großstädte, Fiestas und Ferias und und und...
Schröder, Thomas; 384 Seiten.

Katalonien
Eine selbstbewußte Nation im Nordosten Spaniens, mit eigener Sprache und Kultur. Die schönsten Winkel der Costa Dorada, Wandern in den Pyrenäen, Entdeckungstouren im unberührten Ebro-Delta; griechische u. römische Ausgrabungsstätten, romanische Kirchen u. gotische Klöster. Und natürlich die schillernde Metropole Barcelona.
Schröder, Thomas; 288 Seiten.

KANARISCHE INSELN

Gomera
Das immergrüne Paradies vor der Küste Afrikas - Lorbeerwälder und bizarre Schluchten! Niveauvoller Winterurlaub neben Palmen und Bananenhainen auf der abwechlungsreichsten Kanarischen Insel. Die schönsten Wanderungen, die preiswertesten Residencias, die besten Bars und Strände.
Zeutschner / Burghold / Igel; 276 Seiten.

La Palma
"La Isla Verde", die grüne Insel! Bislang vom Massentourismus übersehen, gilt La Palma, drittkleinste und westlichste der Kanarischen Inseln, als Geheimtip für Wanderer und Individualreisende. Höchste Zeit also für einen Trip zu den Lorbeerurwäldern und einem der größten Vulkankrater; an menschenleere, vulkansandige Buchten und in noch gesunde Pinienwälder.
Koch, Hans-Peter / Börjes, Irene; 324 Seiten.

La Palma Infokarte
Die Straße zur Hauptstadt kann niemand verfehlen, aber mit dem Weg zu den Höhlen der Ureinwohner ist das schon schwieriger. Die La Palma Infokarte macht noch lange nicht Schluß, wo herkömmliche Straßenkarten aufhören... Die Karte enthält auf Vorder- und Rückseite ausführliche Textteile zu den wichtigsten Sehenswürdigkeiten, beschreibt Wanderungen etc.
Börjes, Irene / Ladik, Judit; 2 Info-Karten

Lanzarote
Die nordöstlichste Kanarische Insel weist eindrucksvolle Zeugnisse des Vulkanismus auf – eine Mondlandschaft mit über 300 Vulkanen. Ausflüge, z.B. in die Feuerberge verdeutlichen dem Besucher eindrucksvoll die Kraft vulkanischer Tätigkeit. Berühmt und beliebt ist die Insel aber vor allem wegen ihrer kilometerlangen schwarz-, aber auch weiß- und goldsandigen Strände.
Fohrer, Eberhard; 452 Seiten.

Teneriffa
Neu

Spaziergang über den Wolken, ganz allein inmitten von 1000 Blüten und summender Bienen oder lieber ein Bad im schäumenden Atlantik? Mit dem Reisehandbuch von Irene Börjes findet man sie noch, die stillen Ecken auf der klassischen Urlauberinsel Teneriffa, die kleinen Orte, wo in einfachen Lokalen das deftige Essen der Bauern oder frischer Fisch auf den Tisch kommt.
Börjes, Irene; 408 Seiten.

GRIECHENLAND

Griechenland - gesamt

Eine konzentrierte Zusammenfassung unserer Griechenlandreihe. In seiner Informationsfülle bestechend. Gesamtes Festland, Peloponnes und über 65 Inseln! Flächendeckend zahllose Tips, die sich schnell bezahlt machen: günstige Hotels, lohnende Tavernen, Nachtleben, Sehenswürdigkeiten, Ausgrabungen u. v. m.

Fohrer / Kanzler / Siebenhaar; 740 Seiten.

Griechische Inseln

Inseln wie Sand am Meer ñ Nördliche und Südliche Sporaden, Ionische und Saronische Inseln, Dodekanes, Kykladen, Kreta und mehr. 75 griechische Inseln in einem Band vom Norden bis tief in den Süden! Alles Notwendige und viel Wissenswertes: Übernachten, Baden, Camping, Wandern, Tavernen, Klöster, Bootstrips, Sport, Ausflüge ins unberührte Hinterland.

Fohrer / Kanzler / Siebenhaar; 660 Seiten.

Kykladen

Mittelpunkt der griechischen Inselwelt: Mykonos, Paros, Naxos, Santorini und 21 weitere Inseln. Die schönsten Strände, Tavernen, die nicht jeder kennt, preiswerte Pensionen und Hotels. Vulkane, Klöster, Eselspfade – vom Rummel in die Einsamkeit.

Fohrer, Eberhard; 576 Seiten.

Peloponnes

Alles zum "Herzen" Griechenlands und der umliegenden Inselwelt. Kilometerlange Sandstrände bei Killini, die weltberühmten Ausgrabungen von Olympia und Mykene, das Theater von Epidauros, die karge Halbinsel "Mani", Mistra – die verfallene Klosterstadt, die Inseln Kephallonia, Ithaka, Zakynthos, Lefkas, Hydra, Spetses, Ägina. . .

Siebenhaar, H.-P.; 516 Seiten.

Korfu und Ionische Inseln

Griechenland mal anders – italienisches Flair und griechische Lebensart. Viele praktische Tips zu den grünen Inseln vor der Westküste Griechenlands. Korfu, Kephallonia, Zakynthos, Ithaka und die winzigen Eilande im Umkreis – bis auf Korfu noch abseits der Touristenströme.

Kanzler P./ Siebenhaar H. P.; 288 Seiten.

Kreta

Schluchten, Meer, Palmenstrand. Über 600 Seiten Information und Hintergründe - die schönsten Strände, versteckte Fischerdörfer, minoische Paläste, byzantinische Fresken, familiäre Pensionen. Außerdem jede Menge detaillierte Wanderrouten. Ein unentbehrlicher Begleiter, der sich schnell bezahlt macht.

Fohrer, Eberhard; 680 Seiten.

Kreta Infokarten

Unsere Kreta Infokarten enthalten auf 3 Blättern (West, Mitte u. Ost) alles Wissenswerte zu Straßen, Routen, Stränden, Campingplätzen, etc. sowie im Textteil (auch auf der Kartenrückseite) Sehenswürdigkeiten, empfehlenswerte Hotels, relevante Restaurants u. v. m. Integrierte Stadt- und Ausgrabungspläne runden das gleichermaßen sehens- wie lesenswerte Werk ab.

Fohrer, Eberhard / Ladik, Judit; 3 Info-Karten.

Kos (farbig)

Eine attraktive, einladende Insel, die für jeden Geschmack etwas zu bieten hat: weite Sandstrände, klares Wasser, gut erhaltene Sehenswürdigkeiten, winzige Bergdörfer und viel Kultur - von Hippokrates bis zu den alten Römern. Das durchgehend vierfarbig gestaltete Buch enthält jede Menge Tips auch abseits ausgetretener Touristenpfade.

Naundorf, Frank / Greiner, Yvonne; 256 Seiten.

Samos, Chios, Lesbos

Inseln für Individualisten - reich an Landschaft, Kultur und Architektur. Unser Buch, aktuell, vielseitig und genau recherchiert, führt Sie an unverbaute Strände, zu versteckten Sehenswürdigkeiten u. auf reizvolle Wanderungen, bringt Ihnen Mythologie, Geschichte und Alltagsleben der Inseln nahe und erleichtert mit einer Fülle praktischer Informationen die Reise.

Schröder, Thomas; 444 Seiten.

Nord- und Mittel-Griechenland

Reisehandbuch mit vielen praktischen Tips zum griechischen Festland. Baden auf Chalkidiki, Bergwandern auf dem Olymp, Meteora-Klöster zwischen Himmel und Erde, das Orakel von Delphi . . . Athen, die Millionenstadt. Dazu die vorgelagerten Inseln: Korfu, Skiathos, Thassos, Samothraki, Limnos u. v. m.

Kanzler, Peter / Neumeier, Andreas; 610 Seiten.

Rhodos & Dodekanes

Aktuelle Informationen zu einer der schönsten Ecken Griechenlands. In der azurblauen Weite der Südägäis zwischen Kreta und der türkischen Küste liegen ein Dutzend Inseln: Rhodos - mittelalterliche Gäßchen zwischen wuchtigen Burgmauern; Kos - ein schwimmender Garten; Kalymnos - das Schwammtaucherparadies.

Kanzler, P. / Siebenhaar H.-P.; 396 Seiten.

Karpathos

Die Außenseiterin! Zwischen Rhodos und Kreta liegt die Oase, die ohne den Tourismus groß geworden ist. Wenige, aber motivierte Besucher kommen – und entdecken eine der abwechlungsreichsten Inseln der Ägäis! Abgesehen von der Region um die Hauptstadt Pighadia, ist Karpathos noch nahezu frei von jeglicher touristischen Ausuferung. Das Buch enthält viele Wandervorschläge nebst detaillierten Skizzen.

Schwab, Antje / Schwab, Gunther; 264 Seiten.

Lesbos (farbig)

Die drittgrößte Insel Griechenlands bietet entsprechend weiten Raum für Entdeckungen. Landschaftlich sehr vielfältig, gilt Lesbos als bevorzugtes Reiseziel für Individualisten. Der Titel ist durchgehend vierfarbig gestaltet und enthält 20 ausgesuchte Wandervorschläge.

Schröder, Thomas; 256 Seiten.

ITALIEN

Italien
Viele praktische Tips für jeden, der den Stiefel bereist, ausführlich u. aktuell: Kneipen, Ristoranti, Übernachtungsmöglichkeiten, Camping, Sehenswürdigkeiten, Badeurlaub – vom hektischen Mailand bis zum faszinierenden Palermo, Surfen am Gardasee, Camping am Gargano, endlose Sandstrände an Adria u. Tyrrhenischem Meer u. Mittelalter in der Toscana.
Fohrer, Eberhard; 742 Seiten.

Oberitalien
Südtirol, die oberitalienischen Seen, die historischen Städte der Poebene, Riviera, Adria und Venedig. Jede Menge handfester Tips: Bummeln in Venedig, Mode in Mailand, Surfen am Gardasee, Opernfestspiele in Verona, Schlemmen in Bologna.
Fohrer, Eberhard; 384 Seiten.

Toscana
Toscana, Umbrien, Elba – ein nützliches Reisebuch zur vielfältigsten Region Italiens. Zahllose praktische Tips zu Unterkunft, Ristoranti, Sehenswertem, Kunst und Kultur . . . Florenz, Siena, Perugia – Chianti kosten in Castellina, Filetto im Chiana-Tal, Michelangelo und die Medici-Gräber.
Müller, Michael; 660 Seiten.

Rom
Umfassender Reiseführer über die Weltstadt und ihre Provinz (Latium) – zahlreiche Tips zu Sehenswürdigkeiten aus der ganzen Geschichte bis heute. Außerdem Café Greco, Eis bei "Giolitti", die Gärten von Tivoli . . . Restaurants, Hotels, Nachtleben, Bekanntes und Verstecktes.
Hemmie, Hagen; 488 Seiten.

Sardinien
Eine Insel zum Entdecken – kilometerlange Sandstrände, bizarre Felsbuchten, uralte Korkeichenwälder, winzige Bergnester . . . Eine Fülle praktischer Hinweise zu Übernachten, Essen, Baden, Sehenswertem, außerdem viele Hintergrundinformationen, Geschichte, u. Geschichten u. v. m.
Fohrer, Eberhard; 600 Seiten.

Apulien
Ein detaillierter Führer zum äußersten Südosten des Stiefels. Abwechslungsreich die Landschaft von der Ebene des Tavoliere um Foggia bis hin zum felsigen – im Innern über 1000 m hohen – Gargano, dem Sporn des Stiefels, oder der langgezogenen Stiefelferse, dem Salento, weithin flach und steinig, trotzdem ungewöhnlich und keinesfalls uninteressant. Badeurlaub vom Feinsten an den weißen Sandstränden des Gargano, Bummeln in Lecce und viel Geschichte in Castel del Monte.
Machatschek, Michael; 336 Seiten.

Sizilien
Italiens südlichste Ecke – Sommer von April bis November! Griechische Tempel und normannische Kathedralen, lange Strände und malerische Schluchten. Wertvolle Tips zu Camping, Hotels, Restaurants und Fortbewegung, reichlich Infos zu Geschichte und Sehenswürdigkeiten. Sightseeing in Palermo, Vulkanbesteigung auf Stromboli, Baden im Nationalpark Zingaro. Unentbehrlich für Sizilien-Entdecker.
Schröder, Thomas; 468 Seiten.

Ital. Riviera/Cinque Terre
Die italienische Riviera – 300 Küstenkilometer – zwischen der französischen Cote d ´Azur und der toscanischen Versilia: seit über 100 Jahren ein Zauberwort. Ob Baden an der Blumenriviera, Wandern in der dramatischen Küstenlandschaft der Cinque Terre oder Ausflüge zu den mittelalterlichen Bergdörfern des ligurischen Hinterlandes – der Titel bietet dazu alle nötigen Informationen.
Machatschek, Michael; 318 Seiten.

ZYPERN

Nordzypern
Neu

Ein "Staat", den die Weltgemeinschaft nicht anerkennt, und ein weißer Fleck auf der Urlaubskarte der großen Reiseveranstalter. Um so verlockender ist der türkische Teil Zyperns für Individualtouristen: intakte Natur und romantische Kreuzritterburgen, verschlafene Städtchen mit gotischen Kathedralen, von deren Türmen der Muezzin zum Gebet ruft, vergessene Ausgrabungen, die der Wind wieder mit Erde und Sand verhüllt. Noch wagen sich die Schildkröten an die unverbauten Strände.
Braun, Ralph-Raymond; ca. 250 Seiten.

Zypern (südl. Landesteil)
Neu

Die "Insel der Götter" liegt geographisch, ethnisch und politisch im Schnittpunkt von Orient und Okzident. Gegensätzlich, vielseitig und manchmal bizarr präsentiert sich das Wirtschaftswunderland des Mittelmeerraums dem Besucher: Wandern im Troodosgebirge, Badefreuden an den Stränden, wo die schöne Aphrodite dem Meer entstieg, und Flanieren in den englisch geprägten Städten. Eingeschlossen ist ein Tagesausflug in den türkischen Norden.
Braun, Ralph-Raymond; ca. 350 Seiten.

OSTEUROPA

Baltische Länder

Jahrelang versteckt hinter dem Eisernen Vorhang, eröffnet sich nun ein völlig neues und abenteuerliches Reiseziel, in dem es noch viel zu entdecken gibt. Das Baltikum – menschenleere Strände entlang der Bernsteinküste. Mystischen Höhlen, dichten Wäldern und glasklaren Seen stehen alte Ordensburgen und die wiederaufblühenden baltischen Metropolen gegenüber. Ein gelungener Wechsel zwischen wilder nordischer Natur und einer Reise in das Zeitalter der Hanse und Kreuzritter.

Marenbach, Claudia; 552 Seiten.

Polen

Die hohen Gipfel der Tatra, die beschaulichen Masurischen Seen und die urwüchsige Bialowiezer Heide lohnen einen Besuch, und abseits der ausgetretenen Pfade birgt Polen noch viele Überraschungen. Am Kreuzungspunkt zwischen Ost und West war Polen oft das turbulente Kernland Europas. Jahrhunderte von Invasionen und Auswanderung haben ihre Spuren hinterlassen, aber trotz der Schrecken der jüngsten Vergangenheit hat Polen seinen Sinn fürs Feiern und seine traditionelle Gastfreundschaft bewahrt.

Salter M. / McLachlan G.; 600 Seiten.

Ungarn

Alles über Land und Leute – nicht nur Budapest und Plattensee. Für den Reisenden akribisch recherchiert und detailliert beschrieben: Übernachten, Essen, Sehenswertes, Shopping, Kultur, Camping, Wandern, Heilbaden, Reiten usw. Dazu viele Hintergrundstories zu Interessantem und Kuriosem: Tokajer Weine, Pferdezucht, Donaukraftwerk, Pußtaausflüge...

Zeutschner, Heiko; 528 Seiten.

Tschechische u. Slowakische Republik

Von Westböhmen mit seinen pompösen Kurbädern bis zum Mährischen Karst mit bizarren Felsen, Höhlen und unzähligen Burgen – von der Donau-Niederung in die Hohe Tatra – das Buch ist hierbei ein nützlicher und unentbehrlicher Begleiter: ob in Prag, Bratislava oder Olomouc . . .

Humphreys, Rob; 552 Seiten.

SÜDOSTEUROPA

Slowenien & Istrien

Ob Wandern in den Julischen Alpen und den Karawanken, Badeurlaub an den ausgedehnten Stränden der Istrischen Halbinsel, flanieren in Ljubljana oder ein Besuch der weltberühmten Grottensysteme von Skocjan und Postojna – das Buch bietet jede Menge brandneuer Informationen für Reisende jeglicher Couleur.

Marr-Bieger, Lore; ca. 350 Seiten.

ÖSTERREICH

Tirol (farbig)

Neu

Tirol ist schon seit Generationen eines der Hauptreiseziele deutscher Urlauber. Doch die Zeiten, in denen die Reisenden ausschließlich "vor Ort" unterwegs waren, sind schon lange vorbei. Aktivurlaub heißt mittlerweile auch hier das Stichwort. Jochen Grashäusers Buch gibt Einblick ins Tiroler Leben jenseits der Folkloreschiene, fordert zu Rundreisen und Ausflügen in das Inntal und seine Nebentäler oder die lebhafte Hauptstadt Innsbruck ein. Die Erlebnis- und Freizeitangebote der Region sind nahezu unüberschaubar: Das Buch bietet jede Menge Tips, die die Auswahl erleichtern. Kenntnisreiche Detailinformationen für Wanderer, Wassersportler, Radfahrer (sowohl für ambitionierte Sportler als auch die gesamte Familie) sind dabei ebenso enthalten, wie Gastronomieempfehlungen und die wichtigsten Verkehrsverbindungen der Region.

Grashäuser, Jochen; ca. 250 Seiten.

TÜRKEI

Türkei - gesamt

Verlockung des Orients – gut erhaltene Ausgrabungsstätten, einsame Sandstrände und preiswertestes Urlaubsland am Rande Europas. Türkei komplett: Istanbul, gesamte Ägäis- und Mittelmeerküste, Inneranatolien, Kappadokien, Schwarzmeer, Van-See, Ararat und Nemrut-Dagi. Tausende von Adressen und Tips, aktuell und gründlich recherchiert.

Weber u. a.; 828 Seiten.

Türkei - Mittelmeerküste, Kappadokien, Istanbul

Alles Wissenswerte zur "türkischen Riviera" - Übernachten, Essen, Sehenswertes . . . Badeurlaub im Schatten von Kreuzritterburgen und Minaretten. Im Hinterland Ausgrabungen von Weltrang: Ephesus, Troja, Milet. Kleinode in Inneranatolien, Istanbul, an der Südküste.

Grashäuser / Weber; 636 Seiten.

Türkei - der Osten incl. Istanbul

Vom großen Tourismus unberührt: Anatolien mit der unendlichen Weite seines Hochlands und der tiefgrünen Küste des Schwarzen Meeres. Der bergumrahmte Van-See, Erzurum, die orthodoxe Metropole des Ostens, der Bibelberg Ararat oder Trabzon und die alte Kaiserhauptstadt Trapezunt, locken zu einer Entdeckungsreise. Ein zuverlässiger und unterhaltsamer Reisebegleiter.

Grashäuser / Schmid; 574 Seiten.

DEUTSCHLAND

Fränkische Schweiz (farbig)

Ursprüngliche Mittelgebirgslandschaft in Oberfranken. Üppiger Mischwald an den Talhängen, dazwischen helle Kalksteinfelsen, versteckte Dörfer, Tropfsteinhöhlen, Burgen, Mühlen und 100 Privatbrauereien (!). Viele Tips zu urigen Kneipen, Wanderungen, Kultur zwischen Heinrich II. und Wagner . . .

Siebenhaar / Müller; 264 Seiten.

Altmühltal und Fränkisches Seenland

Ein praktisches Reisehandbuch mit vielen Hinweisen zu Kultur und Geschichte des Altmühltals. Tips zum Segeln, Surfen, Wandern, Radeln und Bootfahren. Viele aktuelle Übernachtungstips und Restaurantadressen.

Schrenk, Johann; 356 Seiten.

Berlin

Das Handbuch zur Weltstadt – für Neuentdecker und Fortgeschrittene. Prall gefüllt mit praktischen Informationen aus Ost und West. Ausführlich, aktuell und unentbehrlich – für Einheimische und Zugereiste.

396 Seiten.

Sauerland

"Heiko Zeutschner (...) geht ausführlich (...) ans Werk und geht dabei die Details so dicht an, daß er mit seiner interessanten, praktischen und unterhaltsamen Darstellung (...) die Grenzen eines gängigen Reiseführers (...) überschreitet."
Frankfurter Allgemeine Zeitung

Zeutschner, Heiko; 428 Seiten.

Bodensee

Alles über den Bodensee - von Meersburg bis Lindau, von Bregenz bis Konstanz. Die schönsten Wandergebiete, Baden, Camping, Sport, Einkaufen, gute Restaurants, preiswert Übernachten (aber auch mit mehr Komfort) u. v. m. Einsame Plätze und Touristenrummel; Hermann Hesse und Graf Zeppelin auf der Spur. . .

Siebenhaar, H.-P.; 408 Seiten.

Oberbayerische Seen (farbig)

Neu

Chiemsee, Königssee, Kochelsee, Tegernsee und Starnberger See: nur die prominentesten Namen unter den Dutzenden von Seen in Deutschlands beliebtester Ferienregion. Konzipiert sowohl für Urlauber als auch für Münchener Ausflügler, beschreibt das umfassende Reisehandbuch alle großen oberbayerischen Seen, stellt aber auch so manches unbekanntere Kleinod vor. Es verrät die schönsten Badeplätze und die besten Wirtshäuser, verlockt zu Abstechern in die nahen Berge und gibt wertvolle Tips für Wanderer, Radfahrer und Wassersportler.

Schröder, Thomas; ca. 250 Seiten.

Donau – Quelle bis nach Passau

Die Donau, der völkerverbindende Strom, der sagenumwobene Fluß der Kelten und Nibelungen. Wie auf einer Perlenkette aufgereiht die ehemals freien Reichstädte Ulm und Regensburg, die Domstadt Passau, die Kunststadt Neuburg, Ingolstadt, die "Schanz" und Kelheim mit seiner Walhalla. Das Reisehandbuch enthält alles Wissenswerte über Landschaft, Kultur, Geschichte und Sehenswertes.

Schrenk, Johann; 456 Seiten.

Nürnberg/Fürth (farbig)

Nürnberg hat nicht nur innerhalb der Stadtmauern Sehenswertes zu bieten: Das "multikulturelle" Gostenhof, die "bürgerliche" Nordstadt und die "rote" Südstadt sind genauso einen Besuch wert wie die barocken Hesperidengärten in St. Johannis, das Industriedorf Hammer oder die Trabantenstadt Langwasser. Aber auch Fürth, "Nürnbergs kleine Schwester" kommt nicht zu kurz – dabei werden die Sehenswürdigkeiten zwischen Maxbrücke und Hornschuchpromenade ebenso beschrieben wie an die große jüdische Tradition der Stadt erinnert.

Nestmeyer, Ralf; 204 Seiten.

Franken

Neu

Von der Rhön bis zum Altmühltal, von der Tauber bis ins Fichtelgebirge bietet die fränkische Kulturlandschaft zahllose Highlights: fürstbischöflicher Barock in Mainfranken, bürgerliches Selbstvertrauen in Rothenburg und Nürnberg, klösterlicher Glanz in Ebrach und Banz – die Region begeistert durch geschichtlich gewachsene Vielfalt. Ralf Nestmeyer beschränkt sich jedoch nicht auf die Historie, sondern bietet auch Hintergrundinformationen zur aktuellen Situation der Landschaften und ihrer Gemeinden. Breiten Raum nehmen die vielen praktischen Informationen zu Übernachten, Einkaufen, Verkehrsverbindungen, Wandervorschläge etc. ein. Nicht zu vergessen: die Biergärten der Fränkischen Schweiz und die Weinstuben am Main.

Nestmeyer, Ralf; 424 Seiten.

Spanisch

Aussprache

c: vor a, o, u und Konsonanten wie k (caldo = kaldo), vor e und i wie engl. "th" (cero = thero)
ch: wie tsch (mucho = mutscho)
h: ist stumm (helado = elado)
j: wie ch (rojo = rocho)
ll: wie j (calle = caje), manchmal auch wie lj
ñ: wie nj (año = anjo)
qu: wie k (queso = keso)
v: wie leichtes b (vaso = baso), manchmal wie "w" (vino = wino)
y: wie j (yo = jo)
z: wie engl. "th" (zona = thona)

Elementares

GRÜSSE

Guten Morgen buenos días
Guten Tag (bis zum Abend) buenas tardes
Guten Abend/gute Nacht buenas noches
Hallo Hola (sehr gebräuchlich)
Auf Wiedersehen adiós
Tschüß hasta luego (= bis später)
Gute Reise buen viaje

SMALL TALK

Wie geht's? qué tal? (bei Freunden) sonst: cómo está?
(Sehr) gut (muy) bien
und Dir? y tú?
Wie heißt Du? cómo te llamas?
ich heiße... mi nombre es...
Woher kommst du? de dónde vienes?
Ich komme aus... soy de...
... Deutschland Alemania
... Österreich Austria
... Schweiz Suiza
Sprechen Sie deutsch? habla usted alemán?
englisch/französisch/italienisch inglés/francés/italiano
Ich spreche nicht spanisch yo no hablo español
Ich verstehe (nicht) yo (no) comprendo/entiendo
Verstehst du? comprendes/entiendes?
Ist das schön! qué bonito!
Das gefällt mir me gusta
Ein bißchen langsamer, bitte un poco más despacio, por favor
In Ordnung/paßt so/ o.k. - auch als Frage sehr gebräuchlich: vale? - vale!

MINIMAL-WORTSCHATZ

Ja sí
Nein no
Bitte por favor
Vielen Dank muchas gracias
Entschuldigung perdón
Verzeihung disculpe
groß / klein grande / pequeño
gut / schlecht bueno / malo
viel / wenig mucho / poco
heiß / kalt caliente / frío
oben / unten arriba / abajo
ich yo
du tú
Sie usted
Können Sie mir sagen, wo... ? podría decirme dónde está... ?
verboten prohibido
Mädchen chica
Junge chico
Frau señora
junge Frau señorita
Herr señor

Fragen & Antworten

Gibt es... ?	hay?
Was kostet das?	cuánto cuesta esto?
Wie/wie bitte?	cómo?
Wissen Sie?	sabe usted... ?
ich weiß nicht...	yo no sé
Wo?	dónde?
Von wo?	de dónde?
Wo ist... ?	dónde está... ?
Haben Sie... ?	tiene usted... ?
Ich möchte...	quisiera...
Um wieviel Uhr?	a qué hora?
Ist es möglich/kann ich?	es posible?
Warum?	por qué?
Weil	porque

Orientierung

nach...	hacia
links	a la izquierda
rechts	a la derecha
geradeaus	todo derecho
die nächste Straße	la próxima calle
hier	aquí
dort	allí, ahí
Adresse	dirección
Stadtplan	plano de la ciudad, mapa
Ist es weit?	está lejos?

Zeit

vormittag(s)	(por la) mañana
nachmittag(s)	(por la) tarde
abend(s)	(por la) noche
heute	hoy
morgen	mañana
übermorgen	pasado mañana
gestern	ayer
vorgestern	anteayer
Tag	el día
jeden Tag	todos los días
Woche	semana
Monat	mes
Jahr	año
stündlich	cada hora
wann?	cuándo?

Wochentage

Montag	lunes
Dienstag	martes
Mittwoch	miércoles
Donnerstag	jueves
Freitag	viernes
Samstag	sábado
Sonntag	domingo

Jahreszeiten

Frühling	primavera
Sommer	verano
Herbst	otoño
Winter	invierno

Monate

Januar	enero
Februar	febrero
März	marzo
April	abril
Mai	mayo
Juni	junio
Juli	julio
August	agosto
September	septiembre
Oktober	octubre
November	noviembre
Dezember	diciembre

Uhrzeit

Stunde	hora
um wieviel Uhr?	a qué hora?
wieviel Uhr ist es?	Qué hora es?

Unterwegs

Hafen puerto
Haltestelle parada
Fahrkarte bono/billete/tiquete
Wann kommt... an? cuándo llega...
Wieviel Kilometer sind es bis... ? cuántos kilómetros hay de aquí a...
Hin und zurück ida y vuelta
Abfahrt salida
Ankunft llegada
Information información
Kilometer kilómetro
Straße calle
Telefon teléfono
Reservierung reservación
Weg camino
Autobus guagua
Bahnhof estación
Flughafen aeropuerto
das (nächste) Flugzeug el (próximo) avión
Hafen puerto
Schiff barco
Deck cubierta
Fährschiff transbordador / ferry
Reisebüro agencia de viajes
(der nächste) Bus la próxima guagua
ich möchte bitte aussteigen quisiera bajar, por favor

Auto / Zweirad

ich möchte... quisiera...
wo ist... ? dónde está... ?
... die nächste Tankstelle... ...la próxima gasolinera
Bitte prüfen Sie, ob... por favor, compruébe usted si...
Ich möchte mieten (für 1 Tag) quisiera alquilar (por un día)
(die Bremse) ist kaputt (los frenos) no funcionan
wieviel kostet es (am Tag)? cuánto cuesta (por día)
Benzin gasolina
bleifrei sin plomo
Diesel gasoleo "A"
(1/20) Liter (un/veinte) litro(s)
Auto coche
Motorrad moto
Moped ciclomotor
Anlasser starter
Auspuff escape
Batterie batería
Bremse frenos
Ersatzteil pieza de recambio
Keilriemen correa
Kühler radiador
Kupplung embrague
Licht luces
Motor motor
Öl aceite
Reifen rueda
Reparatur reparación
Stoßdämpfer amortiguator
Werkstatt taller
Autobahn autopista
Baustelle obras
Kreuzung cruce
Einbahnstraße dirección única
Straße gesperrt carretera cortada
Umleitung desvío
parken aparcar
kann ich hier parken? puedo aparcar aquí?

Bank / Post / Telefon

In Postämtern gibt es keine öffentlichen Telefone - zuständig sind die Telefonzentralen telefónica (locutorio). Münzfernsprecher finden sich auch in vielen Bars und Hotels.

Wo ist...	dónde está...
Ich möchte...	quisiera...
...ein Tel.-Gespräch	... una llamada
(Geld) wechseln	cambio
Wieviel kostet das?	cuánto cuesta?
Bank	banco
Postamt	correos
Brief	carta
Karte	tarjeta
Briefkasten	buzón
Briefmarke	sello
eingeschrieben	por certificado
Euroscheck/Reiseschecks	eurocheque/cheques de viaje
Geld	dinero
mit Luftpost	por avión
Päckchen	pequeño paquete
Paket	paquete
postlagernd	lista de correos
Telefon	teléfono
Telegramm	telegrama
DM	marcos alemanes
Österr. Schillinge	chelín austriaco
Schweizer Franken	francos suizos

Übernachten

Haben Sie... ?	tiene usted... ?
gibt es... ?	hay... ?
wieviel kostet es (das Zimmer)?	cuánto cuesta (la habitación)
ich möchte mieten (...)	quisiera alquilar (...)
für 5 Tage	por cinco días
kann ich sehen... ?	puedo ver... ?
kann ich haben... ?	puedo tener... ?
ein (billiges/gutes) Hotel	un hotel (barato/bueno)
Haben Sie nichts billigeres?	no tiene algo más barato?
Zimmer	habitación
ein Doppelzimmer	habitación doble
Einzelzimmer	habitación individual
Bett	cama
Pension (Voll-/Halb-)	pensión (completa/media)
Haus	casa
Küche	cocina
Toilette	servicios
mit...	con...
ohne...	sin...
...Dusche/Bad	... ducha/baño
...Frühstück	... desayuno
Reservierung	reserva
Wasser (heiß/kalt)	agua (caliente/fría)
Hoch / Nebensaison	temporada alta / baja
Campingplatz	el camping
zelten ("wild")	acampar (libre)
Zelt (klein)	tienda individual
Hauszelt	tienda familiar
Schlafsack	saco de dormir
Wohnmobil	coche cama
Wohnwagen	caravana
Stellplatz	parcela

Im Restaurant / in der Bar

Spezialitäten:
Siehe im ausführlichen Kapitel "Essen und Trinken" vorne im Buch.

Haben Sie... ?	tiene usted... ?
Ich möchte...	quisiera...
Eine Tapa hiervon	una tapa de esto, por favor
Wieviel kostet... ?	cuánto cuesta... ?
Ich möchte zahlen, bitte	quisiera pagar, por favor
Die Rechnung (bitte)	la cuenta (por favor)
höflicher:	la cuenta, cuando pueda!
Speisekarte	menú
zum Mitnehmen	para llevar
Getränke	
Glas/Flasche	vaso/botella
(Glas) Bier	(caña) cerveza
Mineralwasser (sprudelnd/still)	agua con/sin gas
Wasser	agua
Hauswein	vino del país/de la casa
Rotwein	vino tinto
Weißwein	vino blanco
süß/herb	dulce/seco
Saft	zumo
Kaffee	café
Milchkaffee	café con leche
Zucker	azúcar
Tee	té
Milch	leche

Einkaufen

Was kostet...	cuánto cuesta... ?
Haben Sie... ?	tiene usted... ?
geben Sie mir bitte	déme... por favor
klein/groß	pequeño/grande
1 Pfund (= 1/2 Kilo)	medio kilo
1 Kilo/Liter	un kilo/litro
100 Gramm	cien gramos
geöffnet	abierto
geschlossen	cerrado
Geschäft	tienda
Supermarkt	supermercado
Bäckerei	panadería
Konditorei	pastelería
Metzgerei	carnicería
Friseur	peluquería
Buchhandlung	librería
Apfel	manzana
Brot	pan
Butter	mantequilla
Ei(er)	huevo(s)
Essig	vinagre
Gurke	pepino
Honig	miel
Joghurt	yogurt
Käse	queso
Klopapier	papel higiénico
Knoblauch	ajo
Kuchen	pastel
Marmelade	mermelada
Milch	leche
Öl	aceite
Orange	naranja
Pfeffer	pimienta
Salz	sal
Seife	jabón
Shampoo	champú
Sonnenöl	bronceador
Streichhölzer	fósforos
Tomaten	tomates
Wurst	embutido
Zeitung	periódico
Zeitschrift	revista
Zucker	azúcar
Kleidung	vestidos
Bluse	blusa
Hemd	camisa
Hose	pantalones
Pullover	jersey
Rock	falda
Schuhe	zapatos
Kann ich probieren?	puedo probar?
Es gefällt mir	me gusta
Ich nehme es	lo tomo

Hilfe & Krankheit

Hilfe!	socorro!
Helfen Sie mir bitte	ayudeme por favor
Gibt es hier... ?	hay aquí... ?
Haben Sie... ?	tiene usted... ?
Wo ist (eine Apotheke)?	dónde hay (una farmacia)
Wann hat der Arzt Sprechstunde?	cuándo pasa el médico la consulta?
Ich habe Schmerzen (hier)	me duele (aquí)
Ich habe verloren...	he perdido...
Arzt	médico
Deutsche Botschaft	embajada alemana
Krankenhaus	hospital
Polizei	policía
Tourist-Information	oficina de turismo
Unfall	accidente
Zahnarzt	dentista
Ich bin allergisch gegen...	yo soy alérgico a...
Ich möchte (ein)...	quisiera (un/una)...
Abführmittel	laxante
Aspirin	aspirina
die "Pille"	la píldora
Kondome	preservativos
Penicillin	penicilina
Salbe	pomada
Tabletten	pastillas
Watte	algodón
Ich habe...	yo tengo...
Ich möchte ein Medikament gegen...	quiero una medicina contra...
Durchfall	diarrea
Fieber	fiebre
Grippe	gripe
Halsschmerzen	dolor de garganta
Kopf...	dolor de cabeza
Magen...	dolor de estómago
Zahn..	dolor de muelas
Schnupfen	catarro, resfriado
Sonnenbrand	quemadura del sol
Verstopfung	estreñimiento

Zahlen

1/4 = un cuarto
1/2 = un medio
0 = cero
1 = un/una
2 = dos
3 = trés
4 = cuatro
5 = cinco
6 = seis
7 = siete
8 = ocho
9 = nueve
10 = diez
11 = once
12 = doce
13 = trece
14 = catorce
15 = quince
16 = dieciséis
17 = diecisiete
18 = dieciocho
19 = diecinueve
20 = veinte
21 = veintiuno (-ún)
22 = veintidós
23 = veintitrés
30 = treinta
31 = treinta y uno
32 = treinta y dos
40 = cuarenta
50 = cincuenta
60 = sesenta
70 = setenta
80 = ochenta
90 = noventa
100 = ciento, cien
200 = doscientos, as
300 = trescientos, as
500 = quinientos, as
1000 = mil
2000 = dos mil
5000 = cinco mil
10.000 = diez mil
100.000 = cien mil
1.000.000 = un millón

Sach- und Personenregister

Geographisches Register